ALETHA SOLTER

Bien comprendre les besoins de votre enfant

Traduction : Éditions Jouvence

jouvence ÉDITIONS

DU MÊME AUTEUR AUX ÉDITIONS JOUVENCE

Pleurs et colères des enfants et des bébés, 1999

EXTRAIT DU CATALOGUE JOUVENCE

Homéopratique du bébé et de l'enfant,
Drs Jean-Paul Nowak & Joliot Nguyen Tan Hon, 2006
Peau à peau, Ingrid van den Peereboom, 2006
Relations frères-sœurs, Catherine Dumonteil-Kremer, 2006
Ma famille, quel défi !, Marie-Christine Maillet-Tingaud
& Christiane Grau, 2006
Préparer son accouchement, Sophie Gamelin-Lavois, 2006
Manuel des constellations familiales, Bertold Ulsamer, 2005
Panser l'impensable, Dr Fernande Amblard, 2003
Anthologie de l'allaitement, Claude-Suzanne Didierjean-Jouveau, 2002
L'amour scientifié, Michel Odent, 2001
Vaccinations : le droit de choisir, Dr François Choffat, 2001

CATALOGUE GRATUIT SUR SIMPLE DEMANDE
ÉDITIONS JOUVENCE
France : BP 90107 – 74161 Saint-Julien-en-Genevois Cedex
Suisse : CP 184 – 1233 Genève-Bernex
Site internet : **www.editions-jouvence.com**
Courriel : info@editions-jouvence.com

Traduction : Éditions Jouvence
Maquette intérieure et de couverture, mise en page : Éditions Jouvence

ISBN 978-2-88353-548-0

Sommaire

Remerciements

Je voudrais exprimer ma sincère reconnaissance à tous ceux qui m'ont aidée dans l'élaboration de ce livre.

Tout d'abord, mes amis et connaissances, trop nombreux pour les énumérer les uns après les autres. Ils m'ont incitée à écrire ce livre et encouragée tout au long de sa conception.

De nombreuses personnes ont participé à sa publication et m'ont fait part de leurs critiques constructives. Il s'agit de Gloria Berman, Pam Bury, Pamela Clark, Kathi Evans, Tonia Jauch, Pat Johnson, Hagar Kadima, Betty Pazich, Ken Solter et Rebecca Wave.

Je voudrais également remercier tous les parents qui m'ont apporté leurs témoignages. (Dans un souci de discrétion, je n'ai pas cité leurs vrais noms ni ceux de leurs enfants.)

Je remercie enfin mes enfants, Nicky et Sarah, qui ont accepté que j'utilise et cite leurs expériences.

Ce livre n'aurait jamais pu être écrit sans le précieux soutien de mon mari et de ma mère. À eux aussi, un grand merci.

Avertissement

Si ce livre analyse les besoins émotionnels des jeunes enfants, il n'a pas la prétention de remplacer un conseil ou traitement médical. Les comportements et les symptômes cités peuvent révéler une maladie mentale ou physique. Ils incluent aussi les pleurs et colères, les angoisses ou les éclats de rires, les problèmes liés au sommeil ou à l'agressivité, les difficultés de concentration ou d'apprentissage, les déséquilibres alimentaires et nutritionnels, et les cas d'énurésie nocturne ou d'hyperactivité. J'invite les parents à consulter un médecin compétent toutes les fois que leurs enfants manifestent un quelconque problème comportemental ou émotionnel, ou bien quand ils suspectent chez eux une quelconque douleur ou maladie.

Par ailleurs, certaines méthodes suggérées dans ce livre peuvent ne pas être appropriées dans certains cas, notamment quand les enfants présentent certaines pathologies d'ordre physique ou émotionnel.

Ni l'éditeur ni l'auteur ne peuvent être sujets à quelque revendication quant à l'application des méthodes préconisées. En cas de préjudices directs ou indirects, ces derniers ne peuvent être tenus responsables en ce que le présent contenu ne se substitue nullement au discernement et au libre arbitre des personnes en charge de l'éducation de l'enfant.

Introduction

Si nous souhaitons atteindre la vraie paix en ce monde,
c'est avec les enfants qu'il nous faut commencer.
Gandhi

Depuis la parution de mon livre *Mon bébé comprend tout*, nombreux sont ceux qui m'ont demandé une suite. La voici avec *Bien comprendre les besoins de votre enfant* qui, suivant la même approche, traite des besoins des enfants âgés de 2 à 8 ans.

Nul n'est besoin d'avoir lu Mon bébé comprend tout pour comprendre le présent livre qui fait sens à lui seul. Toutefois, si vous souhaitez approfondir votre compréhension des besoins affectifs des tout-petits, la lecture du premier livre vous apportera des éléments de réponses et des informations plus spécifiques sur les nouveau-nés.

Une nouvelle approche de l'éducation des enfants s'impose comme un défi dans notre société complexe et en constante mutation. Face à des problèmes tels que la faim dans le monde, la pollution, l'oppression, le terrorisme et la menace d'une catastrophe nucléaire, personne ne peut honnêtement affirmer que tout est pour le mieux dans le meilleur des mondes possibles. Notre challenge en tant que parents, c'est de ne pas élever des enfants qui accepteront le statu quo et perpétueront les mêmes erreurs que les générations précédentes. Non, il s'agit pour nous d'engendrer une nouvelle génération de personnes bienveillantes, confiantes, intelligentes, qui sauront avoir la motivation, le courage et les aptitudes nécessaires pour rendre ce monde meilleur. Il est temps de remettre en question les idées reçues concernant l'éducation des enfants et de proposer quelque chose de différent.

Ce livre présente une nouvelle approche de la parentalité fondée sur de récentes recherches et donne de nouveaux aperçus sur le développement de l'enfant. Il est vraiment différent des autres livres destinés aux parents, bien qu'il se situe dans ce courant de pensée qui se concentre davantage sur la réalité intérieure et les sentiments de l'enfant plutôt que sur ses comportements extérieurs. Cette approche peut être mise en pratique à n'importe quel stade de développement de votre enfant, qui en profitera quoi qu'il en soit !

Tous les parents désirent nouer des liens profonds et authentiques avec leurs enfants et leur donner la meilleure éducation possible, mais c'est souvent une tâche peu aisée à réaliser dans une société qui ne soutient pas assez le « métier de parent ». Ce dernier est tout simplement sous-estimé même si le bien-être des générations futures en dépend. Être parent, voilà une tâche bien exigeante que beaucoup de parents tentent d'assumer malgré des conditions économiques difficiles, l'isolement et l'épuisement physique. Tous les parents s'efforcent de donner le meilleur à leurs enfants, cela, sans être soutenus, préparés ou reconnus. C'est presque toujours eux que l'on blâme quand leurs enfants se conduisent mal, tandis qu'ils ne reçoivent aucun encouragement ni aucune félicitation quand ces derniers deviennent des adultes épanouis.

Pour faciliter le métier de parent, une solution consiste à recourir à l'aide d'une tierce personne. Rien ne vous oblige à œuvrer seul ! Si vous n'avez pas les moyens de rémunérer quelqu'un, vous pouvez toujours vous associer à d'autres parents pour partager ce dur métier ! Vous êtes malade, vous êtes fatigué, demandez donc à un ami ou à un voisin de vous venir en aide. N'attendez pas d'être complètement au bout du rouleau. Avant toute chose, vous devez prendre soin de vous autant pour vous-même que pour vos enfants.

Pour évacuer la tension émotionnelle liée à la parentalité, vous pouvez vous octroyer du temps pour exprimer vos ressentis. Accompagner les premières années de votre enfant, c'est faire l'expérience d'une multitude d'émotions parfois agréables, parfois pénibles. Il se peut que vous constatiez dans certaines difficultés relationnelles avec votre bambin des similitudes avec votre propre parcours d'enfance. Et ne vous inquiétez pas, il est absolument normal d'être parfois agacé, en colère, effrayé, voire complètement dérouté par le comportement de votre enfant ! Cela dit, ce ressenti normal a besoin d'être extériorisé pour éviter qu'il n'interfère dans l'appréciation de ses besoins et qu'il ne vous pousse à réagir d'une manière que vous pourriez regretter plus tard. Une des choses les plus importantes pour vous – et pour lui – est d'évoquer vos émotions et inquiétudes de parent à une personne de confiance. Si par chance, celle-ci est réceptive à vos angoisses et chagrins, ce n'en sera que mieux pour vous. Dédramatiser ainsi vos sentiments vous rendra plus confiant, plus serein et mieux à même de devenir le père ou la mère que vous souhaitez être. Prenez donc le temps d'évoquer tous les petits agacements quotidiens occasionnés par votre enfant : les tâches sur les habits, les réveils nocturnes et les crises de nerfs au supermarché... L'accumulation de ces menus incidents vous rend la tâche bien difficile, non ?

Mais vous en viendrez aussi à vous poser des questions graves et parfois traumatisantes, qu'il vous faudra affronter tout autant qu'exprimer : suis-je un bon parent ? Mon enfant sera-t-il bon élève ? Une fois adulte, connaîtra-t-il la guerre ? Arriverai-je à financer ses études supérieures ? Souffrira-t-il de discrimination (raciale, sexiste ou religieuse) ? Comment puis-je le protéger de toute violence comme l'abus sexuel ou l'enlèvement ? Saurai-je répondre à tous ses besoins ? Pourrai-je payer toutes mes factures ? Où trouverai-je l'énergie suffisante pour tenir la maison propre, faire la lessive et la cuisine, passer du temps avec mon conjoint et trouver en plus un moment pour agir en faveur de la paix dans le monde ? Et qu'en est-il de mes propres besoins dans tout ça ?

À la fin de chaque chapitre, vous découvrirez trois séries d'exercices qui pourront s'avérer utiles. La première consiste à explorer votre passé pour prendre conscience des souvenirs à la fois plaisants et pénibles de votre propre enfance. La deuxième vous aidera à expliciter clairement vos sentiments pour votre enfant. Ces deux premières séries d'exercices se présentent sous forme de questions auxquelles il s'agit de répondre en présence d'un témoin bienveillant. La troisième série consiste en des suggestions ou pistes pouvant contribuer à votre épanouissement.

Sans le soutien psychologique et financier de la société, il est difficile d'être le parent que nous rêvons d'être, loin s'en faut ! Mais il ne s'agit pas pour autant de nous focaliser sur nos imperfections. Accordez-vous du temps pour apprécier toutes les bonnes choses que vous faites pour vos enfants, toutes ces heures passées auprès d'eux et pour eux, tous ces élans du cœur pour satisfaire au mieux leurs besoins, ce, malgré les épreuves de la vie quotidienne. Soyez réaliste, vous en faites déjà plus que ce que vous ne pensiez pouvoir faire !

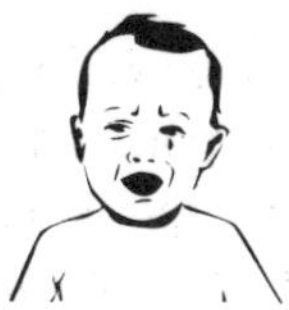

I. Pleurs et colères

Le présent chapitre est tout entier consacré au thème des pleurs et chagrins des enfants : pourquoi les enfants pleurent-ils, quel est le sens de leur chagrin et quels intentions ou besoins l'enfant manifeste-t-il par ses sanglots ? Nous exposerons les recherches qui ont été menées sur les pleurs des enfants et indiquerons quelle devrait être l'attitude des parents à ce moment-là. Les accès de colère seront aussi étudiés. Nombreux sont les ouvrages qui considèrent les pleurs et colères comme de simples troubles du comportement, éludant ainsi ce que ceux-ci comportent de force positive dans la vie des jeunes enfants ! Ce chapitre propose au contraire une nouvelle manière d'aborder les pleurs, fondée sur des recherches récentes et perspectives innovantes.

Pourquoi les enfants continuent-ils de pleurer une fois le langage acquis ?

Il est bien déconcertant pour les parents de voir leur progéniture continuer de pleurer alors qu'elle est tout à fait à même de manifester ses désirs et besoins par la parole. Il est clair que les crises de larmes du nouveau-né sont mieux acceptées, ce dernier ne sachant pas comment s'exprimer autrement. Les parents sont conscients que pleurer est, par nature, sa seule façon de manifester ses besoins.

Bien sûr, le fait de pleurer est une manière pour les bébés de communiquer, et c'est là l'une des raisons qui justifient leurs larmes. Mais il en est une autre qui reste souvent méconnue. Nous parlons ici de ces sanglots qui surviennent quand tous les besoins de l'enfant semblent être satisfaits, en fin d'après-midi ou en soirée, et pendant des heures entières. Ces crises-là inquiètent et déconcertent les parents car rien de ce qu'ils font ou tentent de faire ne réussit à l'apaiser. Ils ne savent comment lui rendre sa bonne humeur.

Pourtant, et aussi surprenant que cela puisse paraître, ces sanglots sont en fait salutaires et bénéfiques : les bébés évacuent ainsi les effets néfastes de traumatismes passés. Malgré toute l'attention de leurs parents, ils accumulent des *ressentis pénibles*, causés par la naissance ou qui résultent de frustrations incontrôlables, ou bien qui proviennent d'une certaine confusion due à leurs connaissances et compréhension encore limitées. Nombreuses sont ainsi les crises de larmes du bébé qui, tel un exutoire, n'ont pour but que de l'aider à évacuer ses ressentis pénibles (cf. *Mon bébé comprend tout*, où ces crises de larmes propres à la petite enfance sont décrites plus amplement).

Les pleurs du bébé comme moyen de communication sont voués à être remplacés progressivement par la formulation langagière. Peu à peu, au lieu de pleurer quand il a faim, le petit enfant apprend à demander de la nourriture ou à dire « trop froid » quand l'eau du bain est trop froide. Ainsi ces sanglots liés à l'expression des besoins courants sont relayés par l'usage de la parole, ce qui n'est pas le cas pour les autres pleurs que nous avons décrits comme une façon pour l'enfant de « panser » divers maux ou blessures affectives : il continue de pleurer pour évacuer les peines et frustrations quotidiennes. Il se peut qu'il parvienne à verbaliser ses sentiments, en disant par exemple : « Je suis déçu parce que Papa n'était pas là le jour de mon anniversaire », mais formuler ainsi son ressenti pénible ne l'aidera que partiellement à le surmonter totalement. L'enfant a besoin d'extérioriser sa douleur en pleurant ou en « crisant » car, par ce biais, il se libère des effets négatifs de ses expériences éprouvantes.

Le sens et les raisons des sanglots évoqués ici ont été considérablement mal interprétés. Il y a en effet une croyance ancrée culturellement selon laquelle pleurer égale souffrir, si bien que les parents croient que leur enfant se sentira mieux en cessant tout simplement de pleurer. Or, c'est tout le contraire qui est vrai ! *Pleurer est une manière pour l'enfant d'évacuer sa souffrance*, il ne sera donc soulagé que si on le laisse verser librement ses larmes.

Nombreux sont les ouvrages destinés aux parents où les crises de larmes et de colère sont classées et traitées comme des problèmes d'indiscipline, tels les faits de se battre, de mordre, de dire des gros mots, de mentir, voire de chaparder. Voilà une conception bien malheureuse des pleurs et colères des enfants, lesquels sont en réalité pour eux la meilleure voie pour faire face à leur détresse et se maintenir en bonne santé physique et psychique. De plus, ce sont bien souvent les moyens de prévenir justement ces « troubles du comportement » auxquels on les associe ! (cf. chapitre V)

En quoi le fait de pleurer leur est-il bénéfique ?

Le Dr William Frey, biochimiste au Centre médical Saint-Paul-Ramsey du Minnesota, a effectué des recherches sur la composition chimique des larmes humaines et a découvert que celles versées pour des raisons émotionnelles sont différentes de celles occasionnées par un quelconque irritant tel qu'une pelure d'oignon. Cela signifie que quelque chose d'absolument unique se produit quand nous pleurons. Le docteur a émis l'hypothèse que les sanglots dus à une surcharge émotive ont pour but d'éliminer des toxines ou toxiques du corps, tout comme nous nous débarrassons de certains déchets en urinant ou déféquant. Les substances éliminées dans le liquide lacrymal sont celles que le corps accumule sous l'effet du stress. Parmi celles-ci, on compte notamment l'hormone ACTH et les catécholamines. On y relève aussi du manganèse, un élément chimique pouvant avoir des effets néfastes sur le système nerveux si son taux est trop élevé. Le Dr Frey conclut ainsi : « Il se pourrait que nous augmentions les risques de nombreux troubles psycho-physiques quand nous retenons nos larmes. » En étudiant les pleurs d'adultes, il a eu l'occasion de confirmer que, dans la plupart des cas, pleurer permet de se « décharger » émotionnellement, donc de se sentir mieux.

Le fait de pleurer permet non seulement d'évacuer les toxines du corps, mais aussi de réduire certaines tensions. Des études menées sur des adultes en psychothérapie ont révélé à cet égard que pleurer et se mettre en colère diminuent le rythme cardiaque, la pression sanguine, la température corporelle, et favorisent une meilleure synchronicité des ondes cérébrales. Or ces changements n'ont pas été relevés sur le groupe témoin qui, sur la même période, s'était simplement livré à des exercices physiques.

D'autres travaux ont observé que des thérapies incitant à des séances de pleurs intensives ont des résultats significatifs sur le comportement psychoaffectif des individus. Par contre, ceux qui ne parviennent pas à pleurer font peu de progrès.

Il y a donc bien un rapport entre pleurs et santé psycho-physique. On a pu constater que les personnes en bonne santé sont celles qui pleuraient plus souvent et acceptaient bien le fait de pleurer, contrairement à celles souffrant d'ulcères et de colites. On a même relevé des cas cliniques où asthme et crise d'urticaire se résorbaient rien que par le fait de pleurer.

La *prolactine*, une hormone très importante pendant la grossesse et l'allaitement, agit directement sur les glandes lacrymales et régule les crises de larmes. Plus le taux de prolactine est important, plus la personne pleure facilement. Les femmes enceintes sont d'ailleurs plus enclines aux larmes qu'en temps normal. C'est peut-être là une manière naturelle d'éliminer des tensions ou toxines pouvant interférer dans le développement du fœtus. De même juste après l'accouchement, pendant la période dite du post-partum, probablement pour éviter que le lait maternel ne se charge en toxines.

Quelques rares enfants sont atteints d'une maladie héréditaire, le syndrome de Riley-Day ou dysautonomie familiale, qui se caractérise par l'impossibilité de produire des larmes quand ils pleurent. Sous l'effet du stress ou de l'anxiété, on constate chez eux une augmentation de la tension artérielle, ainsi qu'une très forte production de sueur et de salive, à la limite de l'excès. Ils développent aussi des taches sur la peau ou vomissent très souvent. Tout en eux réagit comme si leur corps cherchait à compenser l'absence de larmes en recourant à d'autres exutoires capables d'éliminer les toxines.

Un travail auprès d'enfants autistes a mis en évidence les bienfaits des crises de larmes. Plusieurs thérapeutes ont remarqué une nette et heureuse amélioration du comportement de ces enfants qui, au cours d'une séance thérapeutique, ont pu donner libre cours à leurs pleurs et colères. Janov, dans son livre *Empreinte*, cite l'exemple d'un jeune autiste de 8 ans dont les symptômes semblaient régresser depuis que sa mère l'encourageait à pleurer. Ses progrès étaient si manifestes que plusieurs médecins les ont qualifiés d'« incroyables ».

Les résultats étaient si probants auprès d'enfants autistes que plusieurs psychologues ont étendu cette approche thérapeutique auprès de jeunes aux comportements agressifs et violents. Les conclusions furent également dignes d'intérêt.

Ainsi, toutes les recherches effectuées en ce domaine ont abouti au même constat : pleurer est un processus physiologique nécessaire et salutaire, qui réduit notablement les effets du stress. C'est un exutoire naturel mis à notre disposition dès notre naissance, dont on tire tous les bénéfices tout au long de notre vie.

Quel type de besoins les enfants expriment-ils par leurs pleurs ?

Au cours de leur vie, les jeunes enfants rencontrent beaucoup de situations stressantes qui, les unes après les autres, suscitent le besoin de pleurer. La plupart des parents tolèrent plus facilement leurs pleurs s'ils en comprennent les raisons. Malheureusement, les petits ne savent pas toujours expliciter les causes de leur chagrin, et les parents n'ont pas d'autres recours que de les deviner, quoiqu'il ne soit pas nécessaire de le savoir. L'important reste d'accepter la situation. Pleurer est salutaire, que les raisons qui en sont à l'origine soient verbalisées ou non.

Nous, parents ou autres adultes, nous créons par inadvertance certaines de leurs angoisses. Nul n'est parfait ! De plus, nous avons tous des moments d'impatience et de non-écoute à leur égard. Tout cela parce que nous leur transmettons les suites de notre propre enfance. Aucun d'entre nous n'a pu en effet échapper à certaines formes de blessures et douleurs pendant l'enfance. Et tous les parents désirent pour leurs petits une vie meilleure à la leur.

En lisant la liste suivante des douleurs ou angoisses des enfants, vous risquez de vous sentir coupable dans la façon dont vous avez traité les vôtres. Si c'est le cas, vous pouvez essayer de faire le lien avec votre enfance en trouvant l'origine de vos propres blessures. Ne vous reprochez rien. Vous ne blesseriez pas vos enfants si vous n'aviez pas vous-même souffert auparavant. Par ailleurs, il existe de nombreuses sources de stress dans la vie de votre enfant qui ne sont pas de votre faute, car elles résultent de frustrations inévitables dans un monde imparfait. Souvenez-vous aussi que les enfants peuvent se guérir de leurs blessures, que vous pouvez les aider à surmonter leurs peines, y compris celles dont vous êtes peut-être involontairement à l'origine.

Blessures causées délibérément

Elles sont infligées aux enfants par les adultes, voire d'autres enfants, qui réagissent ainsi à cause de leur propre souffrance, colère, insécurité ou anxiété. La violence physique ou l'agression sexuelle sont les plus graves d'entre elles. Cohabiter avec un parent alcoolique est aussi source de stress pour un enfant. Les différentes formes d'agression verbale sont blessantes surtout si elles ressemblent à des hurlements, à des jugements et critiques, à des humiliations et catégorisations abusives, à des reproches ou blâmes induisant la honte. De nombreux enfants sont également victimes de clichés et atteintes racistes.

Un enfant ressent de la souffrance à chaque fois qu'on le force à faire quelque chose contre son gré ou bien quand on dirige sa vie avec trop de rigidité ou d'autorité. Un manque d'information est aussi source de confusions, tout comme les punitions qui font que l'enfant finit par se sentir mal aimé ou se sous-estime.

Les petits sont souvent peu propres, actifs, impatients, curieux, craintifs ou bruyants. Bien que naturels, la plupart de ces comportements sont parfois mal tolérés par les parents. Ils blessent l'enfant ou l'humilient dès lors qu'ils montrent du dégoût, de l'embarras, de l'impatience, ou qu'ils ont un accès de colère ou de violence au lieu de faire preuve d'amour et de tolérance. Beaucoup d'enfants répriment finalement leurs impulsions et, de ce fait, refoulent une partie d'eux-mêmes pour se faire accepter. Mais ils ne peuvent se sentir vraiment aimés si l'« amour » parental ne tient qu'au fait d'être propre, soigneux, calme, passif et patient.

De surcroît, ils ne sont pas autorisés à dire qu'on leur fait du mal puisqu'on leur rappelle souvent que cela tient de bonnes intentions, justifiées par ce qu'on appelle « la discipline » ou « le dressage d'enfants ».

Blessures infligées par négligence

Elles résultent d'un comportement décalé, non approprié, des parents, qui ne comblent pas les besoins des enfants, certes pas toujours faciles à reconnaître ou à satisfaire. Les besoins ressentis mais non assouvis font naître en eux des tensions et douleurs émotionnelles. Comme dans le cas de blessures infligées délibérément, les enfants peuvent se guérir en pleurant ou en criant.

Les premiers besoins sont d'avoir une nourriture adéquate, de sentir de l'amour et une présence physique sous forme de contacts et de caresses. Les petits attendent des adultes une attention particulière, qu'ils s'intéressent à leur monde intérieur et à leurs sentiments, qu'ils les écoutent, qu'ils les croient, qu'ils leur fassent confiance et qu'ils répondent sincèrement à leurs questions. Ils ont besoin de la présence quotidienne d'une personne leur prêtant de l'intérêt et de l'importance.

Les enfants recherchent aussi un environnement stimulant, dans lequel ils peuvent gagner en autonomie, participer aux décisions qui les concernent, ainsi qu'avoir accès au monde des adultes. D'autres besoins complémentaires sont liés à l'espace et à la liberté de jouer, au fait de rencontrer d'autres enfants et adultes attentionnés. Les enfants qui restent seuls et se prennent en charge pendant des heures après l'école risquent de s'angoisser, même s'ils paraissent de prime abord aller bien. Ils requièrent la présence d'une personne plus âgée, responsable, capable de les aider et de les soutenir à tout moment.

Blessures accidentelles

Elles ne sont pas causées par quelqu'un en particulier, mais par les circonstances de la vie. Dans cette catégorie, on trouve la douleur physique, la maladie et les situations de mal-être. Pour un enfant, la mort ou l'absence prolongée d'un parent est une des plus grandes sources de chagrin qui puissent être. Les disputes, les séparations et les divorces peuvent aussi faire l'objet d'expériences confuses et angoissantes. La conscience de la mort et le fait d'assister à des scènes violentes ou d'entendre des propos sur la guerre génèrent également en eux craintes et confusion. Enfin, les enfants développent toutes sortes de peurs telles que la peur d'être abandonnés, celle d'être personnellement blessés ou de mourir.

Dans les pays en guerre, l'enfant craint à tout instant d'être bombardé ou bien de perdre un membre de sa famille. Les sinistres naturels comme les incendies, les inondations et les tremblements de terre sont d'autres événements plausibles, également source de stress. L'oppression économique peut perturber l'espace vital des enfants. Ainsi que les logements surpeuplés, les rues malpropres et un taux élevé de criminalité dans leur quartier. Tout contribue à les inquiéter, à les effrayer, même ce qui paraît inoffensif comme le tonnerre ou les aboiements d'un chien. Une visite chez le docteur, le dentiste ou à l'hôpital peut être terrifiante.

Les enfants placés en foyer d'accueil éprouvent de la confusion, de la colère et une grande souffrance si on leur impose de changer de famille malgré tout l'amour de leurs nouveaux parents adoptifs. D'autres modifications dans leur vie peuvent les désorienter, c'est le cas d'un déménagement, d'un changement d'école, de l'arrivée d'un beau-père ou d'une belle-mère ou de la naissance d'un petit frère ou d'une petite sœur.

Même s'il ne semble pas y avoir d'événement traumatisant dans la vie du jeune enfant, celui-ci éprouve quand même frustrations et chagrins par le simple fait qu'il manque d'informations et de moyens. Il cherche à imiter le comportement des personnes plus âgées, mais il ne sait pas encore vraiment comment s'y prendre. Il conçoit des idées fausses tout simplement parce qu'il ne comprend pas bien le monde environnant. Dès que quelque chose ne se passe pas comme il le veut ou le souhaite, il se sent inévitablement frustré, déçu et confus. Parce qu'il ne mesure pas les causes à effets ni les limites de son propre pouvoir, il lui arrive de se sentir coupable pour des choses sans aucun rapport avec ses actions telles qu'une fausse couche ou la maladie de sa mère.

Blessures liées à la petite enfance

En plus des maux récents, la plupart des enfants en « portent avec eux », ayant gardé en eux depuis leur plus jeune âge des ressentis et tensions liés à des expériences douloureuses ou des besoins insatisfaits. En règle générale, les bébés savent se guérir en pleurant aussitôt ou peu de temps après que ces traumatismes, une frayeur au moment de l'accouchement par exemple, se sont produits. Il arrive cependant que les parents ne comprennent pas leur réaction et qu'ils essaient de les distraire en les berçant, en les secouant ou en leur donnant une suce. Parfois, à bout de forces ou sur l'avis de l'entourage, ils les laissent pleurer tout seuls dans leur lit. Ce n'est pas là une solution efficace, car elle créera chez l'enfant de nouvelles frustrations et angoisses, qui ne feront que redoubler ses pleurs. Les tout-petits ont, en fait, surtout besoin dans ces moments-là de ressentir de l'affection et une présence physique.

Outre le traumatisme lié à la naissance, ils souffrent principalement quand leurs besoins ne sont pas satisfaits, quand ils se sentent frustrés ou bien quand on les stimule exagérément. Il est tout à fait normal qu'ils pleurent une heure ou plus par jour, particulièrement pendant les premiers mois.

Nul n'est besoin de vous inquiéter ou de vous sentir coupable si vous n'avez pas été attentif au chagrin de votre bébé ni toléré ses pleurs, car vous aurez la possibilité de vous rattraper plus tard. N'importe qui à n'importe quel âge peut se libérer de blessures anciennes en pleurant. Verser des larmes est un moyen de guérison.

Que faire lorsqu'ils pleurent ?

La plupart d'entre nous n'ont pas pu pleurer librement pour se soulager quand ils étaient enfants. Peu renseignés mais de bonne volonté, nos parents tentaient alors une diversion, nous grondaient, nous punissaient ou bien nous ignoraient tout simplement. Certains cherchaient à nous calmer gentiment en nous disant : « Chut ! Chut ! Ne pleure plus ! », d'autres plus sèchement : « Si tu ne cesses pas de pleurer, je te donnerai une bonne raison de le faire ! » D'autres encore nous offraient des jouets ou aliments pour nous distraire : « Prends un gâteau, ça ira mieux après ! » (Aujourd'hui que nous sommes adultes, ne nous étonnons pas si la plupart d'entre nous se soulagent en premier lieu en grignotant !) D'autres enfin nous renvoyaient dans notre chambre comme pour nous signifier que nous étions vilains et nous félicitaient quand nous séchions nos larmes.

Dans notre culture, on laisse plus facilement les filles pleurer plutôt que les garçons. Ces derniers sont souvent l'objet de moqueries ou bien traités de « fillettes » quand ils pleurent. Ils doivent se comporter comme des hommes et apprendre à réprimer leurs émotions, à tel point que certains d'entre eux n'ont pas versé une larme depuis des années. Cela explique peut-être pourquoi les hommes sont plus souvent la proie de maladies liées au stress ou qu'ils meurent plus tôt que les femmes.

La plupart d'entre nous ont bien reçu le message comme quoi pleurer était inacceptable. Nous en sommes venus à croire qu'une partie de nous n'était pas bonne et nous avons commencé à soustraire des aspects de notre personnalité pour plaire à nos parents. Nous avons appris à retenir nos larmes, à refouler nos émotions, à inhiber l'essence même de notre être. Maintenant adultes, nous acceptons encore difficilement ces fortes émotions. Parce que nous ne nous autorisons pas à pleurer, nous reportons machinalement cette interdiction sur nos enfants, tout comme nos parents l'avaient fait avec nous.

En prenant conscience de l'intérêt de verser des larmes et en faisant un considérable effort, il nous sera possible de laisser nos tout-petits sangloter, même si on nous a refusé ce droit quand nous étions petits. Lorsque l'enfant a du chagrin, il s'avère utile de lui dire : « Laisse-toi aller et pleure ! » ou de lui signifier que vous reconnaissez sa peine : « Tu as vraiment un gros chagrin, n'est-ce pas ? » Ne rien dire, si vous préférez, est bien aussi. Ce qui importe, c'est de lui prêter attention, de l'écouter, de le regarder et de lui communiquer votre amour par des expressions faciales. Si cette situation vous rend mal à l'aise, vous pouvez reprendre vos occupations non sans sourire de temps à autre à votre enfant et lui signifier que vous l'aimez tel qu'il est. Cette méthode est bien meilleure que de chercher à le calmer à tout prix en le distrayant ou en le punissant.

Il est important de prendre un bébé dans ses bras quand il ressent le besoin de se soulager des tensions accumulées. Par contre, cela n'est pas toujours nécessaire quand les enfants grandissent : ils ont besoin de plus d'espace pour accompagner leurs pleurs de mouvements vigoureux. Les tenir contre vous les gênerait. À d'autres moments, ils ont besoin de vous sentir près d'eux, de s'accrocher à vous le plus possible pour éclater en sanglots. Certains semblent vouloir résister, mais profitent du fait qu'ils sont tenus fermement pour essayer de se défouler en luttant contre cette emprise. D'autres encore commencent à réprimer leurs sanglots s'ils vous sentent trop prêts. Dans ce cas, il est préférable de prendre des distances. Il y a donc différentes façons de pleurer et plusieurs manières d'apporter son soutien à l'enfant, l'important étant, ne l'oublions pas, de lui témoigner de l'amour et de la reconnaissance.

S'il pleure à cause d'une frustration, d'une déception ou de tout autre douleur de nature accidentelle, tout ce qu'il vous reste à faire est d'accepter sa douleur et ses émotions. L'exemple suivant montre comment j'ai réagi quand ma fille avait une crise de larmes suite à une déception :

> Quand Sarah avait 3 ans, je lui ai acheté un maillot de bain dans une brocante et lui ai expliqué que nous irions nous baigner dès qu'il ferait plus chaud, peut-être quelques mois plus tard. Quelques heures plus tard, les rayons du soleil firent leur apparition derrière quelques nuages. Sarah parla aussitôt d'aller nager, convaincue que nous ne tarderions pas à y aller. Elle avait en toute logique supposé que, maintenant que le temps était au beau fixe, nous irions nager tout comme je l'avais promis et elle pourrait enfiler son nouveau maillot de bain. Je lui ai alors expliqué que nous n'irions pas nous baigner parce que, malgré les rayons de soleil, c'était encore l'hiver et que nous prendrions froid. Déçue, elle n'a pas semblé comprendre et a dû penser que je lui avais menti ou rompu ma promesse. Elle ne maîtrisait pas encore la notion de temps nécessaire pour mesurer la signification de l'expression « dans quelques mois ». Alors qu'elle s'apprêtait à sangloter, je l'ai prise dans mes bras et lui ai dit : « Tu voulais vraiment te baigner, n'est-ce pas ? » Elle pleura fortement pendant quelques minutes et je l'ai tenue contre moi pendant tout ce temps. Après quoi elle est redevenue gaie comme avant.

Cet exemple montre clairement que la déception de ma fille était inévitable du fait qu'elle ne concevait pas la notion de temps. Je ne pouvais rien faire pour la rendre heureuse. Ayant compris cela, je n'ai pas cherché à la détourner de ses émotions, je l'ai laissée les évacuer. La vie d'un tout-petit est plein de ces petits bouleversements qui doivent être soulagés.

Si votre enfant s'épanche suite à une douleur dont vous êtes à l'origine (blessure délibérément infligée), il est nécessaire, même si c'est difficile de le faire parfois, de reconnaître votre erreur, de vous excuser et de tolérer de surcroît sa colère autant que ses larmes. Votre enfant doit vous entendre dire que vous lui avez fait du tort, que vous l'avez blessé et que sa réaction est parfaitement justifiée.

Voici l'histoire d'un père de famille et de son fils de 6 ans qui m'a été racontée :

> Un jour, un ami qui ne m'avait pas appelé depuis longtemps m'a téléphoné. Nous avons aussitôt entamé une longue conversation. Or bien avant son appel, j'avais promis à Kevin de rendre visite à un ami. Il avait donc hâte que je daigne raccrocher le combiné pour l'emmener. Je lui répétai : « O.K., O.K., juste une minute. » Je pensais vraiment ce que je lui disais. Pourtant, ma conversation téléphonique était si amusante que

> je la poursuivais à l'infini. Quand j'ai finalement raccroché, je suis allé voir Kevin dehors. Il donna un coup de pied dans la terre, pleura et cria : « Tu m'as menti ! » Je le pris alors dans mes bras. Il pleurait : « Mais tu m'avais dit que nous irions tout de suite, et on ne l'a pas fait, et j'ai attendu et encore attendu, et toi, tu ne raccrochais pas ! » J'avais du mal à admettre que je lui avais menti car, dans mon esprit, je pensais sincèrement en avoir pour une minute. Mais une fois que j'ai compris son point de vue, j'ai constaté mon erreur et lui ai affirmé : « Je m'excuse Kevin, je ne voulais pas être si long. » Grâce à cet incident, j'ai compris que j'obtiendrai plus de coopération et de compréhension de sa part en lui parlant sincèrement. Sensible à cela, il n'aime pas me blesser non plus.

À certains moments, vous ne saurez pas pourquoi votre enfant pleure si bien que vous aurez du mal à l'assumer. Quoi qu'il en soit, toutes ses larmes ont une raison valable. Soyez-en sûr !

Que penser de leurs crises de rage ?

Les crises de rage ne sont rien que des pleurs accompagnés d'accès de colère. Parfois, l'enfant reste calme, tandis que de grosses larmes coulent le long de ses joues. Autrement, il pleure bruyamment, fortement, en agitant bras et jambes, en bougeant son corps entier. C'est ce qu'on appelle les crises de rage, qui représentent une manière parmi d'autres de pleurer.

L'expression « crises de colère » peut avoir plusieurs significations. Nous l'employons ici pour signifier un accès de colère ou le défoulement d'une frustration, une forme d'indignation pour un enfant s'estimant blessé ou trompé. Elle se manifeste par des cris, des hurlements et des pleurs, accompagnés de mouvements brusques des bras et des jambes, tandis que coulent de grosses larmes. Pendant sa crise, l'enfant ne fait preuve d'aucune violence ni d'élan destructeur : il ne veut blesser personne ni casser quoi que ce soit. On confond souvent ce genre de crises avec ce que j'appelle un « comportement destructeur ». Lorsque l'enfant est effrayé ou irrité, et qu'il ne se sent pas assez en confiance pour se libérer, il peut parfois recourir à la force, à la violence et à la destruction. Il montre alors ses sentiments plutôt que de s'en libérer. Ce comportement s'accompagne souvent de cris, de hurlements et de mouvements (manifestations similaires à une vraie crise de colère). Mais pas une seule larme ne coule. Le tableau qui suit explicite les différences entre un comportement destructeur et la juste expression de la colère.

Si un enfant crie, hurle, frappe ou donne des coups de pied sans verser une larme, les parents doivent réaliser combien il souffre et essayer de trouver un moyen pour qu'il se sente suffisamment en sécurité pour s'épancher. Il s'agit d'interrompre toute attitude nuisible, de ne pas autoriser un tel comportement. Tenir l'enfant fermement par les poignets ou à bras-le-corps, même s'il montre de la résistance, pour interrompre toute tentative de violence et l'inciter à laisser libre cours à ses pleurs sera parfois nécessaire. Il faut stopper ainsi son élan destructeur. (La distinction entre une colère libératrice et un comportement destructeur n'est pas toujours aisée, car l'enfant peut donner des coups ou frapper tout en pleurant. Si c'est le cas, il convient de mettre un terme à sa violence sans interrompre ses sanglots – voir tableau ci-après.)

Tout comme les crises de larmes, les colères ne durent pas. Les enfants s'arrêtent d'eux-mêmes dès qu'ils se sont déchargés de leur colère et frustration. Beaucoup de parents ont du mal à tolérer les crises de rage, parce qu'un tel défoulement est encore mal vu dans notre société.

Certains pensent que leurs enfants deviennent marginaux ou fous, voire qu'ils perdent tout contrôle d'eux-mêmes. Ou bien, influencés par les livres, ils croient qu'ils les ont trop gâtés en accédant trop souvent à leurs demandes. Ils en viennent à envisager que leurs crises de rage ne sont rien d'autre qu'un jeu de pouvoir, de manipulation et de domination. Quelques parents également se persuadent que ces crises sont le signe d'une nature diabolique et qu'il leur faut intervenir rapidement pour remettre leurs bambins sur le droit chemin.

De telles réactions sont malheureuses, parce qu'elles incitent souvent les parents à punir leurs enfants alors que ces derniers ne cherchaient seulement qu'à se décharger de leurs tensions pour retrouver santé et bien-être. En ne permettant pas ce défoulement thérapeutique, ils peuvent les rendre dépressifs ou agressifs, ou bien affecter leur santé. En voici un exemple :

Ruth Benedict, une anthropologue renommée, avait souvent, quand elle était enfant, des crises de rage. Elle avait perdu son père avant sa deuxième année et une rougeole l'avait rendue presque sourde. Manifestement, pleurer était pour elle un besoin essentiel. Mais sa mère ne la comprenant pas est venue près d'elle une nuit, avec une Bible et une bougie en main, pour invoquer l'aide de Jéhovah et demander à sa fille de ne jamais plus recommencer une telle explosion de larmes. Ruth ne fit alors plus de crises de rage, mais a sombré dans la dépression.

Cet exemple souligne ce qui peut arriver quand un enfant refoule sa peine.

La plupart des ouvrages destinés aux parents proposent des méthodes pour mettre un terme aux crises de rage, comme de retirer leur amour ou de jeter de l'eau froide sur le visage de leur enfant. Il est fort

Différences caractéristiques entre une simple colère libératrice et un comportement destructeur

Comportement destructeur	Colère libératrice
Cris aigus ou hurlements	Pleurs intensifs, mots ou bruits saccadés
Violence et élan destructeur	Mouvements brusques mais aucune volonté de nuire à quelqu'un ou de casser quelque chose
Aucune larme	Habituellement accompagnée de larmes (ou apparition rapide de larmes)
Se produit quand l'enfant ne se sent pas assez en sécurité pour exprimer ses émotions	Se produit quand l'enfant se sent suffisamment à l'aise pour exprimer ses émotions
Ne soulage pas l'enfant qui continue de souffrir après, ressentant encore des tensions	Soulage l'enfant qui, apaisé, retrouve ensuite le sourire
Une intervention ferme mais affectueuse peut interrompre ce comportement et conduire à une crise de larmes salvatrice	Interrompre cette crise de larmes pourrait entraîner chez l'enfant un refoulement de ses sentiments

dommage que peu ou pas de livres mettent en évidence l'aspect positif et curatif d'une saine colère, nécessaire au tout-petit pour combattre le stress.

Pourquoi les enfants pleurent-ils et se mettent-ils en colère pour des raisons apparemment insignifiantes ?

La durée et l'intensité des crises de larmes et de rage sont souvent disproportionnées par rapport à l'élément déclencheur. Une fillette « crisera » pendant une demi-heure parce qu'elle n'aura pas retrouvé l'un de ses dessins ou parce que vous ne lui aurez pas servi les bonnes céréales pour son petit-déjeuner. Ces situations ne semblent pas être blessantes et, pourtant, elles sont vécues par les enfants comme une menace dans leur liberté d'exister.

La raison profonde de ce genre de réactions ? Un simple prétexte pour se libérer des tensions accumulées ! Si la fillette pleure et trépigne devant les soi-disant mauvaises céréales, c'est parce qu'elle repense à toutes les fois où ses véritables besoins n'ont pas été pris en compte et où elle n'a pas obtenu ce qu'elle souhaitait. Si elle « crise » pour un dessin perdu, cela peut signifier qu'elle pleure en réalité l'ensemble des autres pertes qu'elle a ressenti pendant ses premières années.

Un tout-petit se met à pleurer longuement parfois alors qu'on ne lui demande pas grand-chose, comme enlever sa chaussure, en répétant : « Je ne sais pas le faire ! » Cette réaction étonne alors les parents qui savent pertinemment qu'il est tout à fait capable de se déchausser. Il faut peut-être voir là un exutoire en rapport avec toutes les autres choses, trop difficiles, que l'enfant n'a pas su faire. Cela arrive très souvent quand, à l'école, il doit apprendre des leçons exigeant de lui une grande performance ou si on relève systématiquement toutes ses erreurs.

L'exemple qui suit montre combien de petits incidents peuvent causer un grand désarroi :

> Un petit garçon criait et pleurait dès que, en entrant chez lui, sa grand-mère accrochait sa veste au portemanteau. Il hurlait à l'infini : « Non, je ne veux pas que Mémé accroche son manteau ici. » Calmé, il disait finalement : « Je veux mon papa ! » (Ce dernier était parti depuis longtemps.) En fait, il refusait que sa grand-mère suspende son vêtement

là où son père le mettait, tout simplement parce qu'il ne voulait pas qu'elle prenne sa place.

Cet autre exemple souligne très bien combien une crise de larmes peut être bénéfique pour un enfant autorisé à pleurer (ma fille dans ce cas), soucieux de se décharger d'un traumatisme passé :

Alors qu'elle avait 4 ans et demi, Sarah a fait deux mauvaises chutes en une journée. Elle est tombée d'un rebord puis d'un trapèze. Bien que je fusse près d'elle à ces moments-là, je ne lui ai pas porté beaucoup d'attention, étant en train de m'occuper d'autres enfants. Le soir même, alors qu'elle se préparait pour aller au lit, je l'avais assise sur la tablette du lavabo pour lui laver les pieds. Puis je lui ai demandé de descendre pour se brosser les dents. Elle ne l'a pas fait, puis s'est mise à pleurer : « Je ne peux pas descendre, je vais tomber. » Or, il y avait tout près du lavabo une chaise à sa portée. Elle a alors retiré son pied qui pouvait facilement l'atteindre, tout en répétant qu'elle ne pouvait pas descendre tant elle avait peur de tomber. Je ne l'ai pas soulevée, sachant qu'elle pouvait très bien y arriver toute seule. Elle a pleuré et hurlé pendant au moins cinq bonnes minutes, puis elle a cessé, m'a souri, est descendue du rebord et a commencé, calmement, à se brosser les dents.

Cette histoire montre que Sarah s'était souvenu des chutes qu'elle avait faites dans la journée et avait profité de la situation dans la salle de bains pour les revivre et s'en libérer.

Lorsque, bouleversés, les enfants ressentent l'envie de pleurer ou de « criser » pour se décharger d'un trop plein de souffrances et de frustrations, ils saisissent la moindre occasion pour se laisser aller. Voici l'histoire qu'une mère d'une enfant de 6 ans m'a racontée :

Cela se produit, par exemple, quand je dis à ma fille : « Non, tu n'auras pas cette sucrerie, car c'est mauvais pour les dents. » Elle va alors pleurer et répéter : « J'en veux ! » Je n'ai pas moyen de la raisonner. Nous n'obtenons rien en parlant ainsi. Et elle résiste à toute étreinte de ma part. Puis, une fois qu'elle a versé sa dernière larme, elle vient dans mes bras et s'apaise. Généralement, il s'agit là du refoulement d'une tension intérieure, qui n'a rien à voir avec le bonbon ou tout autre chose similaire. C'est tout simplement un surplus d'émotions qu'elle a besoin d'évacuer. Je m'efforce d'en prendre conscience.

Certains parents estiment qu'une telle scène présuppose que leurs enfants sont trop gâtés ou bornés, ou bien qu'ils cherchent à les exaspérer. En fait, ils sanglotent parce qu'ils ressentent le besoin pressent de décharger leurs douleurs et émotions refoulées. Ils sont comparables à une cocotte-minute qui laisse échapper la vapeur par une valve de sécurité. Vous ne connaîtrez pas toujours la raison profonde de leur crise. Aussi ne vous reste-t-il qu'à tolérer le moindre prétexte qu'ils auront choisi et à les laisser s'épancher en toute liberté.

Tolérer leurs crises de colère les incite-il à recommencer ?

Rappelons que l'expression « crise de rage » renvoie dans ce livre à une réaction spontanée de colère manifestée par la présence de larmes et sans la moindre intention de nuire. Un comportement destructeur envers soi ou les autres n'est pas une crise de rage salutaire et doit être stoppée au plus vite. Nous en reparlerons aux chapitres V et VI.

Une colère est un processus de décharge physiologique similaire au besoin de déféquer. L'enfant ressent qu'il y a urgence à se libérer des tensions émotionnelles et d'un surcroît de stress tout comme il sent qu'il y a urgence à aller à la selle quand les matières fécales s'accumulent dans le côlon. Le fait d'encourager ce défoulement et de lui prêter attention n'en fera pas une habitude puisque, comme dans le cas des selles, les pleurs cessent d'eux-mêmes après coup. Apaisé, l'enfant ne manifestera pas d'autre colère avant de ressentir de nouveau un trop plein de frustrations et de tensions. L'empêcher de s'épancher, c'est créer en lui une « constipation » ou blocages émotionnels.

Certains enfants, craignant d'aller aux toilettes, deviennent constipés et n'éprouvent pas le besoin de se soulager pendant trois ou quatre jours. Une fois cette crainte surmontée, leur transit intestinal reprend un rythme normal et les enfants iront plus souvent à la selle. De la même façon, ceux qui avaient tout d'abord retenu leurs larmes finissent par pleurer plus souvent quand leurs parents les y autorisent. On pourrait croire que ces derniers les incitent à pleurer plus souvent, mais en réalité, les enfants extériorisent leur peine d'autant plus normalement que cela ne leur est pas interdit. Ils ne pleurent pas plus qu'ils en ont besoin.

Toutefois, si vous craignez de renforcer leurs crises de colère en y prêtant trop attention, il vous suffit de leur montrer aussi la même bienveillance quand ils n'en font pas. De cette façon, vous vous assurerez qu'ils n'en font pas exprès de pleurer pour susciter votre intérêt. En fait, il leur est impossible de feindre les larmes. Si larmes il y a, c'est qu'il y a aussi le besoin de libérer des tensions refoulées.

Comment réagir en cas de crise de colère en public ?

Il n'y a rien de plus embarrassant pour les parents qu'une crise de rage au supermarché, dans un parc ou tout autre lieu public. En vieillissant, les enfants apprennent que de tels comportements, de telles crises ne sont pas acceptables en certains temps et lieux, qu'il convient parfois de contrôler leurs élans. Cependant, ils ont besoin non seulement d'avoir au moins un endroit sûr où être libres de pleurer, mais aussi de la présence quotidienne d'une personne bienveillante sur qui compter – c'est le cas pendant leurs premières années. Dès lors qu'ils profitent d'un climat de tolérance et de compréhension à la maison, ils ne ressentent plus la nécessité de pleurer en public.

Vous pouvez apprendre à déchiffrer les prémices d'une crise de rage et la devancer en évitant par exemple de sortir jusqu'à ce qu'elle ait eu lieu. Tout comme vous pressentez que votre enfant a besoin d'aller aux toilettes avant de quitter la maison, vous pouvez l'encourager à pleurer si besoin est. Certains parents s'imaginent qu'accepter cette extériorisation de colère sous le toit familial incite leur enfant à agir de la sorte partout et en tout lieu. En vérité, c'est l'inverse qui se produit car, en se défoulant chez lui, il ne ressent pas la nécessité de s'exposer ailleurs.

Si vous souhaitez que votre enfant reste tranquille en public, vous ne pouvez pas lui imposer de l'être aussi chez lui. Plus il peut se comporter ou s'exprimer librement à domicile, plus il se montrera discipliné en dehors. Croire qu'il restera calme où qu'il soit tient de l'utopie !

Malgré un milieu familial tolérant, il arrive que certaines crises de rage surviennent en public. La plupart des gens n'en sont ni choqués ni gênés autant que les parents se l'imaginent. On sait généralement qu'un tel comportement est courant chez de jeunes enfants (même s'il est mal compris). Il n'est pas nécessaire d'interrompre leur colère, excepté si elle perturbe réellement leur entourage. Si vous n'êtes pas trop gêné, cette situation devient une excellente occasion, pour les parents, d'adopter une attitude sereine, détendue, et de montrer aux autres combien il ne sert à rien d'intervenir pour cesser les pleurs ou gronder l'enfant.

Si votre bambin « éclate » en un lieu ou moment inopportun – dans un restaurant, un concert, une bibliothèque ou tout autre lieu culturel – vous pouvez l'emmener aux toilettes ou dehors, quelque part où il ne dérangera personne. En cas d'impossibilité, alors il vous reste à faire de votre mieux pour le calmer, en le distrayant par exemple si c'est nécessaire. Rappelez-vous cependant que toute crise de rage interrompue n'est pas résorbée mais différée. L'enfant cherchera à s'en libérer à la prochaine occasion. Et plus vite celle-ci arrivera, mieux il se sentira et plus facile à vivre il sera.

Que faire si l'enfant retient ses larmes ?

Certains enfants ont appris, très jeunes, à retenir leurs larmes parce qu'ils n'étaient pas compris de leurs parents qui essayaient de les en empêcher. Avec des bébés les parents ont souvent recours à des suces ou autres palliatifs distrayants, ou bien les bercent, les secouent, leur prodiguent des soins en tous genres pour les apaiser, croyant faire au mieux pour leur bien-être. L'idée qu'il faut absolument les apaiser est tellement répandue dans notre société que certains médecins vont jusqu'à prescrire des sédatifs. Quelle erreur de croire que pleurer est mauvais pour leur santé ! C'est tout le contraire ! Ils ne seront détendus que s'ils ont la possibilité de se décharger émotionnellement.

Les crises de larmes des enfants plus âgés sont encore mal perçues, tant que certains parents viennent à penser qu'ils sont trop gâtés ou manipulateurs ; ils se persuadent qu'il est de leur devoir d'interrompre leurs sanglots, pourtant salvateurs, en les ignorant ou en les divertissant. Beaucoup promettent, menacent ou punissent pour arriver à leur fin.

Les enfants conditionnés à retenir leurs larmes finissent par accumuler, vers l'âge de 2 ans, un trop plein de tensions et de frustrations sans savoir comment s'en libérer. Ceux-là pleurent difficilement ou rarement : trop risqué, leur a-t-on fait comprendre ! Ils ont leurs propres méthodes pour retenir leurs larmes dans un milieu où l'épanchement n'est pas toléré.

Une de leurs techniques est notamment de sucer quelque chose longtemps dans leur bouche, comme le pouce ou une suce. D'autres préfèrent le sein maternel ou le biberon. D'autres sont enclins à se suralimenter, surtout si l'on a pris l'habitude de les calmer en les nourrissant. Une autre méthode consiste à saisir ou à mâchouiller une couverture ou un jouet de prédilection, un « doudou » qui les sécurise. Ils les gardent près d'eux, surtout quand ils se sentent « blessés » et mal à l'aise de pleurer.

Certains enfants crispent les muscles de leur visage, de leur cou et de leurs épaules pour retenir leurs larmes. D'autres, dans ce but, s'autostimulent en se cognant la tête, en se secouant ou en se tripotant. Ceux qui ont le droit de regarder la télévision finissent parfois par en devenir dépendants, car elle les détourne de leurs sentiments.

Ces différentes méthodes sont appelées « automatismes de contrôle ». Il en existe bien d'autres encore. Presque tout peut devenir un automatisme de contrôle s'il est toujours employé dans le but de refouler sa peine. Les adultes en ont aussi : tabac, alcool, grignotage, contractions musculaires et le fait de se ronger les ongles, pour ne citer que les plus courants.

Suite à une importante étude portant sur les problèmes de comportement des enfants dits normaux, on a constaté que la succion du pouce diminuait progressivement depuis l'âge de 21 mois jusqu'à 14 ans. À 21 mois, 21 % des garçons et 33 % des filles sucent leur pouce, mais tous ont cessé de le faire une dizaine d'années plus tard. Cependant, cette étude a remarqué en parallèle qu'ils rongeaient plus leurs ongles. À 21 mois, seulement 5 % des garçons et 3 % des filles les ont rongés, tandis que 33 % des adolescents et 22 % des adolescentes le font. Il semble qu'en grandissant, les enfants ne perdent pas leurs automatismes de contrôle mais qu'ils les modifient simplement pour qu'ils soient socialement acceptés. Mieux vaut à 14 ans se ronger les ongles que de sucer son pouce ! Ces deux habitudes les aident à refouler leurs émotions dans un milieu où leur expression ne serait ni comprise ni tolérée.

Les enfants ayant ainsi appris à se contenir présentent d'autres symptômes consécutifs à leur refoulement. Certains développent des symptômes physiques tels que des maux de tête, d'estomac ou des éruptions cutanées. D'autres se révèlent agressifs ou destructeurs. L'énurésie survient parfois par faute de n'avoir pas pu se libérer d'une surcharge affective. D'autres encore deviennent hyperactifs, perdent toute capacité de concentration ou d'attention sur le long terme. Ils ont un « problème d'attention ».

Quand les parents prennent enfin conscience de l'importance des pleurs, ils désirent encourager leurs petits à se laisser aller comme pour rattraper le temps perdu. Ils s'interrogent : comment les libérer de nouveau, comment rétablir ce processus curatif normal et comment les convaincre de ne plus se contenir ? Cette tâche n'est pas toujours facile, parce que cela peut prendre du temps avant que les enfants ne reprennent confiance et osent pleurer sans risque de représailles. Revenir à cet exutoire naturel prendra d'autant plus de temps que leur refoulement a été long. Néanmoins, il n'est jamais impossible de casser un conditionnement. Et quand les enfants, invités à s'ouvrir davantage, commencent à se décharger de leurs souffrances accumulées, c'est la famille entière qui en bénéficie.

La première chose à faire pour enclencher ce processus est de prêter attention à vos enfants. Consacrez-leur chaque jour un peu de temps en vous abstenant d'émettre toute directive et en comblant leurs désirs. Ils ne vont pas venir comme ça dans vos bras pour sangloter. Ce serait trop facile ! Vos enfants voudront probablement jouer. Si vous leur témoignez de l'intérêt pendant ces moments privilégiés, et ce de manière régulière, ils seront de plus en plus à l'aise pour vous confier ce qui les tracasse.

L'attention que les parents portent à leurs jeux les aide à s'affranchir de leurs blessures émotionnelles. Et, en ce sens, les rires sont tout aussi importants que les pleurs. Rire relâche les tensions, aide les enfants à surmonter leurs craintes, leurs colères, leur embarras, leur sentiment d'insécurité et d'impuissance. Comme rire est bien vu dans notre société (qui ne s'en défend pas), ils se sentent plus en confiance quand ils éclatent de rire plutôt qu'en sanglots (cf. chapitre II).

Votre enfant peut, par exemple, vouloir jouer au docteur et reconstituer une de ses consultations traumatisantes. Si vous participez à ce jeu, vous pouvez simuler la peur terrible de recevoir une injection. Votre enfant commencera sûrement à rire et se libérera ainsi d'une partie de ses craintes. Dans un autre cas, il vous proposera peut-être un jeu où il aura la possibilité de tricher juste pour observer votre réaction. Si vous devinez ses intentions, n'objectez pas, laissez-le faire et feignez avec humour votre surprise de le voir gagner si rapidement. Il en rira aussi et s'affranchira ainsi de son sentiment d'impuissance.

Les marionnettes et les poupées s'avèrent être d'utiles intermédiaires pour exprimer ses émotions. Votre enfant peut vous proposer d'y prendre part tandis qu'il reconstitue une dispute qui l'a effrayé. Échanger des paroles et rire, voilà deux attitudes que vous pouvez encourager en de telles circonstances !

Le fait de lui témoigner régulièrement de la bienveillance servira de base pour l'étape suivante. Si vous avez laissé votre enfant conduire le jeu en acceptant qu'il parle de ses sentiments et si vous l'avez encouragé à rire pendant ces pauses ludiques, alors il gagnera en confiance et se sentira suffisamment en sécurité pour extérioriser plus avant ses émotions.

L'étape suivante survient souvent de manière inattendue. Afin de tester votre réaction, votre enfant pleure pour des « petits riens ». Cela arrive pendant des moments de jeu avec vous ou à d'autres moments. Une douleur à la jambe pendant une bagarre espiègle et le voilà qui pleurniche. Si, détendu, vous lui portez de l'intérêt, ses petits sanglots deviendront probablement de vraies larmes. Ainsi commence le mécanisme thérapeutique. Votre réaction sera cruciale à ce moment-là. La moindre critique ou tentative pour l'interrompre aura comme effet d'inciter votre enfant à se replier sur lui-même et à se contenir de nouveau.

Malheureusement, il ne choisira pas forcément le moment idéal et son sentiment de détresse ne vous semblera pas toujours logique ni justifié. Il peut paraître bouleversé au petit-déjeuner parce que vous ne lui servez pas les bonnes céréales. Vous vous rendrez vite compte que, malgré toutes vos tentatives pour le satisfaire, rien n'y fera, il continuera de se plaindre. Le mieux dans ce cas est de le laisser faire et de ne rien tenter d'autre que de lui montrer votre intérêt : c'est là un simple prétexte pour verser quelques larmes ! Vous pouvez justifier la situation en assurant qu'il n'y a rien d'autre à manger et en gardant le sourire. Le choix des céréales n'est sûrement pas la raison profonde de son désarroi. Laissez-le sangloter sans tenter de l'apaiser et quel que soit le prétexte choisi. Il vous semblera parfois difficile de résister à l'envie d'arranger la situation. Mais vous verrez que son bonheur sera éphémère tant qu'il n'aura pas complètement versé toutes les larmes de son corps.

Dès lors que votre enfant se sent suffisamment en sécurité pour donner libre cours à ses crises de larmes et de rage, à n'importe quel moment et pour n'importe quelle peccadille, il se peut que l'atmosphère familiale soit momentanément pesante. C'est bon signe ! Même si cette étape vous pèse. Votre enfant n'est pas anormal ni à fleur de peau, il n'est ni gâté ni manipulateur. Il n'y a pas lieu de s'inquiéter : il se libère de tout ce qu'il a engrangé depuis sa toute petite enfance. Ses larmes sont une forme de reconnaissance pour lui avoir prêté attention et avoir su instaurer un climat de confiance.

Si votre enfant persiste à réprimer ses émotions, malgré toute votre bienveillance dont nous venons de parler, alors il convient de supposer quelques automatismes de contrôle. A-t-il une suce dans la bouche la plupart du temps ? Si oui, alors il n'est pas gênant de la lui refuser tout en lui expliquant pourquoi et de l'encourager à pleurer s'il en ressent le besoin. L'empêcher de sucer son pouce sera plus difficile, parce qu'il s'agit là d'une partie de son corps. Dans ce cas, il vous faut créer un climat de confiance lui donnant l'envie de retirer son pouce de sa bouche. Touchez-lui doucement la main quand il le prend pour qu'il en ait conscience et donnez-lui votre attention. Il retirera son doigt et pleurera librement s'il se sent suffisamment en sécurité. Persévérez s'il regarde ailleurs ou s'éloigne de vous. Il est tout à fait normal qu'il se sente mal à l'aise, perturbé, quand il est la cible d'une attention focalisée sur lui dont il n'a pas forcément l'habitude. Il importe de rester auprès de lui, toujours avec bienveillance.

Si votre enfant se sent gêné de pleurer parce qu'il craint d'être la risée ou jugé, proposez-lui de jouer ensemble en simulant des pleurs. Cette situation déclenchera sûrement des rires et, ce faisant, sera un moyen pour vous comme pour votre enfant de surmonter votre embarras. Il importe que votre enfant sache qu'on ne se moque pas de lui.

Si vous-même ne pleurez pas souvent ou si vous ne vous sentez pas à l'aise auprès de personnes larmoyantes, alors votre enfant le percevra et ne pourra pas pleurer en votre présence. Peut-être serait-il bien si, devançant le problème, vous vous entraîniez à pleurer davantage, comme nous le verrons plus loin !

Une activité artistique lui permet-elle de soulager ses peines ?

On a souvent tendance à penser que les pleurs sont un moyen infantile d'exprimer ses émotions, contrairement à une activité artistique, plus acceptable. Or, il semble qu'elle n'a pas forcément de vertus thérapeutiques.

Parlons du cas de cette petite fille de 6 ans qui faisait de nombreux dessins obscurs avant de suivre une thérapie. Même s'ils trahissaient tous ses états d'âme, elle ne paraissait pas mieux se porter pour autant. Au contraire, son état empirait tant que ses parents l'emmenèrent consulter un thérapeute. Après un an de suivi thérapeutique, au cours duquel elle a beaucoup pleuré, ses dessins sont devenus plus colorés, plus gais.

Cette histoire souligne bien que les dessins de la fillette révélaient certes ce qu'elle ressentait mais n'étaient pas curatifs pour autant. Ayant étudié plusieurs auteurs névrotiques célèbres, la psychanalyste Alice Miller a conclu que « l'expression artistique de la douleur n'élimine pas pour autant la névrose ». La guérison n'est possible que quand on revit les colères et les peines de l'enfance et qu'on a la possibilité de les partager avec une personne bienveillante. Dans un ouvrage détaillant les différentes méthodes thérapeutiques, l'auteur note que la *catharsis* (totale libération des sentiments refoulés) joue « un rôle considérable dans la réussite de toute démarche psychothérapeutique ».

Même si l'activité artistique n'a pas toujours une incidence positive quand elle s'effectue en solitaire, le dessin et la peinture ont, sous certaines conditions, de l'importance dans un contexte thérapeutique. Les travaux artistiques sont comme des fenêtres ouvertes sur les émotions. Parce que le thérapeute s'intéresse aux sentiments ainsi exprimés, les enfants estiment alors que leur véritable moi est valorisé et reconnu. Dès qu'ils se sentent acceptés et à l'aise, ils laissent libre cours à leurs larmes et extériorisent leur peine profonde. En plus, les dessins représentent pour le thérapeute une interface visuelle des précieux progrès accomplis par les jeunes patients.

Pourquoi est-il difficile de supporter leurs sanglots ?

Vous supporterez peut-être difficilement les crises de larmes de vos enfants dans un premier temps, cela pour plusieurs raisons. Dans notre société qui a sous-estimé le sens et le but des pleurs, nous avons tous été conditionnés jusqu'à un certain point à penser que pleurer est une faute. Peu, voire pas, de personnes devenues adultes peuvent prétendre s'être entièrement libérées quand elles étaient jeunes ou bébés. En lieu et place, elles ont été punies, distraites, suralimentées, ignorées, moquées ou menacées dès qu'elles pleuraient. Quoique beaucoup d'adultes sachent de temps à autre s'épancher, certains, principalement des hommes, n'ont pas pleuré depuis des années. Le conditionnement qu'ils ont vécu fut si important qu'ils en sont devenus incapables. Par conséquent, ils nient et refoulent leurs émotions et, parallèlement, manquent d'empathie envers un enfant exposant ouvertement ses sentiments.

Ne vous étonnez pas et ne vous reprochez rien si vous éprouvez de la colère, de la frustration, de la haine, de l'impuissance, de l'inquiétude ou de l'embarras devant votre enfant en proie aux larmes. Vous penserez peut-être qu'il tente de vous manipuler, de vous énerver ou de vous rendre la vie impossible. Si l'on avait accepté vos pleurs avec bienveillance dans votre petite enfance, vous ne réagiriez pas comme ça. Vous comprendriez que vous n'êtes ni la cible ni la victime de votre enfant et que ce dernier ne cherche qu'un exutoire pour se soulager. Vous accepteriez ses pleurs tout autant que son besoin d'aller aux toilettes. Voici comment une mère décrivit son ressenti face aux larmes des enfants :

> Quand ils ont été traumatisés ou déçus par une tierce personne, j'arrive à me montrer patiente, aimante et calme. Je me sens tendue quand ils piquent une crise de larmes et de rage pour me signifier leur désapprobation ou pour obtenir de moi ce qu'ils veulent. En ces moments-là, je deviens irascible. Je souhaite que les choses se passent en douceur. Si je m'emporte et cède à la colère, ne leur portant alors plus d'attention, ils s'insurgent contre moi. Et là, je peine à retrouver mon calme. L'ambiance se détériore et donne lieu à des tensions mutuelles. Quand celles-ci retombent, nous en discutons et je présente mes excuses. Je me sens anéantie ! Les enfants ne rétablissent pas toujours une bonne image d'eux-mêmes et notre confiance réciproque est affectée.

Si vous souhaitez gagner en tolérance, réapprenez à pleurer. Commencez par expliquer à votre conjoint(e) ou ami(e) les réactions de vos propres parents face à vos pleurs. Si vous avez la gorge serrée en regardant un film triste, laissez-vous aller au lieu de vous contenir. Quand vous êtes frustré ou énervé, osez taper sur un oreiller, crier et pleurer. Si votre journée a été éprouvante, sollicitez votre conjoint(e) ou ami(e) pour qu'il (elle) vous prenne dans ses bras. Vous êtes seul(e) ? Décrochez le téléphone et demandez à quelqu'un de vous écouter. Joignez-vous à un groupe de soutien ou bien consultez un thérapeute qui vous encouragera à pleurer. De nombreuses thérapies et institutions viennent en aide aux adultes. Tout ce que vous ferez en ce sens sera bon pour votre santé et votre bien-être. Il vous deviendra alors plus facile d'instaurer sous votre propre toit un climat favorable à l'acte de pleurer.

Si les larmes de votre enfant vous sont vraiment insupportables, recourir à la distraction est une solution provisoire pour le détourner de son chagrin. Proposez-lui de faire ensemble une promenade, de manger un morceau ou de faire un jeu. Si vous en arrivez là, n'oubliez pas que la crise est en sursis tant qu'elle n'a pas complètement éclaté. Votre enfant saisira toutes les opportunités quand vous serez plus disponible.

Il est certes difficile de changer le comportement de plusieurs générations réprimant leurs larmes, mais le jeu en vaut la chandelle tant pour vous que pour vos enfants !

Pleurer devant les enfants, est-ce bien ou mal ?

De nombreux parents se demandent s'il est juste d'extérioriser leurs émotions – larmes ou colères – devant ou près de leurs enfants. Si vous éprouvez le besoin de pleurer en leur présence, restez attentif. Ce n'est pas leur rôle que de jouer celui du conseiller ou du thérapeute de leurs parents. Il serait injuste d'exiger cela d'eux. Si vous êtes en proie aux larmes, isolez-vous ou bien recherchez le soutien d'un autre adulte compréhensif plutôt que de solliciter leur attention. Si, malgré tout, vous « craquez » devant eux, n'exigez pas qu'ils vous écoutent et sympathisent avec vous.

En de telles circonstances, surtout si elles sont rares, les enfants pourraient prendre peur. Il devient même nécessaire de les rassurer : ce n'est pas parce qu'un de leurs parents pleure qu'il est anormal ou qu'il n'est plus capable de s'occuper d'eux. Les enfants peuvent également culpabiliser en s'imaginant être à l'origine de votre peine ou colère. Même si c'est le cas, ne leur faites pas savoir qu'ils sont responsables de vos émotions.

Il ne faut pas s'emporter en hurlant des menaces ou des obscénités ni recourir à la violence ou tout casser. Ce n'est pas un comportement bénéfique ni thérapeutique. En outre, il effraie les enfants. Si vous éprouvez l'envie irrépressible de crier à tue-tête ou de frapper, défoulez-vous sur un oreiller et préservez vos enfants pour qu'ils ne se sentent pas concernés par cette violence. Sachez qu'un jeune qui a déjà été frappé dans le passé par un adulte irrité ou qui a déjà été témoin d'une telle brutalité sur autrui risque de ne pas supporter de telles manifestations, même à l'encontre d'un simple oreiller.

Si l'on tient compte de ces mises en garde, pleurer devant ses enfants peut toutefois devenir une expérience positive pour toute la famille, car ils assimileront la libre expression des sentiments. Tout le monde, quel que soit son âge, pleure. Piquer une crise n'a rien d'infantile. Ils verront leurs parents s'ouvrir à eux et révéler leurs sentiments profonds, ce qui contribuera à cimenter les liens qui les unissent. Par ailleurs, les parents qui s'extériorisent librement n'éprouveront pas le besoin de reporter leurs émotions sur leurs enfants. Bien entendu, il reste préférable pour tout un chacun que les parents cognent le coin du lit plutôt que leurs enfants. Ce genre de défoulements permettra à ces derniers de devenir plus aimables, doux et affectueux, et de réserver une meilleure attention à leur progéniture.

Exercices pratiques

Explorez votre enfance

1. Comment vos parents réagissaient-ils quand vous pleuriez ? Vous ignoraient-ils ? Vous punissaient-ils ? Vous distrayaient-ils ? Vous réconfortaient-ils ? etc. Que vous disaient-ils ? Que faisaient-ils en cas de crise de rage ?
2. Avez-vous déjà vu vos parents pleurer ? En quelles occasions ? Qu'aviez-vous alors éprouvé ?
3. Y a-t-il eu dans votre enfance un événement traumatisant qui suscite encore en vous l'envie de pleurer ?

Exprimez les sentiments que vous avez à l'égard de votre enfant

1. Comment vous sentez-vous lorsqu'il pleure ? Que cherchez-vous à faire ? (Ce n'est pas nécessairement ce que vous devriez faire !)
2. Qu'éprouvez-vous face à une crise de rage ?
3. Votre enfant a-t-il un automatisme de contrôle ? (Doudou, pouce, biberon, etc.) Qu'en pensez-vous ?

Prenez en main votre épanouissement personnel

1. Rejoignez un groupe de soutien ou rencontrez un thérapeute qui vous encouragera à pleurer.
2. Chaque soir, avec votre conjoint(e) ou ami(e), consacrez chacun à votre tour dix minutes pour échanger, pleurer ou rire à propos des faits troublants de votre quotidien.
3. Regardez un film triste et laissez couler vos larmes.

II. Peurs et craintes

Les jeunes enfants ressentent des peurs variées bien souvent inquiétantes et déstabilisantes pour les parents. Dans le présent chapitre, nous traiterons des diverses causes possibles de ces frayeurs et donnerons des conseils à même d'aider les enfants à les surmonter.

L'origine des peurs enfantines

Les peurs surviennent dès la naissance. Les nouveau-nés sont facilement effrayés par des bruits stridents ou des mouvements soudains. À partir de 6 mois, nombreux sont les bébés qui éprouvent une angoisse de séparation et craignent les étrangers. Ces craintes sont normales et indiquent le fort et sain attachement des jeunes enfants à ceux qui prennent soin d'eux. L'angoisse de séparation et la crainte des étrangers diminuent en général à l'âge préscolaire, mais sont relayées par d'autres peurs.

Il y a plusieurs types de causes possibles à ces frayeurs enfantines, raisons que nous avons réparties en huit catégories principales.

1. Les peurs provenant d'un manque d'information

Une grande partie des peurs sont liées à une information insuffisante ou imprécise. En effet, de nombreux aspects du monde environnant peuvent sembler mystérieux et imprévisibles aux jeunes enfants. Les hommes primitifs étaient effrayés par le tonnerre, les éclairs, les éclipses et bien d'autres phénomènes naturels, ignorant alors les lois physiques régissant ces manifestations. Ce sont souvent pour ces mêmes raisons que les petits d'aujourd'hui ont peur. Tout ce qu'ils ne comprennent pas totalement peut les effrayer, comme le bruit de la chasse d'eau ou d'un aspirateur, ainsi qu'un jouet à ressort ou le tonnerre et les éclairs. Les enfants forgent continuellement leurs propres idées au sujet de la façon dont fonctionne le monde, mais leurs hypothèses sont parfois incorrectes en raison d'une information défaillante. Par exemple, ils raisonnent ainsi : « Si toute cette eau du bain peut disparaître par un si petit trou, je pourrais bien y passer moi aussi ! »

2. Les frayeurs provenant d'expériences angoissantes dans la prime enfance

Il est évident que les traumatismes liés à la naissance – avant et pendant – peuvent prédisposer les enfants à certaines formes de peurs et d'anxiétés. La claustrophobie (peur des espaces clos), par exemple, pourrait trouver, son origine dans un accouchement très long lors duquel l'enfant est resté coincé dans le canal génital. Dans leur prime enfance, les petits sont très éprouvés par des événements de toutes natures en raison de leur dépendance extrême, de leur vulnérabilité et de leur manque de connaissances.

Comme nous l'avons évoqué au premier chapitre, les bébés ont cette faculté de se soigner des expériences douloureuses en pleurant ou en faisant une crise de rage. Cela dit, si un tout-petit n'a pas eu la chance de pleurer suffisamment en se sentant protégé par l'attention bienveillante d'un adulte, les conséquences de ces expériences douloureuses peuvent se répercuter à un âge ultérieur et se manifester de diverses manières, dont l'angoisse et la peur.

La crainte de l'obscurité provient parfois du fait que les parents n'ont pas porté d'attention aux cris nocturnes du nouveau-né. Un bébé dont la mère a été hospitalisée souffrira peut-être plus tard de la crainte d'être abandonné. De même, un manque de contact physique ou de câlins des personnes proches peut entraîner plus tard des angoisses de diverses natures. Quelle qu'en soit la cause, tout traumatisme ou tout besoin non satisfait pendant la prime enfance joue un rôle important dans l'apparition des peurs, souvent ressenties par l'enfant comme une menace à sa survie.

3. Les peurs spécifiques liées à des expériences effrayantes

Un enfant qui est tombé accidentellement dans une piscine aura tendance à craindre l'eau pendant des mois, voire des années. S'il se fait attaquer par un chien, il redoutera probablement tous les chiens en général. Il peut comparer une infirmière qui lui fait une piqûre à un personnage monstrueux. Même si certains incidents sont réellement dangereux, la plupart des situations que craignent les enfants ne menacent pas véritablement leur vie.

4. Les peurs provenant d'une association de faits ou d'idées (peurs conditionnées)

Les enfants viennent à redouter des objets ou événements qui ont eu lieu en même temps qu'une expérience effrayante. Dans le cadre d'une fameuse expérience datant de 1920, un jeune garçon de 11 mois, prénommé Albert, jouait joyeusement avec un rat blanc, quand, soudainement, le chercheur produisit un bruit fort et effrayant en tapant avec un marteau sur une barre d'acier suspendue, geste qu'il répéta sept fois. Suite à cela, le petit Albert eut une peur bleue du rat et le fuit, alors que l'animal n'était nullement en cause ! Sa peur du rat s'étendit à d'autres animaux ou objets, tels qu'un lapin, un chien, un manteau de fourrure ou du coton hydrophile. Albert manifestait sa peur et son dégoût pour toutes ces choses alors qu'il ne les craignait pas auparavant.

Ces peurs sont dites « conditionnées » et le phénomène d'une peur qui s'étend à des objets similaires est appelé « généralisation ». De nombreuses craintes d'enfants préscolarisés résultent de tels conditionnements et généralisations. Nul n'est besoin que l'événement traumatisant ne soit un coup de gong assourdissant ! Tout ce qui effraie un enfant peut provoquer chez lui, par simple association, la peur d'objets ou d'événements qui se sont produits au même moment : l'aboiement d'un chien, la cuvette des toilettes qui déborde, le coup de frein strident d'une voiture ou encore le bruit de la sirène des pompiers. Si une fillette se baigne toute nue dans sa petite piscine et que, soudain, retentit un coup de tonnerre, il est fort à parier qu'elle craindra ultérieurement toute baignade du même genre ! Sa peur pourra même s'étendre à toute piscine, voire au fait d'être dénudée.

5. Les peurs véhiculées par les autres

Les enfants héritent bien souvent des craintes de leurs parents. Si un père, à la vue d'une araignée dans la maison, réagit par un geste brusque et un cri d'effroi, l'enfant qui en est témoin peut par la suite développer une phobie des araignées. Ce n'est pas la petite bête qui l'a initialement effrayé, mais la réaction de son père. Il est effrayant et déstabilisant pour un jeune enfant de voir une personne en qui il a confiance réagir de façon inattendue et imprévisible, surtout si celle-ci détourne son attention à son égard ou provoque un bruit inhabituel. Voyant l'araignée en même temps que la réaction de son père, l'enfant finit par craindre la bestiole par simple association d'idées, à l'instar du petit Albert devenu phobique des rats. Cette crainte s'étend alors à toutes les petites créatures similaires aux araignées !

Les parents transmettent ainsi, sans le vouloir, leurs propres peurs à leurs enfants, parce que la peur des premiers est en elle-même source d'angoisse pour les seconds. Voici un exemple me concernant :

> À l'âge de 2 ans, Nicky a développé une peur des objets emportés par le vent parce que j'avais moi-même, un jour, réagi exagérément et avec agitation au moment où un papier qui m'importait s'était envolé suite à une rafale de vent. Mon comportement avait dû le paniquer, étant passée soudainement de l'état de mère paisible à celui de mère hystérique. Plusieurs mois après cet incident, Nicky paniquait, hurlait et pleurait quand le vent se levait dans notre jardin et emportait ses affaires aux alentours.

Au cours de l'évolution humaine, un tel mécanisme de peur par contagion avait des avantages évidents : les enfants avaient plus de chance de survivre s'ils héritaient rapidement et efficacement des peurs parentales à l'égard des animaux, des lieux ou des événements dangereux. De nombreuses peurs enfantines sont probablement de nature contagieuse et celles des adultes proviennent sûrement de ce même phénomène.

Les craintes et préjugés à l'égard d'autres personnes différentes pourraient bien trouver leur origine dans ce processus de peur conditionnée par l'attitude parentale. Si une mère de peau blanche éprouve crainte et méfiance envers une personne de couleur, son tout-petit sera lui aussi effrayé à chaque fois qu'il rencontrera une personne de couleur. Peut-être sa mère lui a-t-elle serré la main plus étroitement ou s'est-elle montrée réticente, ou encore a-t-elle manqué d'attention à son égard ? Ces réactions, même subtiles, peuvent effrayer ou déstabiliser un enfant, qui finira par se méfier des personnes de couleur, par simple association d'idées avec l'attitude étrange et tendue de sa mère. Même si aucune remarque désobligeante n'est proférée à l'encontre des gens différents et même si les parents assurent ne pas être racistes, les enfants héritent facilement de leurs préjugés en assimilant inconsciemment leurs comportements non verbaux.

Si des parents se soucient exagérément de la santé ou de la sécurité de leur enfant, ce dernier manifestera très vite ces mêmes craintes transmises en partie par le mécanisme de conditionnement décrit plus haut, ainsi que par les fausses informations qu'on lui aura données. Il prend peur, par exemple, si sa mère, obsédée par la propreté, s'épouvante ou se fâche quand il a les mains sales. De plus, sa réaction risque de l'induire en erreur si elle vient à lui dire : « Ne touche jamais des choses sales. Cela peut te rendre malade ! » De tels faux jugements seront aussi transmis non verbalement si sa mère insiste, par exemple, pour que l'enfant se lave les mains plus de fois que de raison.

Les parents transmettent à leur insu des craintes à leurs enfants de différentes façons, notamment quand ils les punissent trop souvent ou quand ils font naître en eux un sentiment de culpabilité pour des agissements pourtant normaux à leur âge (faire du bruit, être sale ou être curieux). Dans ce cas, les enfants manifestent un sentiment de crainte généralisé. De même, lorsque leurs émotions ne sont pas pleinement tolérées (cf. chapitre I), ils ont tendance à craindre l'abandon puisqu'une partie d'eux-mêmes a été rejetée.

Les parents ne sont pas les seuls responsables des peurs enfantines, les autres personnes aussi. Les petits sont très crédules et croient facilement tout ce qu'on leur raconte. Si on assure à un garçonnet que son pénis tombera s'il le touche, il envisagera cette idée comme possible et redoutera de perdre son organe. Les livres, les films et la télévision produisent aussi leur lot d'angoisses.

6. Les peurs liées à la prise de conscience grandissante de la mortalité

Les tout-petits vivent dans un état paisible, ils ne s'inquiètent pas de leur nature mortelle, n'en ayant tout simplement pas conscience. Même s'ils savent très bien ce dont ils ont besoin pour survivre et s'ils éprouvent de la détresse quand leur existence ou bien-être est menacé, ils n'ont pas conscience du concept de mort.

Vers 3 ans, l'enfant intègre la notion de mort en général, découvre sa propre vulnérabilité et son caractère mortel. Il pose des questions du genre : « Vais-je mourir ? », « Vas-tu mourir ? » ou encore : « Pourquoi les gens meurent-ils ? ». Cette conscience de la mort peut être la source de nouvelles angoisses. Ainsi, un petit garçon que l'obscurité n'effrayait pas jusqu'alors refuse subitement de rester seul dans le noir. Une petite fille évitera de prendre des bains de peur d'être entraînée dans le tuyau d'écoulement. Un autre enfant redoutera subitement les histoires de monstres dont il raffolait auparavant. La peur d'être abandonné ou kidnappé advient aussi à cet âge-là, car ils prennent progressivement conscience de leur vulnérabilité.

7. Les peurs, fruit de l'imagination

Outre la prise de conscience de leur mortalité, les jeunes enfants débordent aussi d'imagination. Pendant les années préscolaires, ils développent et recourent facilement à la pensée symbolique, tels l'imagerie mentale et le langage. Cette faculté leur permet d'étendre leur processus de pensée à des événements se produisant hors du temps présent, jusqu'à imaginer des choses entièrement nées de leur imagination. Avant de connaître suffisamment le monde réel, les jeunes enfants distinguent difficilement celui-ci du monde imaginaire. Ainsi, des faits anodins pour un adulte revêtent, chez les jeunes enfants, des proportions démesurées et deviennent une source importante d'angoisse. J'ai pu le constater auprès de ma propre fille :

> Quand Sarah était petite, j'avais l'habitude de la prendre dans mes bras le soir jusqu'à ce qu'elle s'endorme. Un soir, quelques semaines avant son troisième anniversaire, elle m'a dit soudain : « Je n'aime pas les rideaux. » Elle semblait effrayée par les ombres des arbres et des lumières de la rue qui transparaissaient au travers. Ces ombres ressemblaient à de terribles animaux. Elle réclama une lampe allumée dans sa chambre, ce qu'elle n'avait jamais demandé auparavant, malgré la présence habituelle de ces rideaux et de ces ombres. Une semaine plus tard environ, elle posa sa première question au sujet de la mort : « Que font les gens quand ils sont morts ? »

8. Les peurs symboliques

Celles-ci surviennent quand se produit un événement troublant que l'enfant n'est pas à même de verbaliser. Avec la naissance d'un petit frère ou d'une petite sœur, il peut craindre la présence d'un monstre dissimulé dans le placard. En réalité, cette nouvelle peur symbolise la crainte profonde de perdre l'amour de ses parents. L'esprit de l'enfant, incapable de cerner cette accablante angoisse ou de composer avec elle, la transpose en un monstre imaginaire. L'enfant ne sait pas verbaliser son anxiété et confier à ses parents ce qui le terrorise. Cette forme de peur est symbolique, car elle représente ou remplace une autre peur moins bien définie. On voit aussi des peurs symboliques pendant un divorce ou une maladie des parents ou après un abus sexuel. Ces peurs surgissent à chaque fois que l'enfant traumatisé se sent incapable d'exprimer la peur réelle.

Les monstres symbolisent en général tout ce qui relève d'attitudes irrationnelles observées chez les adultes. Le fait que l'un de ses parents s'impatiente, se mette à hurler ou lui donne une gifle peut être terrifiant et déstabilisant pour l'enfant. Selon lui, ses parents se comportent comme de véritables monstres et non pas comme des êtres humains aimants et prévenants qu'ils étaient deux minutes auparavant. Comme aucun parent n'est parfait, tous les enfants éprouvent un jour de tels traumatismes. Nul doute que les figures infernales et universelles – des trolls, monstres et sorcières – rencontrées dans les contes de fées ont un sens pour eux, car ils représentent la part irrationnelle et blessante des adultes qui vivent auprès d'eux.

Les peurs les plus courantes

Quelle qu'en soit la cause, la plupart des enfants âgés de 2 à 8 ans éprouvent diverses formes de peurs, chacun développant les siennes propres en fonction de son tempérament, de son imagination, des circonstances de sa vie et de ses expériences. Malgré ces différences individuelles, certaines peurs sont plus ou moins communes à cet âge. Elles concernent les animaux (notamment les chiens et les serpents), les médecins, les orages, l'obscurité, les étrangers, les situations inhabituelles et les créatures imaginaires.

Les tout-petits qui, très tôt, ont particulièrement souffert de l'angoisse de séparation se révèlent plus peureux pendant l'âge préscolaire. Certains ont plus d'imagination que d'autres et éprouvent des peurs intensives. Les garçons qui, bébés, sont plus attentifs et sensibles aux nouveaux objets deviennent plus craintifs, en grandissant, que les filles dotées de la même sensibilité.

Les peurs ne répondent pas à la logique ni à la raison. Il n'est pas rare qu'un enfant soit davantage effrayé par un objet aussi inoffensif que le trou d'évacuation d'une baignoire, plutôt que par des choses pourtant dangereuses pour sa sécurité, comme la circulation routière ou les microbes. Cela est déconcertant, voire même agaçant, pour les parents qui, suivant leur propre logique, ne parviennent pas à calmer les peurs des enfants. En dépit de leur irrationalité et de leur intensité, les peurs enfantines sont généralement considérées comme une étape normale du développement et ne relèvent pas de la psychopathologie – même si certaines peurs d'intensité analogue peuvent être qualifiées ainsi chez les adultes. Les peurs enfantines ne sont pas nécessairement associées à d'autres problèmes et ne sont pas les signes de futurs désordres affectifs. Souvent, les parents pensent que leur enfant est sévèrement perturbé alors que ce n'est probablement pas le cas. Ce n'est pas parce qu'il est très craintif qu'il deviendra forcément un adulte sujet aux phobies !

Bien réagir face à un enfant effrayé

Avant de donner quelques conseils pour répondre correctement aux frayeurs enfantines, je voudrais faire mention de ce qu'il ne faut surtout pas faire. Il arrive parfois qu'un enfant plus âgé, ou même un adulte, taquine un plus jeune au sujet de ses peurs. Or toute forme de moquerie est cruelle et nuisible. Le taquin est souvent une personne qui a elle-même souffert de moquerie et qui souhaite se prouver qu'elle est plus forte que l'enfant harcelé. Ce n'est pas là une bonne manière pour apaiser les peurs. Bien au contraire, c'est une source de souffrance pour la petite victime, qui anéantit également son estime de soi et son sentiment de sécurité. L'enfant objet de moquerie aura probablement tendance à nier ses peurs en grandissant, mais n'en demeurera pas moins peureux. Il gardera simplement ses peurs en lui !

Les parents bien intentionnés commettent souvent l'erreur de protéger leur enfant des objets ou événements qu'il craint. Par exemple, certains abandonnent la plage parce que leur petit a peur de l'océan ; ils ne se rendent plus au zoo parce qu'il craint les animaux ni chez l'un de leurs amis qui a un chien ; certains même cessent de lui faire prendre un bain sous prétexte que le trou d'évacuation le rend phobique.

Bien qu'ils manifestent ainsi leur affection et leur bienveillance, ils n'aideront en rien leur enfant à surmonter ses peurs. Ce dernier doit certes être protégé de ce qui menace réellement son intégrité physique, mais pas des dangers imaginaires, sinon on renforce et multiplie ses peurs. Il sera tenté de croire qu'il encourt un danger réel si ses parents l'éloignent volontairement de certains lieux ou de certaines situations.

À l'opposé, certains parents pensent qu'il est souhaitable de confronter leur enfant à ce qu'il craint, sans tenir compte de ses sentiments pénibles. J'ai souvent vu des tout-petits jetés à l'eau dans une piscine contre leur gré ou forcés de s'asseoir sur les genoux du Père Noël malgré de vives protestations. On s'attend à ce que l'enfant soit un « dur », un brave ; on cherche à décourager toute manifestation de crainte. Or ces expériences s'avèrent terrifiantes pour les enfants et peuvent aboutir à de la colère et du ressentiment.

Même s'ils ne sont pas méchants avec leurs enfants, les parents se montrent parfois moins protecteurs qu'ils ne pourraient l'être par manque d'empathie et de tolérance à l'égard de leurs sentiments. Pour rassurer un enfant, ils ont tendance à lui dire : « Il n'y a pas de quoi avoir peur ! » ou « Ne t'angoisse pas ainsi ! ». De tels propos nient la réalité de l'expérience et des sentiments du tout-petit. De toute évidence, il a bien peur de quelque chose, sinon il ne réagirait pas ainsi ! Si ses parents lui demandent de faire preuve de courage, il peut en venir à penser qu'il y a quelque chose qui cloche chez lui. De plus, le déni ou la mécompréhension des parents lui laissent envisager qu'ils ne sauront pas l'aider à surmonter ses craintes. Il se retrouve ainsi tout seul avec sa peur, en proie de surcroît à un sentiment de honte, d'esseulement et de désespoir. Or un enfant suffisamment à l'aise pour exprimer sa peur demande, en effet, de l'aide. Il n'attend des adultes qu'ils lui disent de ne pas s'effrayer.

La première chose à faire pour l'aider, même si vous ne savez pas comment vous y prendre, c'est de *reconnaître* sa peur et de lui offrir de la compassion et de l'espoir. Par exemple : « Je me rends bien compte que tu es terrifié par l'océan et que ce n'est pas drôle du tout d'être ainsi terrifié, n'est-ce pas ? Nous pouvons peut-être imaginer ensemble un moyen de surmonter ta peur, comme ça nous pourrons de nouveau aller à la plage en éprouvant du plaisir ! » En lui disant cela, vous lui faites savoir que vous reconnaissez ce qu'il éprouve et que vous souhaitez lui venir en aide.

Outre le fait de témoigner de la compassion, vous pouvez aussi interagir efficacement sur ses peurs en utilisant, même à la maison, des techniques thérapeutiques issues de recherches récentes, techniques dont il sera question ci-dessous.

Ce que la recherche permet de comprendre sur le dépassement des peurs

Dans le premier chapitre, nous avons décrit les effets positifs des crises de larmes et de rage. Ces formes de défoulement, souvent accompagnées de tremblements, aident les enfants à surmonter de grosses frayeurs. Cela dit, un autre processus de libération des tensions émotionnelles, valable pour tous indépendamment de l'âge, joue un rôle particulièrement important dans le surpassement des peurs : c'est le rire. Bien souvent, les gens se mettent à rire quand ils sont effrayés, embarrassés, voire terrorisés. Les blagues qui nous amusent ont souvent une chute inattendue, se réfèrent à la mort ou bien abordent des sujets embarrassants comme le sexe et la nudité. Les films comiques, comme ceux de Charlie Chaplin, mettent en scène des situations troublantes. Les humoristes et les clowns célèbres sont en réalité d'astucieux thérapeutes, car ils ont la faculté d'évoquer des choses angoissantes ou gênantes d'une façon inattendue, ce qui permet à chacun d'évacuer ses tensions par le rire.

Une étude expérimentale a démontré les vertus apaisantes du rire, reconnu comme étant un facteur important pour le maintien de la santé physique, surtout depuis que Norman Cousins s'est soigné lui-même d'une grave maladie grâce à une cure de rires et de vitamine C !

Au cours de l'histoire, le rire a été utilisé avec succès par des chamans, des clowns ou des bouffons pour guérir les gens de leurs angoisses et dépressions. De nos jours, différents thérapeutes en font un outil bénéfique pour traiter les peurs. L'approche thérapeutique nommée « intention paradoxale » utilise le rire comme un des composants essentiels de la thérapie. Et son efficacité pour soigner les phobies n'est plus à démontrer ! On trouve plusieurs autres exemples de l'utilisation du rire en psychothérapie dans un livre intitulé *Humour et psychothérapie.* Notons que la thérapie par le rire est aussi très efficace avec les enfants !

Une autre méthode thérapeutique contre la peur est la « désensibilisation systématique » qui, sans être exclusivement basée sur le rire, avoue que ce dernier, lorsqu'il est spontané, contribue au moins en partie à son efficacité. L'idée originale de la désensibilisation systématique est d'inviter le patient à imaginer graduellement un stimulus générateur de peur tout en le maintenant dans un état de relaxation, jusqu'à ce que ce stimulus ne provoque plus une réaction de peur. Cette théorie émet l'hypothèse que le patient associe le stimulus à l'état de relaxation et non plus à une réponse physiologique, à savoir la peur. Quoique la désensibilisation systématique soit efficace en de nombreux cas, il est intéressant de constater que la relaxation n'est pas un facteur nécessaire de succès. Certains thérapeutes ont découvert que susciter le rire du patient par visualisation d'images humoristiques est souvent plus efficace que de tenter de relaxer le patient. Quand la méthode de désensibilisation classique est appliquée à de jeunes enfants, on remarque des rechutes assez fréquentes. Sans doute y associer l'incitation à rire rendrait-elle cette thérapie plus efficace auprès de ces derniers.

Comme nous l'avons déjà dit, les pleurs et tremblements sont aussi favorables, notamment en cas d'angoisse intense. Dans la « technique implosive », le thérapeute décrit très précisément les scènes liées à la phobie du patient. De cette forme de thérapie résultait une proportion satisfaisante de défoulement émotionnel. Les patients tremblent de peur, pleurent de colère ou versent des larmes en abondance. On a même pu prouver dans un cadre expérimental que, loin d'être un effet contingent, l'épreuve d'une émotion violente était non seulement nécessaire mais faisait aussi partie intégrante de la thérapie.

L'un des éléments communs à ce type de traitements consiste à exposer le patient à ses peurs – à petites doses ou symboliquement – et à lui permettre d'extérioriser ses émotions par le rire, les pleurs ou les tremblements.

Comment aider l'enfant à surmonter ses peurs

Face aux peurs des enfants, il y a deux choses importantes à faire :

- Donner à l'enfant des informations précises sur la situation.
- L'encourager à exprimer ses sentiments par le rire (dans le cas d'une forte crise, s'ajoutent les pleurs et tremblements indispensables pour une décharge émotionnelle complète).

Donner des informations précises à l'enfant

Nous l'avons déjà précisé, de nombreuses peurs enfantines ont pour origine une information inappropriée ou défaillante sur la situation vécue. Le monde environnant apparaît souvent mystérieux et aberrant aux jeunes enfants. Dès qu'ils comprennent plus clairement « comment » et « pourquoi » les choses sont ce qu'elles sont, un grand nombre de leurs craintes disparaissent tout simplement ! Voici un exemple personnel :

> Quand, la nuit tombée, Sarah prit soudainement peur des rideaux à cause des ombres portées sur eux, je lui ai montré la lumière de la rue (l'origine de cette lumière) et les arbres qui projetaient leurs ombres sur les rideaux. Nous les avons examinés le lendemain, en plein jour et à la nuit tombée, et nous en avons discuté. Pendant plusieurs jours, elle pointa du doigt les lampadaires de la rue et faisait part de ses commentaires à toutes les personnes que se trouvaient là. Après quoi elle ne sembla plus craindre les rideaux la nuit. Elle a même affirmé : « Je les aime bien les rideaux maintenant ! »

Les enfants redoutent souvent la douleur physique, parce qu'ils ne connaissent que très partiellement les processus physiologiques. Un jeune garçon, apeuré par la vue du sang s'échappant d'une coupure, s'apaisa quand on lui expliqua le phénomène de la coagulation sanguine et de la cicatrisation qui s'ensuit. Un autre se retenait de faire pipi, effrayé à l'idée que son corps allait se vider comme une bouteille sans bouchon. Son angoisse s'apaisa après avoir entendu quelques notions d'anatomie !

Les enfants acquièrent ou conçoivent des idées erronées au sujet de toutes sortes de choses. Il est donc très important de leur apporter des informations claires et distinctes. Ils ont besoin d'êtres renseignés sur le fonctionnement de leur propre corps et des objets quotidiens comme les toilettes ou l'aspirateur ; de connaître la vérité sur les animaux : quels sont ceux qui attaquent ou sont inoffensifs et pourquoi ; de savoir la vérité sur la mort et sur ce qui la différencie du sommeil ; de distinguer le réel de l'imaginaire ; de comprendre que les sorcières, les fantômes ou les monstres n'existent pas, et que personne n'est réellement doté de superpouvoirs, bon ou mauvais. Ces éclaircissements sont particulièrement nécessaires quand les enfants regardent la télévision.

Ils tireront aussi grand profit des explications sur les phénomènes naturels comme le feu, le tonnerre, les éclairs, les tornades, les marées et les tremblements de terre. Il importe vraiment de les renseigner sur la souffrance humaine et les causes de la violence. Ils doivent apprendre que ceux qui font du mal aux autres ne sont pas des personnes « méchantes » ou « malveillantes », mais des personnes en souffrance. Si tous ces renseignements font suite aux questions soulevées par les enfants, il s'agit de ne pas oublier, nier ou rejeter le sentiment de peur qu'ils éprouvent peut-être déjà.

Parfois, les informations fournies ne suffisent pas à les apaiser parce qu'ils ne sont pas prêts à les comprendre ou à les croire. Les jeunes enfants n'ont pas encore la faculté de raisonnement qui leur donnerait les moyens de comprendre toutes les relations de causes à effets et les lois physiques que les adultes ont assimilées. La peur de passer par le trou d'évacuation de la baignoire persistera jusqu'à ce qu'ils saisissent la nette différence entre les états solide et liquide. Il faut parfois attendre que son cerveau acquière une certaine maturité et qu'il ait fait certaines expériences spécifiques d'apprentissage avant de pouvoir surmonter certaines peurs. Beaucoup d'entre elles disparaissent d'elles-mêmes sans aucune intervention thérapeutique. Ce phénomène, je l'ai observé chez mon fils :

> Quand il avait 2 ans, Nicky craignait de mettre son ballon de plage dans une piscine pour enfants, parce qu'il redoutait qu'il ne disparaisse par le trou, ce qui était bien sûr impossible ! Rien de ce que je pouvais lui dire ne semblait alors l'apaiser. Puis, une fois ses 7 ans fêtés, nous sommes retournés voir cette piscine que nous n'avions pas approchée depuis quelques années. Il a alors dit : « Tu te rappelles comme j'avais peur que mon ballon passe par ce trou ? » Il paraissait amusé d'avoir un jour craint quelque chose d'aussi ridicule !

Leur donner des renseignements qui leur permettront, en cas de circonstances effrayantes, d'anticiper ce qui va arriver soutient également les enfants. Ce type d'explication s'avérera utile quand il vous faudra gérer une situation susceptible de générer de l'appréhension, telle une consultation médicale. Les enfants bénéficient aussi de l'apprentissage et de la mise en pratique de certains comportements qui leur seront utiles pour surmonter une crainte. Si les chiens effraient votre enfant, expliquez-lui exemples à l'appui qu'il peut prendre la main de quelqu'un, reculer lente¬ment et solliciter de l'aide.

Encourager l'enfant à se libérer des tensions émotionnelles

En cas de crainte résultant d'une expérience traumatisante, il est impératif d'encourager l'enfant à se défouler émotionnellement dès que possible, sinon il gardera de cette expérience effrayante un souvenir éprouvant et récurrent. Si, après être tombé dans la piscine, on lui permet de pleurer, de trembler, de rire et de relater les faits autant de fois qu'il voudra, il ne sera pas plus effrayé par une piscine qu'il ne l'était auparavant. Il se montrera peut-être plus prudent, mais pas terrifié. Il prendra les précautions nécessaires pour ne pas y tomber de nouveau, mais ne souffrira pas de réactions physiologiques liées à la peur : accélération du rythme cardiaque ou respiration saccadée. Son corps ne mobilisera pas ses moyens de défense contre le danger, parce que sa raison lui fera savoir qu'il n'y a aucun risque tant qu'il ne s'approche pas trop près du bord de la piscine.

Si l'enfant n'a pas eu la possibilité de libérer ses émotions immédiatement après un événement traumatisant, il pourra toujours saisir cette opportunité ultérieurement. Une mère m'a raconté comment son fils de 8 ans avait surmonté sa peur de l'eau profonde en libérant ses pleurs au sujet d'incident qui s'était passé trois ans auparavant. Voici cette anecdote :

> Tom avait 5 ans quand je lui ai fait prendre des cours de natation avec une personne qui souhaitait devenir instructrice. Elle était pressée de lui apprendre différents mouvements dans l'eau. Mais Tom était époustouflé par cette piscine aux dimensions olympiques et effrayé de constater qu'il ne pouvait s'y tenir debout en raison de sa profondeur. L'instructrice l'a forcé à y entrer et, face à son refus, l'a porté malgré lui jusque dans l'eau. Lorsqu'il lui a dit : « Je suis prêt à sortir maintenant »,

elle a rétorqué : « Oh, non, Tom ! Tu n'es pas prêt de sortir ! » et elle l'a maintenu près d'elle dans la piscine. Il n'a presque pas pleuré sur le moment – la situation n'était pas très sécurisante ! De retour à la maison, il n'a pas pleuré non plus. Par contre, il a tellement été traumatisé par cette expérience qu'il n'a jamais plus voulu entendre parler de leçons de natation depuis.

Aujourd'hui, il a 8 ans et nous retournons souvent à la piscine. Suite à ses quelques réflexions, j'ai compris qu'il souhaitait s'essayer à de nouveaux mouvements dans l'eau. Cela dit, quand nous sommes entrés dans le bassin, il refusa tout net que je lui enseigne ou suggère quoi que ce soit. Quand je lui proposais : « Essaie de faire ça ! », il boudait et se mettait en colère. Puis, un soir, au moment du coucher, il m'a expliqué qu'il était capable d'aller jusqu'à un mètre de pro¬fondeur, mais qu'il ne pouvait se rendre à 1,50 m parce qu'il n'était pas assez grand. Je lui ai répondu : « Tu sais comment flotter, alors ça ne fait pas de différence la profondeur du bassin ! » Renfrogné, il a répliqué : « Si, ça fait une différence, car je ne suis pas assez grand ! » Il confirma ensuite : « Je ne veux plus jamais prendre de cours de natation » et se mit à pleurer. Heureusement, j'étais dans un état d'esprit où je pouvais rester à peu près objective tout en accueillant sa peine ! Je lui ai indiqué qu'il était effrayé à l'idée de prendre des cours de natation à cause de la mauvaise expérience qu'il avait eue à l'âge de 5 ans. Se souvenant de cet épisode, il en parla tout en pleurant, expliquant qu'il avait vraiment eu peur et qu'il ne voulait jamais plus recommencer. Il pleura ce souvenir pendant quinze à vingt minutes.

Le lendemain, nous sommes retournés à la piscine et il m'a demandé : « Maman, est-ce que je peux aller jusqu'à 1,50 m de profondeur ? » Pour la première fois, il avait envie de nager dans l'eau de cette profondeur ! Il y a pris tellement de plaisir qu'il n'a plus voulu sortir de l'eau. Par la suite, quand nous allions nous baigner, il plongeait pour remonter des pièces de monnaie ou embrasser le fond de la piscine !

Dans le cas de peurs conditionnées, une libération émotionnelle est également salutaire. Ces frayeurs ne surviendraient pas si l'enfant avait suffisamment l'occasion de pleurer en présence de quelqu'un à son écoute. C'est une bonne attitude que de permettre, voire d'encourager, le plus possible un enfant à se libérer de ses tensions à la suite de n'importe quel incident effrayant. Parfois, il pleure difficilement, parce qu'il ne se sent pas suffisamment en sécurité pour s'épancher. Pour se soulager, l'enfant doit se sentir en confiance et l'événement traumatisant, ne plus être menaçant. Il ne se libérera pas totalement tant qu'il y a encore, selon lui, un risque potentiel.

Les enfants prennent une part active dans la guérison de leurs peurs, notamment par le rire et le jeu. D'eux-mêmes, ils créent leurs propres situations thérapeutiques à condition qu'on leur laisse suffisamment de temps pour jouer librement. Parce que j'habite en Californie du Sud, j'ai régulièrement eu l'occasion d'observer le comportement des enfants jouant sur la plage. Pour eux, l'océan doit leur paraître immensément puissant et vraiment imprévisible. Souvent, ils s'avancent vers la mer, s'y mouillent un peu les pieds, puis s'en détournent rapidement pour éviter qu'une vague ne les touche. Cette activité est presque toujours ponctuée d'éclats de rire. Au fur et à mesure que leur peur se dissipe, ils s'aventurent un peu plus dans l'eau. Ils s'arrangent pour garder une juste proportion entre peur et sentiment de sécurité en se gardant d'aller trop loin dans la mer !

Un adulte non avisé peut penser que de tels jeux de plage n'ont guère d'importance, il ne se rend pas compte que les enfants font des efforts bien précis et calculés pour surmonter d'eux-mêmes leur peur de l'océan. Quand ils jouent tout en riant de bon cœur, c'est souvent le signe qu'ils ont quelque élément à confronter !

Si les enfants n'inventent pas de jeu pour surmonter leurs peurs par le rire, les parents peuvent y contribuer par des jeux espiègles. Pour qu'une situation ait un effet thérapeutique, il est essentiel qu'ils ne se sentent pas menacés, mais il importe cependant qu'ils soient confrontés à quelque chose qui leur fasse peur en partie ou au plan symbolique. Leur attention doit être soutenue par une scène à la fois anxiogène et sécurisante, sinon ils ne riront pas ! On appelle « équilibre de l'attention » ou « distance émotionnelle » un tel sentiment où l'anxiété et la sécurité se manifestent simultanément. Cet état est requis pour que se produise la libération des émotions par les rires ou les pleurs. Si l'enfant est trop dépassé par sa peur (« sous-distancé »), il en sera incapable. De même, si l'objet de l'anxiété est absent (« sur-distancé »), l'enfant ne ressentira aucune crainte et ne rira ni ne pleurera.

Vous pouvez tenter des expériences afin de trouver la manière la plus efficace pour faire surgir la peur de votre enfant tout en maintenant une atmosphère amusante et sécurisante. Nous reviendrons plus en détail sur cette forme de thérapie par le jeu dans le chapitre IV. L'exemple qui suit montre comment j'ai aidé ma fille à dépasser sa peur d'aller aux toilettes grâce au rire :

À 3 ans, Sarah était encore réticente à l'idée d'aller aux toilettes tant elle avait peur d'y tomber. Plusieurs fois de suite, au moment de s'y rendre, j'emportais avec nous une peluche avec laquelle je mimais la peur des toilettes. Cela faisait rire à chaque fois ma fille aux éclats. Après ce petit jeu, elle était passablement plus détendue et à même d'utiliser les toilettes. Progressivement, sa peur s'estompa tant qu'elle est devenue capable de s'y rendre toute seule.

Dans plusieurs cas, le dépassement d'une crainte nécessite une information appropriée et la décharge émotionnelle. Généralement, quand un enfant entreprend quelque activité suscitant en lui de la peur, il trouve alors non seulement l'occasion de libérer sa tension par le rire, mais aussi d'acquérir de nouvelles connaissances sur ce qu'est la réalité. Les enfants pataugeant joyeusement dans l'océan découvrent la force des vagues qu'ils comparent avec leur propre force physique. Ils apprennent ainsi tout en se libérant de leur peur.

Souvent, les enfants sont attirés et fascinés par les objets mêmes qu'ils craignent le plus et ce, probablement, parce qu'ils manifestent le désir de se libérer de leurs peurs. Ils savent intuitivement qu'ils auront à les expérimenter pour apprendre à les surmonter. Ils veulent aussi acquérir le maximum d'informations sur l'objet de leur crainte, tout en se gardant bien de maintenir une certaine distance de sécurité avec celui-ci. De ces deux tendances opposées émane un phénomène intéressant de rapprochement/éloignement.

Un garçonnet de 3 ans était terrifié par les serpents. Il les imaginait rampant autour de lui dans le noir. Quand, au musée, on lui a montré un énorme ver de terre qui ressemblait à un serpent, il demeurait fasciné, mais restait volontairement à distance et accroché à la main de sa mère.

Plus haut, nous avons évoqué le cas d'Albert qui avait développé une peur conditionnée des rats par association avec un bruit fort et terrifiant. Pour le soigner de cette peur, il aurait fallu lui donner à la fois une information appropriée et l'opportunité de libérer ses tensions émotives. Les psychologues comportementalistes centrent presque exclusivement leur approche sur l'apport d'informations. À cet effet, on pourrait présenter un rat à plusieurs reprises à l'enfant sans y associer le bruit, afin qu'il prenne conscience de la non-concomitance entre ces deux phénomènes. On appelle ce processus « extinction ». Et, depuis longtemps, les comportementalistes savent enrayer les conditionnements avec cette méthode. Le petit Albert aurait sûrement pleuré ou ri à la vue d'un rat et cette décharge émotionnelle aurait permis la pleine et durable réalisation du processus d'extinction. Albert avait subi un traumatisme douloureux et effrayant, qu'il lui fallait extérioriser. Sans décharge émotionnelle, l'extinction n'aurait été ni totale ni définitive.

Pour conclure, les enfants ne surmonteront pas leurs peurs en évitant la confrontation avec l'objet de leurs craintes, pas plus qu'ils ne deviendront courageux sous prétexte qu'on leur a dit de ne pas avoir peur. Ils doivent éprouver pleinement leurs peurs, parfois même en s'adonnant à des activités qui les terrifient – du moins partielle¬ment ou symboliquement – tout en se sachant en sécurité à ce moment-là. Quand l'équilibre de l'attention est réalisé, la libération émotionnelle par le biais du rire, et parfois des pleurs et tremblements, suivra spontanément : c'est ainsi qu'ils se guériront de leurs frayeurs !

À propos des peurs d'origine inconnue

En ce qui concerne les peurs symboliques d'origine inconnue, telles que la peur d'un monstre caché sous le lit, la tâche des parents est considérablement plus ardue. Si vous soupçonnez l'existence de quelque raison sous-jacente, comme l'anxiété liée à une nouvelle naissance ou tout autre traumatisme, vous pouvez inciter votre enfant à exprimer ses sentiments sur le véritable problème. Si aucune cause de l'anxiété n'est identifiée, essayez de « manier » le symbole qui s'y rattache.

En de tels cas, l'information que l'on donne à l'enfant est certes utile mais, souvent, insuffisante. Quand, à l'âge de 5 ans, ma fille développa la peur des crocodiles, elle me confia : « Je sais bien qu'il n'y a pas de crocodiles dans ma chambre, car ils vivent dans l'eau, mais je suis tout de même effrayée. » Face à ce type de peur, la ligne de conduite à adopter, et toujours aussi bénéfique, est d'encourager à la fois les rires et les pleurs :

> La peur des crocodiles était si grande chez Sarah qu'elle craignait de se rendre seule dans sa chambre ou dans la salle de bains. Sa frayeur augmentait de plus en plus, mais sans occasionner de pleurs ni de rires. J'ai alors décidé de lui venir en aide : un soir, je lui ai apporté une marionnette en forme de crocodile, la lui présentant comme étant un bébé crocodile ayant besoin qu'on prenne soin de lui. Elle s'est mise à rire de bon cœur pendant un quart d'heure environ. Puis, un peu plus tard, elle a pleuré librement et fortement pendant vingt minutes, et je suis restée à ses côtés.

Dans cet exemple, la marionnette apportait une certaine légèreté à la situation, qui aida ma fille à s'extérioriser. Jusque-là, Sarah s'était tellement repliée sur sa peur qu'il lui était impossible d'exprimer ses émotions : celles-ci étaient devenues trop accablantes (« sous-distancées »). Mon approche humoristique de la situation lui permit d'entrevoir les choses autrement et de se sentir suffisamment en sécurité pour pleurer et rire. En cas de peurs plus intenses, plusieurs séances de ce genre s'avèrent nécessaires avant que l'angoisse ne disparaisse totalement. Une autre approche par l'humour consiste à faire tenir le rôle du monstre par l'enfant pendant que le parent simule une peur panique, cela jusqu'à ce qu'il éclate de rire.

Beaucoup de craintes ont pour origine la peur de la mort. Dès lors qu'un enfant rit aux éclats en s'amusant, il libère une part d'angoisse. Les parents peuvent l'aider à surmonter la peur de la mort en lui proposant ce genre de jeux.

Il y a une comptine très populaire chez les jeunes enfants, intitulée *Tournons autour de Rosie*. On pense qu'elle a été créée à Londres, au Moyen Âge, à la suite d'une épidémie de peste bubonique. Il en existe plusieurs variantes, dont celle-ci qui est ancienne :

> « Et ron et ron, une bague de roses.
>
> Une poche pleine de bouquets.

Atchoum ! Atchoum !
Et plouf, tous par terre ! »

Le troisième vers semble suggérer un éternuement, qui est l'un des symptômes de cette forme de peste. Et le dernier vers fait allusion à la mort – tous les participants s'écroulant à ce moment-là sur le sol. Cette comptine a dû avoir un effet thérapeutique manifeste sur les petits ayant survécu à l'épidémie ou ayant assisté au décès de leurs parents et amis. La chansonnette leur donnait l'occasion de rire pour se défouler d'une charge émotionnelle insupportable.

De nos jours, les enfants ignorant pourtant ce fléau éclatent de rire, parfois hystériquement, à la fin de la comptine quand tout le monde se laisse tomber par terre. Se pourrait-il qu'ils s'accommodent ainsi de leur peur de la mort par le rire ? Cela paraît vraisemblable. Tomber à terre rappelle le fait de mourir. L'une des raisons pour lesquelles cette comptine a traversé les siècles vient sans doute de l'effet thérapeutique qu'elle procure par le rire.

La peur de la mort est universelle autant chez l'adulte que l'enfant. C'est pourquoi, entre autres, les parcs d'attractions comme Disneyland sont si populaires : chaque manège, ou presque, comporte son lot de frayeurs : les montagnes russes, les marais peuplés de faux crocodiles dont la tête émerge par à-coups, les maisons hantées, etc. Les enfants, comme les adultes, ne peuvent qu'en rire car l'élément effroyable surgit dans un contexte malgré tout sécurisant. Après une telle journée remplie de gaietés, ils reviennent chez eux détendus, un peu moins effrayés par la conscience de leur finitude. Il n'est donc pas surprenant qu'ils aient envie d'y retourner, encore et encore !

L'origine des cauchemars et terreurs nocturnes

Les cauchemars sont causés par des peurs d'origines diverses. Ceux récurrents proviennent parfois d'un traumatisme vécu très tôt, comme une naissance difficile. Tout événement effrayant ou déstabilisant récent peut égale¬ment être à l'origine de cauchemars. Quand les enfants ont la possibilité de pleurer pour extérioriser les événements terrorisants de la vie diurne, les cauchemars risquent moins de se produire.

Si votre enfant a un cauchemar, proposez-lui d'en parler et de se laisser aller à pleurer autant qu'il le faut. S'il est encore trop effrayé pour en discuter, essayez de détendre l'atmosphère et faites le rire. Après un bon fou rire, il arrivera peut-être à relater son mauvais rêve et même à en pleurer.

Parfois, un jeune enfant s'éveille en pleine nuit en hurlant sans, semble-t-il, avoir conscience de ce qui l'entoure. Il bafouillera des phrases et des mots peu sensés, comme s'il était encore dans son cauchemar. En plus de pleurs bruyants, ces terreurs nocturnes s'accompagnent de temps à autre d'accès de colère et même de tremblements et d'agitation. Cela peut aller d'un bref instant à une longue heure avant que l'enfant ne reprenne pied dans la réalité et se comporte normalement. Habituellement, il se réveille joyeux et détendu le lendemain sans souvenir de ce qui s'est passé.

Le sommeil se caractérise par une succession de phases ou étapes. Les cauchemars surviennent pendant celle où l'on observe un clignotement rapide des yeux, tandis que les terreurs nocturnes se manifestent au cours du sommeil profond (dit sommeil *delta*). Les parents sont parfois effrayés par le comportement de leur enfant qui semble devenir « fou » ou perdre totalement sa « maîtrise » de soi. Il est naturellement angoissant de faire face à un petit être paraissant ne plus vous voir ni vous entendre, et de vous sentir ainsi désarmé, ne réussissant pas à capter son attention.

Toutefois, il n'y a pas lieu de s'alarmer de ces terreurs nocturnes car, tout comme les pleurs, elles sont en réalité un processus normal de libération et de guérison. Les tremblements qui peuvent survenir sont l'expression du défoulement d'une peur très vive. L'intensité de ces crises de pleurs nocturnes vient de ce que des émotions pénibles s'expriment alors sans être empêchées par les inhibitions normalement présentes à l'état d'éveil. (Chez les enfants qu'on encourage à pleurer et à avoir des accès de colère, l'intensité des terreurs nocturnes n'est pas plus aiguë que celle des sanglots à l'état de veille.)

Les terreurs nocturnes peuvent être déclenchées par le besoin d'uriner ou par un bruit subit. Elles surviennent parfois quand l'enfant a souffert d'un stress ou d'une peur inhabituels au cours de la journée, ou quand il n'a pas pu décharger suffisamment ses émotions par ses pleurs et colères. Néanmoins, elles se produisent également sans raison apparente, même si l'enfant a pu s'épancher librement le jour durant. Certains enfants rencontrent ces terreurs très souvent, tandis que d'autres n'en ont jamais. Pour les secourir, serrez-les contre vous, parlez-leur de façon rassurante jusqu'à disparition de leur terreur. Une fois soulagés, ils retomberont paisiblement dans le sommeil ou bien demeureront tranquillement éveillés quelque temps avant de se rendormir.

L'angoisse de séparation à partir de l'âge de 2 ans

Beaucoup de jeunes enfants sont fortement attachés à leur mère et aux autres personnes qui s'occupent d'eux, et n'apprécient pas d'en être séparés. Souvent, les parents se demandent si cela est bien normal et combien de temps durera ce comportement.

L'angoisse de séparation est un phénomène très courant, encore considéré comme normal à l'âge de 2 ans ; il n'y a pas lieu de s'alarmer. Même des enfants plus âgés ne se jettent pas volontiers dans les bras d'étrangers ou ne manifestent pas une joie immédiate quand on les laisse avec des personnes inconnues. Ils ont une forte propension à préférer se retrouver avec des gens familiers, dans un environnement familier. Il est normal donc qu'ils protestent quand on les place dans des situations inhabituelles pour eux. Ce comportement remonte sans doute aux temps préhistoriques où les clans de chasseurs-cueilleurs devaient absolument demeurer ensemble pour survivre. Il reflète également le besoin fondamental des enfants de former des liens stables et solides avec leurs proches.

Chez un enfant plus âgé remis aux bons soins de personnes bienveillantes et familières, l'angoisse de séparation est plus rare que pendant ses deux premières années. Si, après l'âge de 2 ans et demi, il manifeste une forte angoisse d'abandon quand on le confie à des proches, c'est peut-être là le signe d'une forme de détresse associée à une séparation vraisemblablement différente de celle normalement vécue pendant la petite enfance. Les petits de plus de 2 ans et demi ont normalement acquis suffisamment de connaissances verbales pour comprendre que leurs parents ne les quittent pas pour toujours et sont également capables de se représenter leur retour. La détresse qu'ils éprouvent alors ne peut plus être attribuée à leur incapacité de comprendre le caractère temporaire de la séparation.

Quand ses parents s'éloignent, l'enfant pleure pour plusieurs raisons. L'une d'entre elles est tout simplement le besoin de pleurer. Sans doute que ses parents ne l'ont pas laissé s'épancher librement par manque d'attention. Si quelqu'un d'autre l'y autorise, alors il satisfera totale¬ment ce besoin. Parfois, malgré leur bienveillance, les parents réagissent par automatisme avec leurs enfants, notamment en les berçant, en leur donnant le sein ou en voulant les divertir alors que les tout-petits aimeraient plutôt, à ce moment-là, évacuer leurs tensions. Ils semblent avoir « besoin » de la présence de leur père ou de leur mère tout comme certains s'attachent à une peluche, une couverture ou à une suce. Ce type d'attachement les aide à comprimer les émotions qu'ils n'ont pas réussi à évacuer librement et avec l'assentiment des parents. Quand les parents s'éloignent, on est porté à croire que l'enfant pleure en raison de cette séparation. En réalité, il ne le fait peut-être que pour se libérer des émotions accumulées au cours de plusieurs journées de frustrations et de blessures.

La deuxième raison justifiant les pleurs d'un enfant en l'absence des parents est la suivante : la séparation lui en rappelle probablement une autre vécue précocement, quand, tout bébé, il avait besoin de soins continuels et n'était pas encore capable de comprendre que ses parents reviendraient toujours vers lui. Toute nouvelle séparation sera alors un prétexte pour pleurer, l'enfant revivant ainsi un traumatisme passé. Si on lui permet d'agir de la sorte, il versera des larmes après chaque départ d'un de ses parents jusqu'à ce que son angoisse de séparation précoce soit complètement résorbée. Le fait d'avoir été placé à la naissance dans une couveuse (ou pour tout autre raison séparé des parents juste après la naissance) peut représenter la séparation « originaire » à partir de laquelle toutes les autres seront ressenties comme accablantes.

Si vous estimez que l'une ou l'autre de ces raisons intervient dans la réticence de votre enfant à l'idée d'une séparation, il lui sera bénéfique de le laisser sangloter tout en vous éloignant de lui. Bien sûr, il s'agira de vous assurer au préalable que la personne qui en a la charge lui soit familière et sache se comporter avec compréhension et bienveillance à l'égard de son chagrin. En adoptant cette attitude pleine d'attention, soyez sûr que l'enfant ne vivra plus de nouvelle expérience pénible, mais qu'il sera plutôt sur la voie de la guérison d'un passé traumatisant.

Si votre enfant est normalement heureux de rester avec la personne qui le garde en votre absence, mais qu'il manifeste subitement de la réticence à son égard, il est probable que cette dernière l'ai heurté ou effrayé. Pour des raisons parfois anodines, telle l'acquisition d'un chien, ou des raisons plus sérieuses comme le fait d'être battu ou abusé sexuellement. Les enfants s'attendent à ce qu'on leur fasse confiance. Et s'ils manifestent soudainement de la crainte vis-à-vis de quelqu'un, il convient de le prendre au sérieux et de mener l'« enquête ».

Un enfant peut refuser de se rendre à la maternelle ou chez la nounou pour d'autres raisons. Peut-être a-t-il été tapé, moqué ou rejeté par l'un de ses petits camarades ? Si c'est le cas, vous pouvez pour l'aider à exprimer ses émotions simuler avec humour la situation pénible et pousser votre enfant à en rire. Selon son âge, vous pouvez vous permettre de l'envoyer à l'école malgré ses protestations tout en l'autorisant à sangloter. Cela ne lui sera toutefois bénéfique que si vous le laissez avec un adulte attentif et empathique. Pour certains enfants, notamment les très jeunes, fréquenter une garderie où quelques camarades se montrent agressifs peut s'avérer traumatisant. Dans ce cas, il serait peu sensé d'obliger votre enfant à y rester contre son gré. Si vous laissez s'écouler de six mois à un an, il sera mieux à même d'affronter la situation !

Le manque d'attention momentané de la part d'un des parents justifie aussi une crise de larmes inhabituelle au moment de la séparation. Ce manque peut provoquer la tristesse et la colère du petit. Peut-être a-t-il été attristé récemment par une séparation récente, comme l'hospitalisation de sa mère, ou bien par les conflits conjugaux de ses parents se souciant alors plus de leur couple que de lui. À chaque fois qu'un enfant aura besoin d'exprimer des sentiments en rapport avec ses parents, il le fera probablement au moment où il sera séparé d'eux.

Si vous n'êtes pas certain du motif de sa réticence ou si vous ne savez pas trop comment gérer la séparation, faites simplement confiance à votre propre intuition et vos ressentis. Si vous ne jugez pas bon de quitter votre enfant, alors ne le faites pas, même si votre entourage vous reproche de trop le gâter ou d'être surprotecteur. Votre intuition est probablement la bonne. En outre, c'est vous qui êtes le mieux placé pour donner un sens satisfaisant à votre conduite et prendre vos décisions. Si vous vous rendez compte plus tard que vous avez mal géré une situation, vous aurez toujours la possibilité de tenter une autre approche la prochaine fois.

Nous souhaitons souligner encore l'importance d'accorder le temps aux enfants de se familiariser avec une nouvelle situation avant de les quitter. Ils sont extrêmement différents les uns des autres. Certains ont besoin de beaucoup plus de temps que d'autres pour se sentir à l'aise face à de nouvelles circonstances et requièrent de votre part plus de patience et compréhension. Au cours d'un entretien, une maman m'a confié ses difficultés en la matière :

> Spontanément, j'avais dans l'idée qu'un enfant de 4 ans devait être indépendant et extraverti, ce qui n'est pas toujours le cas de ma fille. Je me sens réellement mal à l'aise quand nous allons quelque part et qu'elle se cramponne à moi, grimpe dans mes bras ou se cache derrière moi. Cette attitude m'énerve ! Je me sens comme contrainte d'agir d'une façon à laquelle je ne suis alors pas disposée, comme la réconforter ou la porter. Et comme je ne suis pas d'humeur à faire cela, je perds très vite patience. Je souhaite qu'elle s'éloigne de moi, qu'elle aille de l'avant et soit heureuse. Toutefois, le jour où elle n'a plus posé aucune difficulté à la maternelle, je suis repartie chez moi en pleurant !

Même si les enfants peuvent fort bien supporter des séparations de courte durée d'avec leurs parents ou ceux qui en ont la garde, il est sage de ne pas leur en imposer de longues. Un enfant de 2 ans ne devrait pas être éloigné de ses parents plus d'une semaine ; deux semaines pour les 3 à 5 ans ; pas plus d'un mois pour les 6 à 9 ans. Des séparations plus longues que celles recommandées peuvent troubler les liens parents-enfants, voire engendrer des problèmes graves.

Exercices pratiques

Explorez votre enfance

1. Faites la liste des peurs enfantines dont vous vous souvenez. Comment vos parents les géraient-elles ?
2. Vous souvenez-vous d'un cauchemar fait lorsque vous étiez enfant ? Si oui, racontez-le.
3. Se moquait-on de vous parce que vous aviez peur et si c'est le cas, que ressentiez-vous alors ?

Exprimez les sentiments que vous avez à l'égard de votre enfant

1. Listez les peurs actuelles que ressent votre enfant et essayez d'en comprendre l'origine.
2. Qu'éprouvez-vous à l'égard des peurs de votre enfant ?
3. Éprouvez-vous certaines craintes concernant la sécurité ou le bien-être de votre enfant ? Dites lesquelles et analysez-les.

Prenez en main votre épanouissement personnel

1. Consultez un thérapeute ou rejoignez un groupe de soutien qui vous encourageront à rire.
2. Avez-vous des peurs ou des phobies ? Choisissez-en une et essayez de la surmonter, par vos propres moyens ou avec l'aide d'un conseiller ou thérapeute.
3. Allez voir un film ou un spectacle comique, ou rencontrez des amis amusants.

III. Vivre et apprendre

Ce chapitre traite de l'acquisition par les sens de nouvelles connaissances, c'est la première étape de l'apprentissage. Les enfants assimilent en continu de nouvelles notions, rien qu'en existant et en vivant dans ce monde de manière directe, concrète, c'est-à-dire en observant et en écoutant, en posant des questions, en lisant ou en regardant la télévision. Si certaines de ces sources d'informations s'avèrent utiles et agréables, d'autres occasionnent de la confusion et de l'anxiété. À certains moments, les enfants cherchent activement ces nouvelles informations, tandis qu'à d'autres, ils les reçoivent passivement. La seconde étape de leur apprentissage s'opère par l'intermédiaire du jeu, ce dont nous parlerons dans le chapitre IV.

Quelles sont les expériences positives pour les jeunes enfants ?

Les gens, quel que soit leur âge, apprennent directement de leurs expériences, et cela est particulièrement vrai pour les enfants. C'est de loin, pour eux, la meilleure source d'informations. Dans la plupart des villes, on trouve des zoos, des musées, des bibliothèques, des parcs et, ponctuellement, des cirques ou des foires. Même si certains lieux de divertissement s'avèrent ludiques et éducatifs, des activités plus simples, proches de la nature – et souvent moins onéreuses – sont aussi l'occasion d'un apprentissage intéressant et varié. Patauger dans une mare d'eau au contact des grenouilles et des pierres moussues apportera à l'enfant plus d'informations variées que de barboter dans le bassin artificiel d'une piscine.

Ne regrettez pas pour autant de vivre dans une grande ville, si c'est le cas, parce que celles-ci restent instructives. Vous vous demandez peut-être où conduire votre enfant si vous l'avez déjà emmené au zoo, à la bibliothèque, dans les musées ou les parcs. Les possibilités sont illimitées ! Pensez par exemple à lui faire visiter la gare, l'aéroport ou les pouponnières dans les maternités, à assister avec lui à la répétition d'un concert ou d'une pièce de théâtre, à vous rendre à la déchetterie municipale pour comprendre comment l'on traite les déchets, à l'imprimerie pour savoir comment un journal sort des rotatives, à la boulangerie, sur un chantier de construction, dans un laboratoire universitaire ou bien à l'usine…

Si vous voyagez, faites-lui découvrir les montagnes, les fleuves et lacs, les forêts ou déserts, les fermes dans les villages ou d'autres villes. Les petits sont tout à fait disposés à voir et découvrir le monde, à comprendre ce qu'est la vraie vie, ce que font les adultes, quelle est l'origine des choses et ce qu'elles deviennent ensuite. Plus ils expérimentent le monde réel, mieux ils le comprendront et y trouveront leur place.

Dès que vous leur proposez différentes expériences, veillez à leur accorder suffisamment de temps pour qu'ils assimilent les informations et pour leur éviter une stimulation excessive. Ils ont besoin d'en parler, de vous interroger et de les revivre grâce au jeu.

Comment partager ses centres d'intérêt avec ses enfants ?

Indépendamment de l'âge, tout le monde ressent le besoin de se lancer dans des activités artistiques ou d'acquérir de nouvelles connaissances et compétences. Parfois, les parents se demandent comment continuer leurs activités et culpabilisent souvent à l'idée de s'éloigner de leurs enfants pour s'y investir.

De nombreux loisirs créatifs et centres d'intérêt stimulants sont faisables à la maison en présence des enfants, qui ne peuvent que tirer profit d'une telle implication manifeste. Même si, pendant ce temps, vous ne leur accordez pas d'attention directe, vous ne leur proposez pas moins qu'une expérience d'apprentissage précieuse. Celle-ci reste possible si vous leur proposez un quelconque moyen d'y participer. Si vous avez plaisir à jardiner, pourquoi ne pas leur demander de creuser des trous, de semer des graines ou d'arracher de mauvaises herbes ? Si vous aimez faire du pain, pourquoi ne pas leur proposer de peser, verser ou mélanger les ingrédients ? Si vous collectez les timbres, pourquoi ne pas les leur faire trier ?

Tous les loisirs des parents représentent indirectement un avantage pédagogique pour les enfants, car il est important pour eux de voir les adultes s'engager dans un processus d'apprentissage. Quand ils n'en perçoivent que les résultats, comme la réussite d'un concert, ils risquent d'en avoir une vision peu réaliste et déformée. Si, au contraire, ils suivent tout le déroulement du processus, depuis son commencement jusqu'à son accomplissement, ils comprennent que les erreurs font partie de l'apprentissage et que les adultes n'en sont pas exclus. Ils réalisent aussi que la détermination et la persévérance sont indispensables pour créer ou maîtriser une nouvelle compétence.

Il ne faut surtout pas que les parents se découvrent de nouveaux centres d'intérêt ou ne s'adonnent à de nouveaux loisirs dans le but ultime d'instruire leurs enfants, car ces derniers devineraient la supercherie et se détourneraient de leur apprentissage. Pour être bénéfiques, les activités parentales doivent leur paraître significatives et pas le moins du artificielles. Voici un exemple :

> Un jour, j'ai exprimé mon souhait de jouer de l'accordéon, aussi n'ai-je pas été surprise quand mon mari m'en a offert un. Je n'avais jamais joué de cet instrument, mais étais bien déterminée à apprendre. Munie d'une méthode, j'ai appris comment en jouer et ai gagné suffisamment de maîtrise pour déchiffrer des mélodies folkloriques. Mes enfants m'ont regardé faire, entendu mes fausses notes et observé ma persévérance. Lorsque mon mari est revenu à la maison avec une trompette d'occasion, Nicky qui, âgé de 9 ans, désirait savoir en jouer a de même commencé son apprentissage en suivant des cours après l'école. Pour ses 6 ans, Sarah a reçu en cadeau une petite guitare. Elle aussi se sentait capable d'apprendre à jouer d'un instrument. Après lui avoir montré quelques accords, elle a su très vite s'accompagner de sa guitare pour fredonner des chansons toutes simples. Je suis convaincue que mes enfants ont gagné de l'assurance en observant mon apprentissage. Tandis que je jouais de l'accordéon pour mon seul plaisir, je ne cherchais aucunement à les instruire ou bien à leur servir d'exemple. En fait, il m'arrivait même de culpabiliser quand je ne passais pas mon

temps avec eux ! Ce n'est que bien plus tard que j'ai réalisé quelle influence positive j'avais eue sur eux !

Peut-on exposer les jeunes enfants à des scènes de violence ?

Nous devons soustraire nos enfants à cet aspect de la réalité qu'est la violence. Cette attitude fait pourtant défaut dans notre société. Les producteurs d'émissions télévisées trouvent normal de les exposer aux scènes de violence et de tuerie. Or, ces images peuvent les effrayer, qu'elles proviennent de la vie réelle ou du petit écran. La violence n'est pas un comportement normal en soi, mais plutôt le fruit de la détresse. Personne ne blesserait volontairement quelqu'un d'autre, sans avoir été soi-même blessé dans son enfance et emprisonné dans sa rancœur. L'exposition à la violence génère donc chez l'enfant de l'angoisse et déforme sa perception de ce qui la cause à l'origine.

Il faut donner aux enfants une base sur laquelle ils pourront concevoir la nature humaine de manière positive : leur faire connaître des expériences agréables, les traiter avec gentillesse, amour et respect, et leur faire constater que les gens autour d'eux sont traités de la même façon. Dès lors qu'ils auront appris à faire confiance au genre humain, ils pourront petit à petit être mis en contact avec la violence et la guerre. Ils doivent comprendre ces choses-là, car elles font indéniablement partie de la vie. Quand vous leur parlez de la guerre, n'oubliez pas de leur évoquer tous les efforts déployés pour rétablir la paix et de leur expliquer les raisons profondes de tels actes. De cette façon, ils ne se sentiront ni accablés ni effrayés ni découragés.

Comment expliquer la mort aux enfants ?

La mort est un sujet angoissant pour la plupart d'entre nous et peu de parents savent ou peuvent en parler ouvertement, parce que nous en avons presque tous peur. De plus, nous pensons protéger nos enfants en leur cachant la vérité sur ce sujet. Le mot même de la *mort* est devenu tabou dans notre société, qui préfère dire que « le chien a sombré dans le sommeil » ou que « grand-maman est partie loin ».

A priori, les enfants ne partagent pas nos inhibitions au sujet de la mort. Curieux, ils manifestent leur désir de comprendre davantage ce qu'elle est ou représente en posant des questions directes gênant certains parents : « Quand vas-tu mourir ? Est-ce que je vais mourir aussi ? Pourquoi on meurt ? Qu'est-ce que font les personnes mortes ? Est-ce que les vers mangent les morts ? »

Ils attendent des informations précises et concrètes, c'est pourquoi nous nous devons de leur répondre aussi franchement et explicitement que possible, même si nous estimons que parler de la mort n'est pas un sujet à prendre à la légère. Suivent ci-dessous les sentiments qu'une mère m'a confiés quand son fils aborda ce sujet :

> Dès que Gary a su parler vers l'âge de 2 ans et demi, il m'a posé des questions sur la mort. Voir des cadavres d'animaux, d'oiseaux ou d'autres bêtes l'intriguait. Je ne savais pas quoi lui répondre ni jusqu'où en parler, d'autant que le sujet me troublait et me gênait. Je ne voulais pas qu'il en sache trop et cherchais surtout à le protéger. À cause de ses questions très directes, j'essayais de lui parler d'autre chose de vraiment moins morbide. Puis je me suis rendu compte que le problème ne venait pas de lui, mais de moi. Ayant compris cela, j'étais plus à l'aise ! Il fallait que je réponde à ses questions le plus ouvertement possible et en détail. Contre toute attente, j'ai apprécié de lui expliquer pourquoi les vers mangent les cadavres d'oiseaux et d'êtres humains et à quoi servent les cimetières. Il voulait comprendre le processus de décomposition des corps, combien de temps cela prenait, etc. Comprendre la mort a été l'une de ses premières préoccupations. Il voulait tout savoir. Aujourd'hui, il a 5 ans et ne revient plus sur ce sujet puisqu'il a déjà obtenu toutes les réponses à ses questions.

Pour les enfants, la meilleure façon de s'informer sur la mort est de l'observer dans la faune et la flore. Montrez-lui à l'occasion des mouches ou escargots morts, des fleurs fanées ou des arbres desséchés, ou bien attendez qu'il observe ce phénomène de lui-même. Les petits animaux domestiques, comme les poissons en aquarium ou les souris, fournissent souvent l'occasion d'en parler car ils ne vivent guère très longtemps. Ne soyez pas surpris si, après avoir enterré son animal de compagnie, l'enfant exprime le souhait de l'exhumer pour l'examiner. C'est pour lui une manière de comprendre la mort et son processus de décomposition.

Certains enfants conçoivent des idées fausses, qu'il nous faut clarifier. S'ils croient par exemple que la mort est douloureuse, il s'agit de leur expliquer que les défunts ne ressentent plus aucune douleur. S'ils confondent la mort avec le sommeil, il est important de bien leur préciser la différence. Au lieu de leur dire qu'on va « endormir le chien » pour qu'il ne souffre plus, mieux vaut leur avouer ouvertement qu'on va mettre fin à sa vie en leur expliquant comment et pourquoi, sinon ils vont finir par craindre eux aussi de s'endormir et de ne plus pouvoir se réveiller.

Si un ami ou un membre de la famille vient à décéder, informez-les sans ambiguïté. Leur dire que leur grand-père « est monté au ciel » ne les aidera pas à comprendre la situation. Ils ont besoin de savoir que leur pépé est mort et qu'il ne fera plus jamais rien. Si vous ajoutez des explications religieuses, pensez à peser soigneusement vos mots pour que vos enfants ne s'imaginent pas des choses terrifiantes sans guère de rapport avec la religion.

La question d'un enfant à l'un de ses parents : « Est-ce que tu vas mourir ? » reflète souvent sa peur d'être rejeté ou abandonné. Pour bien répondre, il suffit de lui dire : « Tout le monde meurt un jour ou l'autre, mais je compte bien vivre encore longtemps, très longtemps. » Il s'avère pourtant parfois utile de l'informer de ce qui arriverait en un pareil cas et de lui indiquer qui s'occuperait de lui après. Savoir cela le rassurera s'il redoute cette éventualité morbide.

Comment parler de la sexualité aux enfants ?

Dès l'âge de 3 ans, la plupart des enfants savent distinguer un homme d'une femme. C'est aussi à cet âge qu'ils commencent à poser des questions sur les organes sexuels et la reproduction.

Répondre tout simplement à leurs questions est la meilleure façon de les renseigner sur ce sujet. Voici les recommandations d'un chercheur ayant étudié le problème de l'éducation sexuelle dès la plus tendre enfance. Bien qu'elles soient destinées aux éducateurs, elles peuvent également servir aux parents. Avant de répondre à leur question, essayez de savoir ce que vos enfants connaissent déjà afin de voir par où commencer votre explication. Employez des termes exacts pour désigner les parties génitales et les organes reproducteurs, donnez-leur des renseignements précis. Utilisez des livres pour vous faciliter la tâche, mais ne vous servez pas des plantes ou des animaux pour traiter de la reproduction humaine. Vous risqueriez d'entraîner de la confusion dans l'esprit de vos petits qui peinent à transposer des informations sur les animaux et les végétaux sur le fonctionnement du corps humain. Proposez-leur d'observer directement sur eux-mêmes les différences entre les organes génitaux.

Quand un enfant émet une question, il s'agit de lui apporter une réponse spécifique et de ne pas en dire plus qu'il n'en faut. Nul n'est besoin de s'étendre sur la sexualité ou la reproduction si une petite fille voyant pour la première fois le pénis d'un garçon interroge : « Qu'est-ce que c'est ? » À ce moment-là, elle ne s'intéresse qu'aux différences physiologiques et n'est pas prête à entendre des informations sur les relations sexuelles. Dites-lui simplement que c'est un pénis et que tous les garçons en ont un.

Dans certains hôpitaux, on autorise aujourd'hui les jeunes enfants à assister à la naissance d'un petit frère ou d'une petite sœur. Outre le fait qu'il s'agit là d'une manière de tisser les liens familiaux dès le début, c'est aussi le moyen pour eux d'apprendre d'où viennent les bébés. Si assister à un accouchement n'a rien de traumatisant en soi, il convient toutefois de bien les préparer à cet événement. (Voir les recommandations au chapitre VI.)

Est-il traumatisant pour les enfants de les voir se livrer à des ébats sexuels ? s'inquiètent de nombreux parents, particulièrement tracassés par cette question quand ils partagent la même chambre avec leurs tout-petits. Aux États-Unis, probablement à cause de l'influence puritaine des pionniers, on juge une telle scène impensable, y compris à la télévision. Il est assez drôle de leur interdire de regarder des scènes d'amour contrairement aux scènes de tueries auxquelles on les expose sans souci ! De nombreuses sociétés révèlent la sexualité aux enfants sans que cela ne produise chez eux des troubles gênants – c'est le cas dans la culture traditionnelle Kung en Afrique. Bien que les études psychanalytiques compilent des exemples d'enfants traumatisés par la sexualité de leurs parents, leur angoisse provient probablement plus de la réaction de leurs parents suite à leur entrée soudaine et inopportune que de ce qu'ils ont vu vraiment. Toute manifestation de colère envers l'enfant – même si elle semble justifiée du point de vue des parents – génère en lui de l'anxiété et de la culpabilité, lesquels sentiments pénibles seront peut-être associés à la sexualité elle-même.

Ne vous inquiétez donc pas si, par le gré du hasard, votre enfant vous voit faire l'amour. Gardez votre calme et répondez à ses questions. Et surtout, ne le culpabilisez pas parce que, interrompu dans vos élans, vous vous sentez irrité.

Comment les préserver des discriminations sexuelles ?

Nous vivons dans une société sexiste. Toutefois, de plus en plus de gens s'en rendent compte et réalisent combien il est important d'élever les enfants sans leur imposer des stéréotypes sexuels. Ceux-ci sont en effet nocifs car ils les limitent dans leurs sentiments et leurs actes, ils les empêchent de déployer tout leur potentiel.

On leur laisse entendre que les garçons sont plus intelligents et capables que les filles et que le rôle principal de ces dernières est de devenir des mères. Beaucoup de parents, de proches, d'amis ou d'enseignants traitent les enfants en fonction de cette dualité sexuelle.

Avant l'âge de 2 ans, les enfants ne manifestent aucune préférence dans leurs jeux et n'ont pas conscience des stéréotypes sexuels. Par contre, à partir de 3 ans, ils comprennent que certains jouets leur conviennent mieux que d'autres, que le choix des habits, des outils ou activités dépend de leur identité masculine ou féminine. Très vite, ils en viennent à appliquer ces nouvelles normes ! Une étude réalisée dans les maternelles a révélé que les petits garçons qui jouaient à la poupée ou à la dînette, se déguisaient ou dessinaient, étaient six fois plus critiqués par leurs camarades que les autres enfants.

Beaucoup prétendent que les garçons sont fondamentalement différents des filles et que les rôles et préférences attribués dans la société à tel sexe plus qu'un autre relèvent de la génétique. Il est vrai que les garçons se montrent en général plus agressifs que les filles, qu'ils font plus de remue-ménage, qu'ils préfèrent des jouets mobiles, des outils de bricolage ou des jeux de construction. Quant aux filles, elles se dirigent de préférence vers les poupées, les ustensiles ménagers, les déguisements, les activités artistiques comme la danse. Cependant, cela ne signifie pas nécessairement que ces différences sont d'ordre biologique. Les tout-petits peuvent choisir telle ou telle activité suivant la manière dont leurs parents les traitent et en fonction des attentes différentes qu'ils manifestent.

Il a été prouvé que les parents ont tendance à marquer la différence dès la naissance de leur enfant, parfois sans en avoir conscience. Les mères parlent plus longtemps aux filles, tandis qu'elles portent, bercent et touchent plus les garçons. On a observé que cette distinction se produit en dépit du fait que le comportement des nouveau-nés est en tout point identique d'un sexe à l'autre. Et elle se poursuit pendant la croissance des enfants, puisque les parents achètent volontiers des poupées et des jeux ménagers aux filles et des petites voitures ou articles de sport aux garçons ; qu'ils communiquent plus verbalement avec les premières et physiquement avec les seconds. Ils éduquent leurs filles dans la dépendance, les incitant à rester près de leurs mères et à devenir belles et propres. Par contre, ils s'attendent à ce que leurs garçons gagnent en indépendance, se durcissent, taisent leurs sentiments comme la tendresse et la compassion ou la crainte et la tristesse. Les filles, quant à elles, ont le droit d'exprimer davantage leurs émotions. On retrouve aussi cette différence au niveau de la discipline, une étude ayant révélé que les parents fessent trois fois plus souvent leurs fils que leurs filles.

Si vous souhaitez prendre des mesures pour ne pas traiter vos enfants de manière stéréotypée, commencez par reconsidérer les jouets que vous leur offrez. Cela signifie que vous pouvez donner aux deux sexes des poupées, des camions ou des petits trains, et regarder ensuite comment ils jouent avec. Il est inutile d'offrir une poupée à un petit garçon si c'est pour l'ignorer quand il s'en sert. Si vous lui en présentez une, encouragez-le à jouer avec comme vous le feriez avec une fille, et procurez-lui aussi des accessoires complémentaires : un lit, des habits, de la dînette…

C'est plus difficile qu'il n'en paraît en raison des nombreux facteurs pouvant intervenir. Vos proches ou vos amis peuvent ne pas être aussi ouverts que vous, ils auront tendance à offrir des jouets plus conventionnels et stéréotypés. Compensez le déséquilibre en donnant à vos enfants des jouets qu'ils n'ont pas. Si votre fille n'a que des poupées, pensez à lui offrir une boîte à outils pour son anniversaire.

Les bonnes intentions des parents sont parfois contrecarrées par la crainte de l'homosexualité (homophobie). Dans notre culture, on s'attend à ce que les hommes hétérosexuels se montrent durs, agressifs et insensibles. Un homme, un « vrai », ne devrait pas montrer de la tendresse. À cause de ce cliché malheureux, beaucoup s'imaginent que le fait d'encourager la douceur et la tendresse de leurs garçons les poussera à devenir homosexuels. Or, on a démontré que l'homosexualité n'a rien à voir avec le comportement d'un enfant et que le penchant sexuel n'a que très peu de rapport avec l'identité sexuelle et le comportement attribué à chaque sexe. On ne connaît pas bien les raisons qui conduisent une personne à aimer une autre de même sexe, mais il est certain qu'une éducation non sexiste n'est pas en cause.

Il est important d'encourager vos enfants à avoir des amis mixtes. Ne vous inquiétez pas si votre fils préfère jouer avec des filles ou si votre fille aime jouer avec les garçons. Passé l'âge de 4 ou 5 ans, on dit parfois des petits garçons qu'ils se comportent comme des « fillettes » parce qu'ils jouent en compagnie des filles. *A contrario*, on s'inquiète quand les adolescents ne s'intéressent pas aux filles. Comment s'attendre à ce qu'ils nouent des relations avec elles, alors qu'on les a privés de leurs contacts et amitiés pendant la petite enfance ? C'est absurde ! Les laisser jouer ensemble dès leur plus jeune âge est le meilleur moyen de les inciter à se rencontrer. En tant que parents, vous pouvez proposer à vos enfants d'inviter des copains, copines, à leurs fêtes d'anniversaire, contribuer à développer des clubs de sport mixtes, des équipes et manifestations sportives mixtes, ou tout autre activité incluant les deux sexes.

Instaurer une ségrégation sexuelle pendant la petite enfance n'empêchera pas les enfants de devenir homosexuels. En fait, le contraire est aussi vrai ! On sait tous que les aventures homosexuelles sont courantes dans les équipes sportives masculines, dans les écoles privées exclusivement pour garçons ou filles, c'est-à-dire dans ces mêmes lieux qui sont censés faire des premiers de « vrais hommes » et des secondes de « vraies femmes ».

De nombreux ouvrages pour enfants sont de nature sexiste. Les éléments traitant des animaux parlent seulement des mâles, employant toujours des termes masculins, comme si les femelles n'avaient jamais existé – les livres qui les mentionnent ne concernent que la reproduction ! Les personnages sont souvent cantonnés à des rôles prédéfinis : les héros masculins prennent part à l'aventure, ont des initiatives et bravent le danger, tandis que les femmes restent passives et bonnes ménagères. La plupart des émissions télévisées ne valent pas mieux que les livres. De surcroît, elles ont un impact plus important sur les enfants en leur faisant voir cette représentation.

Chez vous, contrecarrez ces tendances en féminisant les pronoms masculins quand vous leur lisez une histoire ou bien en dégotant des livres sans aucune portée sexiste. Réduisez également le temps consacré à la télévision et discutez des attitudes et clichés sexuels.

Si les enfants sont certes influencés par tous ces facteurs mentionnés ci-dessus, il n'en reste pas moins qu'ils le seront davantage en vous regardant et en prenant modèle sur vous. Les parents qui limitent leur comportement à de tels clichés ne doivent pas s'attendre à ce que leurs enfants grandissent et s'épanouissent pleinement. Ils apprennent plus à votre contact qu'avec tous les livres ou jouets que vous aurez pu leur offrir. Voici un exemple extrait de ma propre expérience :

> Un jour où, vers l'âge de 3 ans, Sarah a cassé son camion, elle est venue me le montrer en disant : « Papa va le réparer. » Je me suis sentie offensée parce qu'elle n'avait même pas imaginé que j'en étais tout aussi capable. J'ai alors réalisé que j'avais délégué à la maison toutes les réparations à mon mari, même si elles étaient de mon ressort. J'ai donc saisi le camion de ma fille et l'ai rafistolé !

Il est également important d'autoriser les enfants, quel que soit leur sexe, à exprimer leurs sentiments. Alors que notre société encourage les filles à se montrer craintives et les garçons agressifs, il s'avère qu'en fait ces derniers ont tout autant de craintes et que les filles accumulent en elles tout autant de colère. Des garçons placés sous surveillance clinique ont été catalogués comme étant agressifs, destructeurs et compétitifs, tandis que les filles ont été étiquetées comme des êtres craintifs, timides, qui se sous-estiment. C'est là la conséquence directe d'une éducation sexiste ! Comme nous l'avons déjà dit, on ne permet pas aux garçons de pleurer contrairement aux filles et on leur apprend à se contenir. Devenus adultes, il n'est pas surprenant qu'ils « éclatent » soudainement à la moindre provocation, après tant d'années d'abstention. Ils s'emportent et deviennent violents parce qu'ils n'ont pas eu d'autre soupape de sécurité pour extérioriser leurs émotions.

Il n'est pas rare que les enfants passent par un stade où ils se conforment aux stéréotypes sexuels. Les petits garçons prétendent qu'ils ne s'intéressent pas aux poupées même s'ils en ont, et les filles disent préférer les poupées aux camions et petits trains. Ils ont besoin d'expérimenter les rôles qui leur sont dévolus par la société malgré un environnement familial non ségrégationniste. Ils ressentent probablement le besoin de se conformer au modèle imposé pour être acceptés d'autres enfants.

Même si vos efforts vous semblent vains, même si vos jeunes enfants se laissent facilement influencés par les autres, il est important de maintenir à la maison une éducation non sexiste. Ses effets positifs ne se révéleront peut-être qu'à l'âge adulte, quand ils se sentiront libres de choisir eux-mêmes leur carrière, en faisant fi de tous les clichés plausibles.

Manifestement, les stéréotypes blessent autant les garçons que les filles, car ils les empêchent de s'épanouir pleinement. Tout ce que vous ferez chez vous pour remettre en cause ces mauvaises influences sera bénéfique autant pour vos enfants que pour la société en général.

Comment les aider à développer leurs capacités intellectuelles et à acquérir de nouvelles compétences ?

Les parents souhaitent naturellement créer un environnement favorable au développement intellectuel de leurs enfants et à leur apprentissage. Les recherches ont confirmé qu'ils avaient sur ces derniers une influence considérable. Le milieu familial tient un rôle essentiel dans la réalisation de leur potentiel.

Il a été démontré que l'attention chaleureuse des parents contribue à améliorer les capacités intellectuelles des enfants. Nous n'en sommes pas étonnés. Les petits qui se sentent en sécurité et choyés désirent comprendre davantage ce qui les entoure, en explorant, réfléchissant et expérimentant, parce qu'ils n'ont pas à mobiliser leurs forces pour compenser des besoins émotionnels essentiels.

Il a été démontré que leur développement intellectuel est affecté par une éducation trop disciplinaire, autoritaire et punitive. Par contre, une éducation qui fait appel à la raison et qui accompagne les interdictions d'explications favorise leur capacité de réflexion.

On croit communément que distribuer des éloges est une bonne manière d'encourager leur apprentissage, que cela leur donne confiance en eux. Or, on a constaté que ces derniers ont un effet inverse, créant une forme de dépendance excessive et minimisant leur estime d'eux-mêmes. Les enfants perçoivent parfois ces compliments comme une forme de manipulation et se lassent de faire des efforts. Au lieu de formuler un jugement de valeur sur ce qu'ils ont fait – « C'est très bien ! » – il est préférable de les encourager, de s'intéresser à la manière dont ils l'ont fait et d'écouter ce qu'ils en pensent. En réagissant de cette manière, sans porter le moindre jugement ni les comparer avec d'autres, vous leur permettez d'évaluer eux-mêmes leurs progrès.

Quand un enfant accomplit quelque chose de nouveau, comme réussir un puzzle, dites-lui simplement avec enthousiasme : « Tu as réussi ! » ou « Je parie que tu es fier de toi ! », ou encore : « C'est le puzzle le plus dur que tu as jamais fait ! » Si votre enfant vous montre avec fierté un de ses dessins, proposez-lui de vous le décrire et écoutez-le avec respect, ou bien notez les différentes couleurs utilisées, dites-lui à quoi cela vous fait penser : « Ça me rappelle un jour d'été... » Reconnaissez la valeur de l'effort de vos enfants mais, surtout, ne faites aucun jugement dont ils ne tireront pas profit.

La proximité avec des objets stimulants favorise également le développement intellectuel. Cela a été prouvé : les enfants vivant dans un environnement familial riche en objets de cette nature ont de meilleures aptitudes intellectuelles que ceux qui habitent dans un lieu stérile.

Les tout-petits ressentent parfois de la frustration au cours de leur apprentissage. Ce sentiment doit être au préalable surmonté. Il est possible de prévenir cette frustration en plaçant les enfants en situation de réussir plutôt que d'échouer. S'ils vous assistent par exemple pour faire des gâteaux, proposez-leur un récipient assez grand pour qu'ils mélangent sans en mettre à côté. S'ils ont du mal à lacer leurs chaussures, remplacez dans un premier temps leurs lacets par d'autres plus longs. Toutefois, s'ils entreprennent quelque chose de trop difficile pour eux, venez-leur en aide, simplifiez-leur la tâche ou bien réorientez-les vers une mission plus à leur portée.

Malgré toutes ces précautions, les erreurs et frustrations demeurent inévitables dans tout processus d'apprentissage. Les enfants, « rongés » par un tel échec, ont besoin de patience et de compréhension pour extérioriser leurs sentiments soit en pleurant soit en piquant une colère (cf. chapitre I). Ce défoulement est parfois nécessaire avant qu'ils ne réussissent à accomplir la nouvelle tâche. Tenter de les calmer n'est pas souhaitable parce que leurs sentiments sont bien là et qu'ils ont tout intérêt à les exprimer.

Voici le témoignage d'une mère ayant aidé sa fille à surmonter un obstacle au cours de son apprentissage :

> Ma fille de 6 ans et demi avait de la peine à jouer de mémoire deux morceaux de piano sans les confondre. Elle s'est mise à pleurer en disant qu'elle n'y arriverait pas. Pendant cinq bonnes minutes, j'ai laissé ses larmes couler tandis que je la tenais dans mes bras, presque sans rien dire. Puis, apaisée, elle a essayé encore une fois et a réussi sans se tromper. Dès lors, les deux morceaux ne lui ont jamais plus posé aucun problème !

Quand des sentiments pénibles de frustration et d'échec sont réprimés, ils peuvent conduire, en s'accumulant, à une diminution de l'estime de soi et à un manque de discernement lors de prochaines expériences. Dans l'exemple suivant, un petit garçon de 3 ans hésite à se lancer dans une nouvelle expérience, frustré par de précédents échecs. Voici comment son père l'aida à dépasser ses réticences :

> Mon fils a prétendu ne pas pouvoir enfiler sa chemise tout seul puis pleura. J'ai alors remarqué qu'il tenait celle-ci au-dessus de sa tête sans vraiment chercher à la mettre. Comme je savais qu'il pouvait y arriver, je me suis retenu de l'aider sans cesser de l'encourager à réessayer. Après avoir répandu ses larmes pendant un quart d'heure, il a réussi à

enfiler sa chemise. Il était très fier de lui et, le sourire aux lèvres, il l'a ôtée et remise plusieurs fois de suite pour montrer sa nouvelle maîtrise.

Les difficultés d'apprentissage résultent d'expériences pénibles et déroutantes que les enfants ont vécu auparavant sans pouvoir les exprimer ni les surmonter. Dans des cas extrêmes, certains ont tellement engrangé de détresses chroniques qu'ils ont fini par ne plus savoir se concentrer ni affronter des circonstances nécessitant un effort de réflexion, ils se sont renfermés sur eux-mêmes. Ceux qui rencontrent ce problème, cette baisse de l'attention, ont pu reprendre confiance en eux en suivant une thérapie les autorisant à exprimer leurs émotions.

Les enfants à qui l'on a permis d'extérioriser leur souffrance révèlent d'excellentes aptitudes pour apprendre et réfléchir, au point que leurs talents surprennent leur entourage. Ceux qui ont terminé une thérapie auprès d'une personne empathique ont révélé un fort potentiel de concentration et de performances dans des secteurs spécifiques. Comparés avec des enfants n'ayant pas achevé leur thérapie, ils se sont avérés capables de réussir scolairement et socialement. Quand les enfants ne se replient pas sur leur angoisse, leur cerveau et leur corps fonctionnent librement à plein rendement. En fait, nous devons reconsidérer les capacités dites normales ou moyennes de nos enfants, qui ont tous des aptitudes suffisantes pour devenir des personnes « brillantes ».

En résumé, pour favoriser un développement intellectuel optimal, plusieurs facteurs entrent en jeu dès la naissance : un milieu chaleureux, aimant et non punitif ; l'encouragement pour progresser et la reconnaissance du progrès accompli ; l'absence de jugements de valeur ; une stimulation appropriée et l'acceptation des crises de larmes et de rage. Si vous n'avez pas pu instaurer un tel environnement constructif, ne vous inquiétez pas, car il n'est jamais trop tard pour faire des changements bénéfiques. Le cerveau humain est résistant et les enfants sont capables de surmonter une détresse antérieure et un manque de stimulation.

Quels sont les livres utiles pour les enfants et comment leur apprendre à lire ?

Beaucoup de parents souhaitent que leurs enfants apprennent à lire de bonne heure. Toutefois, la lecture ne s'avère pas particulièrement bénéfique pour eux, surtout quand on les pousse à exceller en ce domaine. Il vaut mieux adopter une approche indirecte, consistant en différentes motivations qui leur donneront l'envie d'apprendre à lire, plus tard, quand ils s'y sentiront prêts. Il existe différentes façons de leur communiquer l'amour des livres et de les intéresser à la lecture.

Nul doute, faire la lecture à un enfant lui donne l'envie d'apprendre à lire. C'est aussi un moyen efficace de développer son imagination, son sens de l'humour, son sens de la réflexion et sa mémoire. De plus, cela favorise des moments partagés de joie et d'intimité. Une étude menée sur le territoire américain a montré que les meilleurs élèves de première année avaient connu très jeunes l'expérience de la lecture. Avant qu'ils n'entrent à l'école, leurs parents leur avaient fait la lecture, presque quotidiennement pour certains d'entre eux.

On peut commencer par montrer des livres d'images aux tout-petits. Puis, au fur et à mesure qu'ils grandissent, leur lire des petites histoires relatant, si possible, des expériences ou sujets qu'ils connaissent. Par exemple, si vous emmenez vos enfants en bateau, en avion ou en train, racontez-leur des histoires faisant intervenir des bateaux, des avions ou des trains, avant et après le voyage. Même si les livres sont une source d'informations pour les enfants, rien ne remplace les expériences concrètes et véritables.

Mieux vaut ne pas leur raconter des contes de fées avant l'âge de 5 ans, car jusqu'à cet âge-là ils s'efforcent de comprendre la réalité qui les entoure. Les contes de fées, peuplés de personnages imaginaires, ainsi que de symboles de bonté et de méchanceté, peuvent les effrayer ou entraîner de la confusion dans leur jeune esprit. L'enfant de 3 ans cherche encore à savoir quels sont les animaux qui mordent ou non. Il sera dérouté en écoutant des histoires se déroulant dans des mondes imaginaires, où apparaissent des lutins, des oiseaux enchantés et des licornes. Des histoires simples et réalistes lui conviendront particulièrement.

D'autres types de livres profitent aussi aux enfants : les livres d'art, de poésie, de musique, de sciences, d'humour et d'histoire. Ceux qui proposent des jeux et activités leur procurent beaucoup de plaisir. Si vous aimez partager le monde des livres avec vos enfants, ces derniers voudront tout naturellement apprendre à lire. Il est également important de leur faire connaître d'autres supports écrits, comme la correspondance, les recettes de cuisine, les guides touristiques, les catalogues, les jeux de société et la signalisation routière.

Les enfants auront davantage envie de lire s'ils voient que leurs parents apprécient la lecture. L'étude mentionnée plus haut soulignait aussi qu'ils devenaient de bons lecteurs à l'instar de leurs parents. Laissez-les vous observer en train de lire des romans, des journaux ou magazines, et ils vous imiteront tout naturellement.

Il existe à destination des jeunes enfants d'excellents jeux éducatifs qui favorisent l'apprentissage de la lecture. Néanmoins, il ne s'agit pas de les forcer à faire de telles activités ou bien de transformer la pause ludique en une situation pédagogique poussée. Quand ils s'amusent, les enfants emmagasinent des connaissances et défient leurs compétences. À leur âge, toute activité devrait avoir pour but de les divertir plutôt que de les instruire.

Les forcer à apprendre à lire avant qu'ils n'y soient prêts ou en aient l'envie, ou bien d'une manière inappropriée, aura pour effet de les ennuyer, de les frustrer ou de les stresser. On considère que les enfants qui ne savent pas lire vers l'âge de 7 ou 8 ans souffrent de « troubles de l'apprentissage ». Bien qu'un faible pourcentage d'enfants atteints de problèmes neurologiques rencontrent ce genre de problème, il est risqué de les cataloguer ainsi car cette attitude peut altérer leur apprentissage de la lecture et faire que cette prophétie se réalise. Les enfants qui tardent à lire se dirigent souvent, dans un premier temps, vers d'autres centres d'intérêt. Mais dès qu'ils en sont capables, ils s'adonnent très vite et sans effort à la lecture en y trouvant énormément de plaisir !

Quel type d'écoles convient le mieux aux jeunes enfants ?

Les meilleurs modèles scolaires pour les jeunes enfants sont ceux qui autorisent le jeu la plupart du temps. En effet, avant 8 ans, ils ne sont pas prêts à suivre un enseignement formel et structuré s'étalant sur de longues périodes. Essayer de leur imposer ce rythme disciplinaire provoquera en eux du ressentiment, des frustrations, de la confusion, de l'ennui, du dégoût pour toute forme d'apprentissage et de la perte d'initiative.

Les enfants qui ont été choyés et qui ont pu se soulager de traumatismes passés (cf. chapitre I) prendront eux-mêmes en mains leur propre apprentissage. Ils assimileront les informations et compétences dès lors qu'on leur donne la liberté et les moyens de le faire.

Quand ils en font la demande, il est important de les instruire en suivant leur mode de pensée, soit en les renseignant, soit en apportant des corrections, soit en les interrogeant. Chercher à leur enseigner quelque chose ou à les questionner sans qu'ils en fassent la demande peut leur nuire, car cette façon de faire communique aux enfants qu'ils ne sont pas capables de diriger leur propre apprentissage. De plus, un enseignement forcé ne portera pas ses fruits parce qu'ils n'auront aucun intérêt à l'égard des informations ou compétences proposées. Ils résistent par conséquent à toute forme d'apprentissage imposé artificiellement, d'autant plus si, structurellement fragmentée, celle-ci conçoit le monde en de multiples unités qui n'ont guère de sens pour eux. Ils acquièrent avec beaucoup plus de facilité et de plaisir les bases du savoir quand elles proviennent de jeux éducatifs et d'activités en rapport avec la vie réelle.

L'école idéale devrait posséder l'équipement nécessaire à la pratique de jeux d'intérieur et de plein air, des livres, du matériel pour les activités artistiques et des centres d'étude et d'apprentissage. On emmènerait fréquemment les tout-petits dans des lieux intéressants pour les laisser observer directement les personnes en activité, ainsi que dans la forêt, à la plage, à la rivière, à la montagne et dans les champs pour qu'ils découvrent les milieux naturels. Le reste du temps, on leur permettrait d'utiliser le matériel mis à leur disposition, d'imaginer leurs propres jeux et de se comporter librement les uns avec les autres.

Le personnel de ce genre d'école serait affectueux, tolérant à l'égard des crises de larmes et de colères des enfants, mais pas permissif, ne les laissant pas se faire du mal ou détruire l'environnement. Les adultes seraient disposés à parler avec les enfants, à répondre à leurs questions, à lire avec eux, à partager leurs jeux et à les soutenir, individuellement ou en petits groupes, quand ils s'intéressent à certains sujets.

Aux États-Unis, de nombreuses garderies et écoles maternelles se rapprochent de ce profil idéal. Rien n'empêche que ce concept pédagogique en usage dans les écoles maternelles ne soit pas également appliqué au sein des écoles primaires. Pourquoi tant d'enseignants croient-ils que l'instruction des 5 et 6 ans doit être nécessairement autre ? La plupart des écoles élémentaires cessent de faire confiance à l'instinct naturel et au goût d'apprendre des enfants de 6 ans. Désormais, on leur dira ce qu'ils doivent apprendre, quand, comment et où. Voilà ce qui est, dit-on, un « véritable enseignement » contrairement au « jeu » jugé spontané.

Cette attitude est dommageable, parce que les enfants placés dans un milieu stimulant conservent toujours le désir d'apprendre et de poursuivre leur apprentissage y compris à l'école primaire. Tout jeunes, ils ne font pas la distinction entre la pédagogie et le jeu, qui sont pour eux une même et seule activité. Ils s'instruisent en jouant sans se rendre compte de la difficulté ou de la pénibilité que recouvre l'acte d'apprendre. En fait, aucune activité imposée et jugée ennuyeuse n'aboutira à quelque apprentissage significatif. David Elkind confirme que les programmes pédagogiques peuvent s'avérer tout aussi inappropriés à chaque niveau scolaire qu'ils le sont au sein des écoles maternelles.

Suite à une étude récente réalisée aux États-Unis, l'Association nationale pour l'éducation des jeunes enfants a donné les instructions nécessaires pour l'établissement d'un enseignement bénéfique et approprié à leur âge. Elle recommande notamment un programme d'études basé sur des projets et des objectifs éducatifs proches des intérêts des jeunes de 5 à 8 ans, ainsi que de les familiariser avec la lecture, l'écriture et les mathématiques parallèlement plutôt que séparément. Elle donne également une place importante aux activités artistiques et manuelles, à la musique, au théâtre et à la danse. Elle accorde aux enfants le droit de s'exprimer librement dans ces activités plutôt que les contraindre à suivre des consignes. L'Association souligne qu'il convient de favoriser le jeu, les expériences directes et les liens sociaux ; que les professeurs doivent profiter de la motivation des enfants désirant apprendre et comprendre ce qui les entoure plutôt que de recourir au système récompenses/punitions ; qu'il est inapproprié de procéder à des évaluations numériques ou alphabétiques ; qu'il s'agit de tenir compte de la manière dont progresse chaque enfant plutôt que de leur imposer de rentrer tous dans le moule d'un programme préétabli.

Dans plusieurs pays occidentaux, un mouvement de scolarisation en milieu familial se développe. De nombreux parents, qui ne se sentent pas à l'aise avec les méthodes de base et les pratiques éducatives des écoles, ont choisi de les remplacer en formant leurs enfants à la maison, où les relations avec d'autres jeunes du même âge ne sont pas exclues. Il apparaît clairement aujourd'hui qu'un environnement familial stimulant, à l'écoute des besoins des enfants, favorise de manière optimale leur développement intellectuel et bien d'autres aptitudes.

Quels sont les effets du petit écran sur les enfants ?

La télévision fait bel et bien aujourd'hui partie intégrante de notre culture, si bien que beaucoup de parents s'inquiètent de l'influence qu'elle peut avoir sur les enfants. Les chercheurs ont constaté qu'elle n'est ni un bon mode de divertissement ni une source intéressante d'informations pour eux.

Un grand nombre d'émissions pour les jeunes contiennent des images violentes. Nombreux sont ceux qui ont visualisé chez eux des milliers de scènes de guerre, de bagarres et de meurtres avant de fréquenter l'école. Même les dessins animés, jugés « inoffensifs », recèlent des personnages belliqueux et agressifs.

Une étude portant sur les jeunes de 8 ans a remarqué que les petits garçons les plus bagarreurs à l'école étaient ceux qui avaient regardé le plus grand nombre de scènes de violence à la télévision. Cette conclusion n'a pas été formulée pour ce qui concerne les filles, peut-être parce que, dans la plupart des émissions, les rôles féminins ne sont pas enclins à la violence.

Cette étude n'a pas induit que la télévision peut vraiment rendre les personnes agressives. Pour le savoir, dans le cadre d'une recherche expérimentale, on a projeté un film violent à un groupe d'enfants d'une école maternelle et un film non-violent à un autre groupe témoin. Après la projection, les enfants du premier groupe ont manifesté plus d'agressivité que les autres. Conclusion : la violence à la télévision a pour effet d'augmenter celle des jeunes spectateurs.

Regarder la télévision a aussi comme conséquence une « désensibilisation » à la violence. Les enfants exposés à des scènes brutales ne manifestent plus d'émotions particulières, ils ne sont pas bouleversés. La violence ne les dérange plus parce qu'ils l'ont complètement banalisée. Pourtant, le monde ne s'en porterait que mieux s'ils se rebellaient et manifestaient contre la violence ! Ils pourraient alors construire un monde meilleur, plutôt que de se résigner à la passivité et à l'inertie !

La télévision propose par ailleurs des scènes effrayantes et intrigantes qui ravivent les peurs les plus profondes. Elle suscite également de nouvelles craintes et fait naître nombre d'idées fausses. Les enfants sont comme « drogués » par ces histoires épouvantables qu'ils réclament encore comme si celles-ci pouvaient contribuer à apaiser leurs peurs. Mais en vain. La télévision engendre de la passivité et n'est en rien un cadre thérapeutique pouvant aider les enfants à s'en libérer.

La télévision véhicule du son (stimulation auditive) et des images en mouvement (stimulation visuelle). Elle ne laisse donc pas de place à l'univers imaginaire des enfants. Ces derniers, inertes, laissent venir vers eux des informations sensorielles sans les alimenter avec leur propre imagination. Trop de télé leur « vole » ainsi le sens de l'imagination et de la créativité. Ils sont comme dans un état de transe, voire de stupeur. Et ce degré d'inertie n'est ni normal ni souhaitable à leur âge.

Pendant la petite enfance, le temps passé dans des occupations actives et constructives est bien meilleur. La télévision ne peut en aucun cas remplacer des activités concrètes et réelles. Au contraire, elle accapare du temps que les petits auraient pu utiliser à bon escient. En ce sens, elle ralentit leur développement intellectuel. En 1982, une étude a révélé qu'un enfant américain moyen « matait » le petit écran pendant quinze à vingt heures par semaine, soit deux à trois heures par jour. Que de temps d'éveil gâché cela représente-il pour un enfant !

On pourrait croire qu'écouter constamment la télé aurait pour effet de les aider à mieux maîtriser la langue orale, mais ce n'est pas le cas. Certaines études ont mis en évidence que les spectateurs assidus sont ceux qui parlent le moins bien. En d'autres termes, les enfants ont besoin de communiquer activement avec les autres pour améliorer leurs aptitudes linguistiques.

Parmi les défauts des émissions télévisées, on relève leur tendance sexiste. Les héros sont habituellement des hommes vivant des aventures passionnantes, ayant beaucoup plus de responsabilités et de pouvoir que les personnages féminins – quoique la situation commence à se rééquilibrer. La télévision entretient les stéréotypes et maintient les femmes à un rang inférieur en les présentant comme des êtres faibles, dépendants, stupides, passifs, sensibles, bons pour faire le ménage ou devenir des objets sexuels.

La plupart des adultes trouvent les publicités inoffensives alors qu'elles ont un véritable impact sur les enfants. Attrayantes et trompeuses, elles suscitent en eux le besoin important de posséder les jouets ou la nourriture réclamés, ce qui crée un climat conflictuel à la maison. Les recherches effectuées ont prouvé que les jeunes enfants ne comprennent pas l'intention sous-jacente des spots publicitaires. Ils ne voient pas qu'ils sont manipulés dans un but commercial et que tout est régi par l'appât du gain, les acteurs y compris. Ils pensent simplement que la réclame dit vrai ou bien qu'elle fait partie du programme en cours. Quand ils aperçoivent leurs héros télévisés dans les magasins, ils les assimilent à un message publicitaire qui, plus il sera véhiculé, plus il leur donnera envie de se procurer ces jouets sans attendre.

Depuis tout-petits, les enfants s'efforcent de comprendre la réalité, même s'ils sont capables de grandes imaginations. Une de leurs occupations, qui n'est pas la plus simple, est de faire la part des choses entre la réalité et la fiction, entre une histoire vraie et une histoire inventée. Or, la télévision génère cette confusion d'autant plus quand les enfants regardent en famille les informations quotidiennes. Si ce qu'on y dit est vrai, alors pourquoi cela ne le serait pas dans les autres émissions ? Les petits à la maternelle sont persuadés que les personnages télévisés existent vraiment, y compris ceux des dessins animés. Une étude poussée portant sur les effets de la télévision a fait état de cette confusion entre la réalité et la fiction et a conclu que la télévision paraît vraie aux jeunes enfants.

Comment contrôler l'influence de la télévision ?

En tant que consommateur et parent averti, vous avez le droit de dire aux producteurs audiovisuels ce que vous pensez des programmes de jeunesse et des annonces publicitaires. Si la violence, le racisme et le sexisme vous dérangent, faites-leur savoir sans hésiter en leur écrivant. La situation ne s'améliorera pas si personne ne réagit !

Gardez en mémoire, cependant, que le contenu des émissions n'est qu'une petite partie du problème. Regarder la télévision est en soi un acte nocif pour les jeunes enfants. S'ils sont « accros » à la télé, l'amélioration des programmes n'est qu'une jambe de bois comme servir du vin à la place du whisky à un alcoolique ! Certaines familles ont pris conscience des influences négatives du petit écran et ont choisi de ne pas avoir de téléviseur à la maison. C'est une solution. Au cours d'une expérience, on a demandé à quinze familles de débrancher leur poste pendant un mois. Les difficultés d'adaptation passées, de profonds changements positifs ont été relevés : les enfants participaient davantage aux tâches ménagères, lisaient plus, jouaient plus souvent dehors, ensemble, et allaient se coucher plus tôt ; le climat familial semblait généralement plus paisible, l'ambiance plus détendue et les relations plus complices et chaleureuses.

Supprimer la télévision est, pour de nombreux foyers, une solution trop radicale. Beaucoup de parents voient en elle un moyen de se divertir. De plus, les enfants sans télé à la maison en trouveront une allumée chez leurs amis. Parce que la télévision fait désormais partie de notre culture, vous devez apprendre à composer avec elle, chez vous ou en dehors.

Si vous vous servez régulièrement de la télé pour « garder » vos enfants, envisagez une autre façon de vous octroyer un peu de temps libre. Pouvez-vous faire appel à une nounou quelques heures par semaine ? Un proche ou un ami aimerait-il passer du temps avec vos enfants ? Connaissez-vous un étudiant ou une personne âgée qui, en échange d'un bon repas en famille, apprécierait de les garder à la maison ? Auriez-vous la possibilité de vous organiser une à deux fois par semaine avec d'autres parents du quartier qui aimeraient également avoir du temps libre ? Limiter le temps consacré à la télé de manière autoritaire ne sera guère efficace. Éteindre le poste sans fournir d'explications ni de raisons plausibles et sans tenir compte du sentiment des enfants n'est pas plus souhaitable que de les laisser regarder. Voici le témoignage d'une mère d'une petite fille de 4 ans :

> L'autre jour, j'ai éteint la télé pendant son émission préférée et lui ai proposé de faire autre chose. Ensuite, je suis retournée m'asseoir à mon bureau et, Heather, ma fille est venue vers moi et m'a donné un tel coup dans le dos que j'ai bien failli tomber de ma chaise !

Pour inciter vos enfants à regarder moins souvent la télévision, proposez-leur d'autres activités intéressantes : feuilleter des manuels de bricolage ou des livres scientifiques adaptés à leur âge, faire des recettes de cuisine faciles... Ne vous attendez pas à une autonomie immédiate de leur part surtout s'ils sont des spectateurs assidus depuis des mois, voire des années. Il leur faudra du temps pour sortir de leur inertie occasionnée par la télévision. Attentez-vous à « essuyer » quelques plaintes liées à l'ennui avant qu'ils ne retrouvent leur capacité de se divertir. Au cas où la télévision serait devenue un automatisme de contrôle pour réprimer leurs émotions, il est fort probable que vous aurez à supporter quelques crises de larmes et de rage s'ils y ont moins accès !

Si vos enfants insistent malgré tout pour regarder certaines émissions, essayez de les regarder avec eux. Cela peut leur être bénéfique pour plusieurs raisons. Tout d'abord, vous pourrez observer leurs réactions. Puis, ils se sentiront moins seuls, moins isolés, la télévision construisant souvent des barrières entre vous et eux. C'est également pour vous l'occasion de dire ce que vous pensez des programmes télévisés et d'en discuter avec vos enfants, une bonne occasion pour parler du sexisme, de la violence et de la publicité. Échanger des commentaires pendant une émission permet aussi de contrecarrer cette forte passivité inhérente à une écoute prolongée. Finalement, votre présence les aidera à gérer leurs craintes ou tout autre émotion produite par telle ou telle émission.

Au cas où ils se montreraient effrayés pendant un programme, pensez à les faire rire en faisant quelques remarques humoristiques. Si une émission les a bouleversés, encouragez-les à rire et à pleurer après coup pour extérioriser leurs frayeurs. Voici ce qui est arrivé à ma fille :

Âgée de 5 ans, Sarah n'avait pas regardé souvent la télévision, quelques films tout au plus. Un jour, chez un ami, elle a vu en partie une émission qui l'a terrifiée : une voiture avec ses passagers tombant d'une falaise. De retour à la maison, elle me parut triste et craintive. Je l'ai tenue contre moi et lui ai demandé ce qui n'allait pas. Elle éclata en sanglots mais ne voulut rien dire. Finalement, suivant ses quelques commentaires et presque en le devinant, elle m'expliqua ce qui l'avait effrayée. Je suis restée près d'elle et elle a pleuré pendant une demi-heure. Après cela, elle parut plus rassurée et alla se coucher. Elle a passé la nuit sans faire le moindre cauchemar. Aucune séquelle ! Néanmoins, elle n'est pas retournée regarder la télévision chez son ami pendant plusieurs mois.

Même si la réaction de Sarah semble exagérée dans cet exemple, elle demeure une réaction normale et saine pour un enfant qui n'a pas encore été désensibilisé par la télévision et qui sait extérioriser ses sentiments.

Si, en tant que parent, vous essayez de réduire chez vous le temps passé devant le petit écran, vous éprouverez parfois des émotions fortes. Exprimer votre colère, votre confusion ou votre frustration vous sera salutaire. Vous confier à une oreille adulte attentive sera un bon moyen exutoire. Après quoi, il vous sera plus facile de contrôler votre comportement sans tomber dans le laxisme ni l'autorité. Ainsi, vous serez plus disposé à proposer des alternatives à la télévision au sein de votre famille !

Exercices pratiques

Revivez votre enfance

1. Vous a-t-on obligé à exceller à l'école ou au cours de musique ? Quelle était votre réaction ?
2. Vos parents vous ont-ils proposé des expériences enrichissantes ? Qu'ont-ils fait pour vous aider ou vous dégoûter ?
3. Décrivez une ou deux expériences d'apprentissage qui vous ont plu quand vous étiez enfant, à l'école ou en dehors de celle-ci.

Exprimez les sentiments que vous avez à l'égard de votre enfant

1. Que pensez-vous des capacités intellectuelles de votre enfant ?
2. Avez-vous déjà prédéfini sa carrière professionnelle ? Avez-vous envie de le pousser dans ses études scolaires ou musicales ?
3. Quelle vous semble être l'influence de la violence, du sexisme et de la télévision sur votre enfant ?

Prenez en main votre épanouissement personnel

1. Choisissez un passe-temps ou bien apprenez à jouer d'un instrument, si c'est quelque chose que vous avez toujours voulu faire mais différé à chaque fois.
2. Inscrivez-vous à un cours qui vous intéresse ou bien feuilletez un livre qui vous attire.
3. Êtes-vous « accro » à la télévision et souhaitez-vous vous en soustraire ? Si c'est le cas, faites en sorte de limiter votre temps d'écoute et de trouver des alternatives plus actives et épanouissantes. Recherchez une aide extérieure si besoin est.

IV. Jeu et imagination

Ce chapitre est consacré au jeu, l'une des plus importantes activités de la petite enfance. Nous étudierons comment les enfants apprennent en jouant et la manière dont le jeu peut avoir une visée thérapeutique. Dans le chapitre III, nous avons mentionné leurs sources d'informations. Toutefois, leur processus d'apprentissage serait incomplet sans l'apport du jeu, qui les aide à assimiler et à intégrer leurs expériences.

En quoi et comment le jeu est-il un facteur d'apprentissage ?

Le jeu remplit diverses fonctions. On admet généralement que c'est une activité fondamentale dans la vie de l'enfant, mais peu de gens ont conscience qu'elle est plus qu'une simple source de plaisir. Jouer est une occupation vitale pour les jeunes enfants, c'est leur principal mode d'apprentissage.

Le jeu donne l'occasion à l'enfant d'acquérir et de mettre en pratique des compétences à la fois mentales et physiques. Se balancer, sauter et courir sont des mouvements qui l'aident à développer sa coordination motrice, sa dextérité, sa force et son endurance. De plus ces activités lui font acquérir l'expérience sensible de sa mobilité, ce qui est un facteur important du développement du cerveau.

De nombreuses notions scolaires que les enfants sont censés apprendre sont acquises grâce aux jeux utilisant des matériaux concrets. Les puzzles, les jeux de tris d'objets et autres jouets les invitent à réfléchir, compter, lire, classer, analyser, manipuler et construire. Certains concepts de mathématiques et de logique trouvent leur origine dans les activités qui demandent aux enfants de regrouper, trier, ordonner, empiler ou emboîter des objets. Les jeux soumis à des règles serviront plus tard au développement de leur raisonnement, de leur habileté à compter et à lire, et de leur rapport à l'espace. Ils expérimenteront la coopération, l'application de règles, la prise de décision et seront sensibilisés à des notions de logique, telles que « si… alors » et « ou… ou… ». Les enfants aiment à exercer leurs facultés mentales et inventent souvent leurs propres jeux avec des règles et des codes aléatoires.

Une étude intéressante réalisée auprès d'enfants de 3 à 5 ans souligne l'importance des jeux de manipulation libre. Chacun devait pêcher un lot surprise dans une boîte placée hors de sa portée. À cet effet, il devait utiliser deux bâtons qu'il fallait attacher ensemble avec un serre-joints. Quelques-uns avaient reçu différentes formes d'entraînement. On a expliqué au premier groupe comment faire pour attacher les bâtons ensemble ; on a montré au deuxième comment attacher le serre-joints à un seul bâton ; le troisième groupe devait simplement observer l'expérimentateur exécuter la tâche ; quant au quatrième groupe, il n'a bénéficié d'aucun entraînement et a pu jouer librement avec le matériel. Ce dernier groupe a réussi aussi aisément cet exercice que celui ayant observé l'expérimentateur ; il a même obtenu de *meilleurs* résultats que les deux premiers. Le plus étonnant, c'est que les enfants du quatrième groupe résistaient plus que les autres à la frustration d'échouer dans leur entreprise. Malgré les erreurs, ils ont persisté jusqu'à parvenir à résoudre le problème et à pêcher le lot.

« Faire semblant » est un autre genre de jeu d'une très grande importance pour les tout-petits. On parle communément de « jeu sociodramatique » quand deux enfants ou plus s'y adonnent. Ils passent alors une bonne partie de leur temps à « faire semblant de… ». Ils abordent cette activité vers 2 ans environ, parfois même avant. Vous verrez peut-être votre bambin s'amuser à déplacer un bloc sur le sol en faisant « miaou ». C'est le début d'un nouveau stade de son développement, que Piaget nomme le « stade de la pensée symbolique ». À partir de 18 mois, les enfants ont cette capacité d'imaginer qu'un objet peut en représenter un autre. En grandissant, ils sont aptes à construire des scènes entièrement imaginaires.

Le jeu du « faire semblant… » permet à l'enfant d'exercer sa nouvelle faculté et ce jeu marque une étape importante de transition vers la pensée symbolique abstraite. Des recherches ont notamment démontré combien le jeu sociodramatique favorise le développement langagier. Les enfants qui se livrent souvent à ce jeu-là avec d'autres camarades se révèlent être de meilleurs narrateurs et acquièrent une compétence linguistique, qui leur sera utile plus tard à l'école. Ils développent aussi un certain art de la socialité, notamment en cherchant des terrains d'entente et en gérant des idées différentes des leurs. Ils apprennent à prendre en considération le point de vue et les besoins d'autrui. Ce type de jeux imaginaires favorise de surcroît la créativité.

Les chercheurs ont fait plus que fournir aux enfants des éléments de jeu pour en observer les résultats. Ils ont montré que ceux auxquels on donne une formation de jeu imaginaire progressent dans des champs de comportements et de compétences très vastes : langage, créativité, capacité de comprendre le point de vue d'autrui, résolution de problèmes sociaux et altruisme. Après plusieurs mois de formation, ils ont relevé de meilleurs résultats aux tests de QI. Voilà qui prouve l'importance du jeu imaginaire dans le développement de l'enfant !

Ce type de jeu remplit une autre fonction essentielle, celle d'assimiler l'information. Dans le chapitre précédent, nous avons expliqué comment l'information est acquise et comme elle affecte les jeunes enfants. Néanmoins, l'information reçue par les sens n'est que la moitié du processus d'apprentissage. Quand nous mangeons, nous mastiquons d'abord, avalons ensuite, puis le corps entreprend un long processus de digestion et d'élimination des déchets. Il en va ainsi de la stimulation intellectuelle. Nous la captons d'abord, puis devons la digérer et l'assimiler pour qu'une fois classifiée, compréhensible et emmagasinée, elle soit réutilisable ultérieurement.

L'adulte « digère » une nouvelle information en la commentant ou en la notant. On sait qu'un bon moyen d'apprendre et de mémoriser quelque chose est de l'expliquer à quelqu'un d'autre. Ce faisant, on peut trier et classifier les informations aussi bien que les relier à ce qui est déjà connu. Même si le fait de parler de ses expériences profite déjà bien à l'enfant, ce dernier « digérera » aussi l'information reçue en la matérialisant par des gestes ou l'intermédiaire d'éléments concrets qui la symbole. Un enfant qui voyage en train peut par la suite faire semblant d'être lui-même un train, en dessiner un ou en fabriquer un en bois ou en papier. Il est fort à parier qu'un enfant qui assiste à un mariage recréera la cérémonie chez lui et se déguisera en l'un ou l'autre des jeunes mariés. Quand il joue au marchand, il est en état de capter le sens de l'argent et les notions économiques de base. S'il construit une miniville avec des cubes, il apprend peu à peu la vie urbaine, l'organisation de la cité et son architecture.

Lorsque les enfants reproduisent activement l'essence même de leurs expériences grâce au jeu, ils font fonctionner leur réflexion et leur mémoire, prennent des décisions à propos de ce qui leur semble significatif, établissent des liens de cause à effet, associent des faits entre eux et articulent tout cela dans leur représentation mentale de la réalité. Telle est l'essence même de l'apprentissage. Après une étude poussée sur le jeu chez l'enfant, un psychologue conclut ainsi : « Parce que le jeu est une activité délibérément conduite (...), ses effets entretiennent vraisemblablement un lien complexe avec la maîtrise et l'intégration des expériences vécues par l'enfant. »

Les enfants jouent à ces jeux d'imagination selon différentes modalités et ont leurs préférences. Certains mettent en scène tout leur corps, d'autres préfèrent les jeux de construction ou le dessin, ou encore se servir de jouets comme supports. Le jeu de prédilection de mon fils, pour assimiler l'information, a toujours été la construction de modèles en trois dimensions. Suite à une excursion en bateau le menant sur une île quand il avait 5 ans, il a fabriqué un bateau et une île en carton, qu'il a posés sur une feuille bleue représentant l'océan. Ma fille préférait intégrer l'information par l'expression corporelle. À l'âge de 4 ans, après une visite à *Sea World* où évoluaient avec grâce dauphins et baleines, elle a mimé pendant plusieurs jours un de ces mammifères et s'amusait à plonger sur n'importe quel lit à sa portée.

Certaines formes de jeu sont plus proches de la réalité, surtout quand l'enfant en vient à imiter les adultes en activité. Au début, l'imitation est un peu grossière et guère attentive aux détails. Un enfant de

2 ans fera semblant d'écrire la liste des commissions à l'instar de sa mère en gribouillant quelques traits sur un bout de papier. Ce niveau d'imitation lui semble suffisant à ce stade, il insistera peut-être même pour présenter sa « liste » à l'épicier. Après avoir regardé des personnes chanter et jouer du piano, il ira peut-être s'asseoir au piano, tapera sur les touches, chantera et tournera de temps à autre les pages d'une partition. Ces stades préliminaires du jeu d'imitation ont un rôle extrêmement important pour l'enfant puisque, grâce à cela, il délimite le cadre mental où viendront s'insérer plus tard ses apprentissages et expériences. Rien ne sert d'obliger l'enfant à parfaire ses imitations, car il ne peut pas tout assimiler en une seule fois !

Bien que les jeux d'imagination et d'imitation soient moins fréquents à partir de 8 ans, ils ne sont pas pour autant complètement délaissés. Cependant, ces activités ressemblent de moins en moins à un jeu et de plus en plus à la vie réelle ou à ce que nous appelons « travail ». L'exemple suivant illustre bien ce fait :

> De 5 ans à 10 ans, mon fils était scolarisé dans un établissement alternatif. Des enfants d'âges différents se retrouvaient dans une même classe et jouaient comme bon leur semblait la plupart du temps. Ces années-là, Nicky adorait jouer au « restaurant » avec ses copains. Comme je collaborais activement au sein de l'établissement, j'ai pu observer l'évolution de leur jeu au fur et à mesure qu'ils grandissaient. Au début, ils avaient construit un semblant de restaurant et vendaient des aliments fabriqués en papier contre de l'argent fictif. Ils ne portaient guère attention au montant exact : un peu de nourriture était échangée contre un peu de fausse monnaie. Un peu plus tard, ils ont commencé à composer un menu avec la liste des prix. Ils ont conçu de faux billets de banque plus élaborés, aux noms et valeurs différentes, et se souciaient de rendre la monnaie exacte à leurs clients. Puis, à partir de 10 ans, ils se sont arrangés avec l'institutrice pour organiser un véritable restaurant avec des aliments réels. Ayant composé une liste de courses, ils cuisinaient et servaient un vrai repas à leurs camarades de classe. Leur menu comportait une série de plats ayant chacun un prix et ils rédigeaient une facture notifiant le coût total de ce que chacun avait consommé. Le seul élément resté fictif dans ce jeu était l'usage d'une fausse monnaie – l'argent réel étant interdit au sein de l'école.

Grâce à cette activité, les enfants ont appris à écrire des nombres, à additionner et à soustraire, à écrire des mots, à acquérir des notions rudimentaires en économie, en restauration et en nutrition. Ils ont aussi appris à concevoir un repas et à le préparer. Cela démontre du même coup qu'il n'existe pas de frontière nette entre le jeu des enfants et la réalité des adultes. À mesure qu'ils grandissent, leur jeu d'imagination rejoint peu à peu la réalité jusqu'à devenir cette réalité même. C'est là une évolution naturelle des choses au sein de civilisations dites « primitives », où les enfants sont autorisés, dans leurs jeux, à imiter l'activité des grands, comme la chasse.

Le jeu a-t-il des vertus thérapeutiques ?

Plus qu'une méthode d'apprentissage élémentaire pendant la petite enfance, le jeu possède aussi des vertus thérapeutiques. Lorsqu'un enfant a été blessé d'une manière ou d'une autre ou qu'il a subi une perte, une frustration, qu'il a été confronté au doute ou à la peur, il exploitera, comme nous venons de le voir, ses expériences au cours d'un jeu d'imagination, en y ajoutant aussi des composants grâce auxquels il pourra se libérer émotionnellement comme le rire, les pleurs, la colère ou la parole. En outre, il compensera ainsi symboliquement les pertes, les erreurs et les échecs vécus réellement. Une technique psychothérapeutique, appelée « thérapie par le jeu », permet aux enfants de jouer à leur guise dans une pièce remplie de jouets en compagnie d'un thérapeute chaleureux et attentif. Il a été prouvé que les enfants qui suivent cette thérapie en tirent grand profit, ils passent la plupart de leur temps à trouver les moyens de se décharger de leurs expériences traumatisantes grâce aux jeux d'imagination, à la parole, au rire et aux pleurs.

Certains thérapeutes adeptes de cette méthode adoptent une attitude non-directive, tandis que d'autres sélectionnent quelques matériaux et suggèrent à l'enfant des activités en relation avec ce qu'il a, selon eux, le plus besoin sur le moment. Aujourd'hui, on a plutôt tendance à utiliser tout un panel de techniques, les unes directives, les autres pas, selon les cas traités et les enfants concernés.

Une étude a permis de montrer comment l'enfant se remet spontanément, grâce au jeu, des traumatismes passés. Dans une école maternelle de Pennsylvanie, des petits ont été témoins d'un accident mortel à quelques mètres de leur terrain de jeu : un agent occupé à réparer un feu de circulation tomba de tout son corps au sol quand céda un morceau d'échafaudage sur lequel il était perché. Pendant le reste de l'année scolaire, on vit les enfants de 4 et 5 ans se livrer à des jeux imaginaires où intervenaient des chutes, des blessures fatales, la mort et des interventions médicales. L'un des plus jeunes, âgé de 3 ans au moment de l'accident, fut incapable de représenter l'expérience traumatisante dans ses jeux. Un an plus tard, encore affecté par l'accident, il a manifesté une crainte phobique des blessures physiques éventuelles, du vent violent (pouvant provoquer des chutes d'objets) et des ampoules brisées. Puis, vers 4 ans et demi, il commença à intégrer dans ses jeux certains éléments tel le fait de tomber, de faire le mort et de laisser ses camarades simuler son transport vers l'hôpital.

Certains indices démontrent que jouer tout seul est visiblement moins profitable pour l'enfant que de le faire en présence d'une personne attentive et tout à son écoute. On a constaté que des enfants ayant souffert de graves traumatismes se livrent à une forme de jeu compulsive et ritualisée, intégrant des éléments du trauma, mais ne paraissant pas avoir d'effet thérapeutique. Ce type de jeu, souvent pratiqué en secret, a été qualifié de « jeu post-traumatique ». Par exemple, un enfant de 4 ans dont le père avait été tué par une bombe et la mère hospitalisée jouait souvent avec des billes de verre et des maisons en papier, où personne ne mourrait. Il niait ainsi la réalité. Son jeu devint obsessionnel et ne cessa qu'à l'instant où il fut capable de dire à son thérapeute : « Mon père a été tué. »

Les parents peuvent eux aussi tenir le rôle du thérapeute par le jeu. Dans le cadre d'une étude, des psychologues les ont exercés à écouter leurs enfants avec empathie pendant une séance de jeu thérapeutique de leurs enfants et à se retenir de vouloir tout contrôler et tout analyser. Si votre enfant a été témoin d'un événement traumatisant, vous pouvez lui proposer un jeu intégrant des éléments du trauma, en lui fournissant les jouets ou supports appropriés et en l'accompagnant dans cette activité avec toute l'attention nécessaire. Une telle attitude d'accompagnement sera particulièrement bénéfique pour votre enfant, notamment s'il semble incapable de mettre des mots sur sa souffrance ou d'en pleurer. Par ce biais, vous pouvez l'aider à confronter la réalité de son traumatisme et à se libérer de ses émotions. J'ai pu en faire l'expérience avec mon fils :

> Nous étions à la plage pour la journée quand j'ai annoncé que je devais me rendre aux toilettes, supposant que Nicky, alors âgé de 2 ans et demi, resterait avec les autres. Pris dans leur discussion, ni eux ni moi n'avons vu que Nicky venait à me suivre. De retour des toilettes, prête à rejoindre les autres, j'ai alors aperçu mon petit garçon, terrorisé et en pleurs, qui me cherchait, entouré d'étrangers souhaitant lui venir en aide. Il n'avait pas réussi à me suivre et ne retrouvait pas le chemin pour rejoindre les autres. Je l'ai pris dans mes bras et l'ai laissé pleurer. J'étais toutefois incapable de lui consacrer toute l'attention requise, étant en colère contre ma famille qui ne l'avait pas bien surveillé. Quelques jours plus tard, j'ai suggéré de retourner à la même plage, mais Nicky s'y est fermement opposé. J'ai réalisé alors qu'il éprouvait encore et rétrospectivement de l'effroi depuis l'incident. Je l'ai assis sur mes genoux et lui ai demandé s'il voulait bien me raconter ce qui s'était passé. Il refusa. J'espérais alors qu'il reparle de l'incident et pleure en abondance. Mon approche trop directe ne fonctionnant pas, j'ai eu l'idée d'essayer la thérapie par le jeu. J'ai rassemblé quelques figurines en bois, une petite maison de poupée et lui ai suggéré d'imaginer que le tapis représentait la plage. Aussitôt et plein de hardiesse, il m'accompagna dans ce jeu au cours duquel nous avons rejoué l'incident de la plage. Il souhaitait jouer et rejouer cette scène encore et encore ! Puis il en a changé la configuration pour signifier l'intention qu'en réalité il avait eue à ce moment-là : il ne se perdait pas et se rendait tout simplement avec moi jusqu'aux toilettes ! Il s'amusait à ajouter des détails et des variantes à la scène, bavardait, riait aux éclats durant toute cette séance de jeu libératrice ! Il continua à jouer au « jeu de plage » plusieurs jours durant. Finalement, quelques semaines plus tard, c'est avec enthousiasme qu'il a accepté ma proposition de retourner à la plage !

Cet exemple nous montre que la possibilité de reconstituer le passé, de le modifier, d'en parler et d'en rire constitue d'importants aspects de la thérapie par le jeu. Les adultes, eux aussi, tirent grand profit à rejouer des scènes traumatiques, comme l'ont notifié les tenants du psychodrame.

En résumé, le jeu a trois fonctions importantes : d'abord, il permet à l'enfant de mettre en pratique de nouveaux acquis et de nouvelles compétences ; ensuite, il facilite la compréhension et l'assimilation des informations reçues ; enfin, ses vertus thérapeutiques aident l'enfant à surmonter ses expériences douloureuses. Nous retrouvons ces trois dimensions dans l'exemple suivant :

> Ma fille avait 4 ans et mon fils 9 ans quand j'ai dû être hospitalisée d'urgence pour une appendicite. Même si on leur a permis de me rendre visite à l'hôpital, l'expérience restait quand même effrayante pour eux. Pendant une semaine après mon retour, mes deux enfants ont transformé toute la maison en « hôpital », avec son service des admissions, sa salle d'opération, sa salle de réveil, sa chambre et son réfectoire. Les visiteurs qui voulaient bien se prêter au jeu et les membres de la famille ont tous été admis à l'« hôpital ». Les enfants relevaient les antécédents médicaux de chacun, pratiquaient des interventions chirurgicales de toutes sortes, préparaient et servaient des simili-repas, administraient des médicaments et rédigeaient des ordonnances. Ce jeu fut ponctué de beaucoup de rires et de conversations animées.

On conçoit bien, ici, que mes enfants ont mis en pratique leurs capacités d'écriture, leur réflexion, leur sens de l'organisation, leur langage et leur sociabilité. Ils ont aussi acquis des connaissances sur les hôpitaux, les maladies, la santé et les traitements médicaux. En outre, leur jeu a eu des vertus thérapeutiques dans la mesure où il les a aidés à surmonter l'expérience traumatisante de l'hospitalisation de leur maman !

Si l'on prend conscience de la grande importance qu'a le jeu et de ses multiples fonctions, il semble évident que les enfants sont des êtres humains brillants qui font très bon usage de leur temps !

Quel est le sens des amis imaginaires et des superhéros fantastiques ?

Beaucoup d'enfants se créent des amis imaginaires : personnages ou animaux auxquels ils parlent et avec lesquels ils interagissent. Une étude a relevé que 65 % des 3 et 4 ans avaient de tels « amis ». Ces « compagnons » apparaissent vers l'âge de 2 ou 3 ans et leur « tiennent compagnie » pendant plusieurs années. Certains enfants ont des vies imaginaires extrêmement élaborées et inventent des familles ou des populations entières de personnages fictifs.

Ces amis imaginaires causent parfois du souci aux parents, qui ont le sentiment que leur enfant en vient à perdre le sens du réel. Chez des adultes, ce type de comportement serait bien sûr inquiétant mais, chez les jeunes enfants, c'est plutôt un signe de bonne santé mentale. On a constaté que ceux qui ont de tels « amis » sont moins agressifs, plus conciliants, qu'ils sourient plus souvent, ont plus de facilité à se concentrer, s'ennuient moins et ont des aptitudes linguistiques plus développées que les autres. Ici, on ne saurait dire où est la cause et où est l'effet. Mais, quoi qu'il en soit, ces enfants-là sont absolument bien constitués et mentalement sains !

Il ne faut toutefois pas s'inquiéter si certains ne se servent pas de leur imagination de cette manière. Si l'enfant semble heureux et en bonne santé, s'il est actif et aime bien la compagnie d'autres petits, il importe peu qu'il ait ou non un ami imaginaire.

Tout comme les jeux fictifs avec des objets réels, l'ami fantasmagorique peut aider l'enfant à comprendre le monde extérieur, à le maîtriser et à dominer ses peurs :

> À l'âge de 4 ans, ma fille Sarah avait deux bébés fictifs, une fille et un garçon. Elle leur donnait à manger, les mettait au lit et organisait leurs fêtes d'anniversaire. Ils avaient tantôt 1 an ou 2, tantôt 4 ou 5 et, parfois, étaient adolescents. Dès que nous allions quelque part, l'un ou l'autre de ses bébés l'accompagnait, tenant Sarah par la main. Quand elle était trop occupée pour en prendre soin, elle demandait à quelqu'un d'autre de le faire à sa place. Un jour, elle m'a annoncé que sa fille était devenue adulte et qu'elle était morte : « Elle est allongée sur le sol et ne peut plus bouger ; son cœur ne bat plus, elle est donc

morte. Il ne me reste plus qu'un seul enfant maintenant. » Le lendemain, Sarah avait à nouveau deux bébés…

À travers cette anecdote, on remarque que Sarah, grâce à ses compagnons imaginaires, prend connaissance de phénomènes telles la croissance, la dépendance, la vie et la mort. Comme ses bébés n'étaient pas réels, elle pouvait librement explorer même les plus angoissants sujets tout en gardant la maîtrise absolue de la situation.

Les jeux avec des superhéros imaginaires sont aussi courants dans la petite enfance. Les tout-petits s'imaginent être un héros célèbre, superpuissant, style Superman, ou alors ils créent leur propre personnage magique. Ainsi, ils abordent les notions de pouvoirs surhumains comme la vision aux rayons X, la télépathie, la force colossale ou la capacité de voler dans les airs. Les enfants, peu puissants, se rendent bien compte de la force et de la connaissance supérieures des adultes. Ils ont conscience de leurs propres imperfections et des erreurs qu'ils commettent en s'efforçant d'acquérir de nouvelles compétences. Il n'est donc pas surprenant qu'ils souhaitent jouer le rôle d'un être tout-puissant courageux, fort, bon, admiré de tous, qui ne fait jamais le moindre faux pas et qui sait résoudre tous les problèmes. En simulant ainsi la toute-puissance, les enfants parviennent à surmonter quelques-uns de leurs sentiments de frayeur, d'impuissance et d'incertitude.

Parfois l'enfant s'identifie à un héros imaginaire aux pouvoirs maléfiques et imaginera vouloir tuer et détruire plutôt que porter secours aux autres. Voilà encore une autre façon ludique de surmonter ses peurs ! En jouant au monstre puissant et effrayant, il se fournit un moyen de dépasser ses plus grandes craintes par le rire thérapeutique (cf. chapitre II).

De plus, l'enfant qui joue au superhéros explore les concepts de bien et de mal. Les personnages sont tout bons ou tout mauvais et cette simplification l'aide à isoler les valeurs fondamentales que notre société approuve ou désavoue. Si, dans la réalité, les gens ont toujours de bons et de mauvais côtés, les raisons de cette duplicité restent encore trop complexes dans l'esprit des enfants qui peinent à en comprendre le principe.

Que penser des jeux apparemment insignifiants et ridicules ?

Du point de vue de l'adulte, nombre de jeux enfantins semblent être bêtes, dépourvus de bon sens ou d'importance. Une maman me confia, au cours d'un entretien, les sentiments que lui inspirait le comportement ridicule de sa fille de 4 ans :

> C'est généralement au moment de se coucher qu'elle se met à faire plein de choses ridicules : elle met son pyjama sur la tête ou l'un de ses chaussons sur le nez. J'ai alors le sentiment qu'elle ne se maîtrise plus et je lui fais comprendre qu'il est temps d'être plus sérieuse, de cesser de jouer et de se préparer à dormir. Je m'entends lui donner tous ces conseils en souhaitant me taire. Il m'est difficile de me montrer très affectueuse et enjouée avec elle.

Bien que les parents peinent parfois à les accepter, les comportements idiots et les fous rires sont d'une extrême importance pour le développement de l'enfant. Celui-ci se doit d'assimiler des centaines de règles relatives à l'étiquette, à la vie en famille et au bon langage. Il doit apprendre à s'habiller seul, à parler correctement, à se brosser les dents, à se servir de son couvert à table et à se rendre aux toilettes. Il doit s'astreindre à certaines règles de conduite et s'interdire certains comportements : ne pas interrompre les autres dans leur conversation, ne pas subtiliser les jouets des copains, ne pas dessiner sur les murs, ne pas pénétrer dans la maison avec des chaussures sales ou ne pas parler la bouche pleine… la liste est sans fin ! Or les enfants n'ont pas la capacité d'intégrer toutes ces règles à la fois. L'idée que leurs comportements ne correspondent pas toujours aux attentes de leurs parents et de la société doit leur être pénible. Tous les enfants commettent des erreurs et sont souvent corrigés pour cela, réprimandés ou même tournés en ridicule. Voilà pourquoi il leur est nécessaire de jouer en faisant délibérément des erreurs et des bêtises. En faisant ainsi les idiots, ils peuvent rire et se libérer de l'un ou l'autre sentiment pénible d'insuffisance, d'embarras, d'anxiété et d'impuissance. Si l'on veut, ils se jouent ainsi de l'angoisse engendrée par les attentes trop exigeantes que les autres formulent à leur égard.

Une fois qu'un enfant parvient à maîtriser quelque chose de nouveau, il se sent à l'aise et suffisamment sûr de lui pour affronter la frustration de n'avoir pas mieux su s'y prendre auparavant. Même si la tâche est maîtrisée, les émotions douloureuses de l'enfant doivent encore être libérées. C'est pourquoi, souvent, il se défoule bêtement après avoir accompli quelque chose de nouveau. Par exemple, un jeune garçon venant d'apprendre à enfiler son pyjama peut s'amuser ensuite à le mettre n'importe comment tout en riant comme un fou. Tel autre parvenu à mémoriser une comptine fera exprès de la réciter de travers pour la même raison. Les enfants qui modifient les règles d'une situation donnée, qu'ils maîtrisent par ailleurs, créent ainsi une sorte de formule thérapeutique qui leur est propre. Cette distorsion peut toucher tout type de règles : règles de bonne conduite, règles du jeu ou du langage (y compris la prononciation, la signification des mots ou la grammaire). On a constaté que ce qui faisait particulièrement rire les enfants préscolarisés, c'était précisément ce genre de situations où les actions et les mots sont distordus ou détournés de leur sens initial. Pour eux, ce qui est absurde n'est pas seulement amusant, c'est aussi thérapeutique !

Quels sont les jouets les mieux adaptés ?

Il faut aux jeunes enfants des jouets qui leur permettent d'exercer leur imagination et d'intégrer leurs expériences. Ceux dont se servent les thérapeutes sont également très bien pour la maison : il s'agit généralement de cubes ou autres matériaux de construction, du sable, de l'eau, de poupées simples, d'une maison de poupées, de marionnettes, de petites voitures ou d'animaux en peluche. Le matériel artistique est aussi très apprécié : terre glaise, crayons et tubes de peinture (pensez à la peinture avec les doigts !). Grâce à ce matériel, les enfants plongent dans une sorte de jeu imaginaire et créatif, très important pour leur développement intellectuel et émotionnel. Les déguisements et les objets permettant de jouer à la ménagère ou au docteur stimulent également leur imagination.

Certains parents se demandent s'il faut donner aux enfants des jouets de facture réaliste comme des animaux en plastique, des poupées au visage quasi vivant, des répliques minutieuses d'automobiles et de camions, etc. Ou ne vaut-il pas mieux leur donner des jouets moins élaborés, plus créatifs, comme des cubes ou des morceaux de tissus qui laissent libre cours à leur imagination ? Des recherches ont démontré que, pour les plus jeunes (moins de 4 ans), les jouets réalistes sont plus favorables au déclenchement des jeux imaginaires. Cela, sans doute parce qu'à cet âge-là la faculté de symboliser est en plein développement et que la vue d'objets réels inspire leur imagination. En grandissant, ils se détachent peu à peu de ces objets réalistes pour laisser libre cours à leur propre fantaisie.

Les enfants savent mieux que quiconque choisir les jouets qui leur conviennent le mieux. Un jouet fantaisiste, très réaliste, plaira pendant quelques semaines, puis finira vite sur une étagère poussiéreuse. On regrettera juste de l'avoir payé aussi cher ! Mais il est possible aussi que ce même jouet soit celui de prédilection pendant de nombreuses années. On peut faire confiance aux enfants en matière de jeu, car ils savent fort bien ce dont ils ont besoin ! Par ailleurs, leur fougue imaginative est si forte qu'aucun accessoire ne pourra l'en empêcher. J'ai pu en faire l'expérience avec ma fille Sarah :

> Un jour, Sarah, 3 ans, imagina qu'elle partait en randonnée avec son pique-nique. Elle a mimé le geste de remplir un sac à dos imaginaire de provisions. Pensant qu'elle préférerait en utiliser un vrai, je lui en ai proposé un juste à sa taille, que j'avais dans un placard. En le voyant, elle piqua une vive colère, trépigna et me lança en criant : « Je n'ai pas besoin d'un sac à dos ! J'en ai déjà un, tu ne vois pas ? » Comprenant le besoin qu'elle ressentait de fantasmer, j'ai aussitôt rangé le sac dans l'armoire. Cela m'a bien servi de leçon !

Un environnement qui se veut stimulant pour l'enfant devrait aussi contenir des objets manipulables et des jouets bien structurés, grâce auxquels il pourra s'initier aux concepts mathématiques et aux lois physiques. Feront l'affaire des objets et jouets tels que les puzzles, un lot de récipients de formes et grandeurs différentes (pour l'eau ou le sable), une série de poids, une balance toute simple, un instrument de musique (xylophone ou piano d'enfant), des instruments marquant le rythme, des objets de différentes longueurs (méthodes Cuisenaire ou Montessori) ou encore un boulier. Les jeunes enfants développent également leurs aptitudes intellectuelles (surtout la logique et les mathématiques) en jouant avec des collections d'objets qu'ils peuvent trier et classer à leur guise, tels que boutons, coquillages, cailloux, billes et jetons. Les jeux de société et de loto sont aussi d'excellents passe-temps.

Il existe des outils attrayants et conçus pour les jeunes enfants – balai, serpillière, râteau, pelle, marteau, scie, tournevis – qui leur donnent l'occasion de participer réellement à la vie de la maison. Les petits ont naturellement tendance à aider et à imiter leurs parents. Il est recommandé d'encourager cette tendance dès qu'elle apparaît parce qu'ils ne font pas la différence entre le travail et le jeu.

Tout objet provenant du monde adulte est susceptible d'attirer leur attention, ils en feront usage dans leurs jeux. N'hésitez pas à leur donner d'anciens carnets de chèques, des catalogues, des menus de restaurant, des coupons, des tracts publicitaires ou des boîtes vides. Tout cela sera pour eux comme autant de petites fenêtres magiques leur donnant accès à une petite parcelle de l'univers mystérieux et complexe des adultes.

Doit-on laisser les enfants jouer avec de fausses armes ?

Certains parents considèrent que les armes en jouets sont violentes et les interdisent à leurs enfants, tandis que d'autres n'y voient aucun mal. Qu'on l'autorise ou non à les manipuler, un jeune enfant trouvera toujours moyen de se fabriquer un faux pistolet avec une pièce de bois ou de carton ou en le mimant simplement avec ses doigts. Le voir jouer ainsi peut s'avérer bien déconcertant pour des parents prônant le pacifisme ! La maman d'un petit garçon de 5 ans me raconta un jour :

> Mon fils n'a pas de revolver, mais il se sert de sa main ou d'un bâton. Lorsqu'il va jouer chez ses amis, ceux-ci ont constamment sur eux des pistolets à pétards. Je déteste les armes et je leur ai expliqué pourquoi. Du coup, à chaque fois qu'il parle de pistolets, il me dit : « Tu n'aimes pas ça, Maman, mais moi, si ! » Mon mari avoue avoir déjà joué avec de fausses armes quand il était petit et, pourtant, ce n'est pas quelqu'un de violent, il est même pacifiste et objecteur de conscience. Il ne voit rien de mal à jouer avec de fausses armes. Je n'y vois pas vraiment de

mal non plus, mais ça me met hors de moi de voir de tels jouets dans les magasins. Je trouve cela effrayant, tous ces monstres horribles et violents, tous ces jouets de guerre ! Tout cela m'horripile !

Dès que les enfants entendent parler de guerre, de meurtres ou d'armes, ils sont animés par le désir de comprendre et d'assimiler ces informations et doivent en outre trouver le moyen de composer avec la peur et le doute provenant de leur toute nouvelle prise de conscience de la folie humaine. Cela est particulièrement vrai pour les garçons qui réalisent très vite que les armées sont principalement composées d'hommes. Quand les petits garçons l'entendent ou le voient à la télévision, ils se sentent concernés, ayant bien intégré l'idée qu'ils sont de sexe masculin. Les petites filles, quant à elles, voyant que guerres et tueries n'impliquent guère les femmes en général, se sentent beaucoup moins concernées par ces affaires. Elles sont du coup beaucoup moins attirées que les garçons par les fausses armes. Si, cependant, les guerres impliquaient autant les femmes que les hommes, nous verrions probablement autant de filles que de garçons s'adonner à ces jeux violents. De nombreux parents s'attendent à ce que leurs petits garçons s'intéressent aux armes à feu et les y encouragent en leur mettant entre les mains des jouets de cette nature. Cette différence de traitement entre filles et garçons sert aussi à expliquer le goût plus prononcé de ces derniers pour les jeux violents. Ce qui est certain, c'est qu'il n'y a aucune prédisposition d'ordre biologique expliquant l'attirance des garçons pour ces jeux.

Comme nous venons de le voir, les enfants transposent dans des jeux imaginaires ce qu'ils entendent et observent autour d'eux. Il n'y a donc rien de surprenant à ce qu'ils aient le désir de jouer à des jeux violents dès qu'ils entendent parler de violence (guerre, tuerie...) dans le monde réel. Plusieurs tenants de la thérapie par le jeu remettent aux enfants des armes jouets parce qu'ils ont un réel besoin de jouer avec. D'autres préfèrent ne pas leur en remettre, mais leur laissent la liberté d'en créer eux-mêmes s'ils le souhaitent. Les armes jouets permettent à l'enfant de comprendre et d'assimiler la notion de meurtre : qu'est-ce que le meurtre ? Comment cela fonctionne-il ? Pourquoi tuer quelqu'un ? Qu'est-ce qu'on ressent quand on est meurtrier ou victime ? Quelles sont les différentes manières de tuer ? Telles sont les questions, entre autres, auxquelles les enfants se trouvent confrontés.

Certains croient que les « jeux guerriers » ne servent qu'à promouvoir l'idée de guerre en incitant les enfants à la violence. Or, rien de tangible ne valide cette hypothèse ! Bon nombre de militants pacifistes reconnaissent y avoir joué enfants. La relation de cause à effet entre jeux de guerre et guerres réelles est, en effet, le contraire : c'est la réalité de la guerre qui crée chez l'enfant le besoin de jouer à des jeux guerriers ! S'il n'y avait ni guerres ni violence de par le monde, nous ne les verrions pas jouer à s'entretuer. Ils n'en ressentiraient nullement le besoin.

En outre, ces jeux sont aussi pour l'enfant un moyen de composer avec ses peurs. Au lieu de les lui interdire, les parents pourraient aider leur enfant à gérer ses peurs en riant. Si votre enfant pointe son doigt vers vous en criant : « Prrr ! Prrr ! Tu es mort ! », la meilleure attitude à adopter est de feindre de mourir aussi dramatiquement que possible, pour déclencher des rires salvateurs. Si vous jouez le jeu à fond avec lui, l'enfant éclatera de rire et voudra continuer encore et encore. En agissant ainsi, vous n'incitez pas votre enfant à devenir violent mais, au contraire, vous l'aidez à surmonter sa crainte de la mort et de la violence grâce au rire.

Les jeux de guerre peuvent aussi être pour l'enfant un moyen de dépasser ses sensations de colère et de frustration. S'il est fâché par l'arrivée d'un nouveau-né dans la famille, une partie de sa colère peut être dissipée par le meurtre symbolique d'une poupée ou d'un ourson en peluche représentant le petit dernier. La colère engendrée par la sensation d'être trop contrôlé ou manipulé, ou par le fait d'être puni pourra être désamorcée par le meurtre symbolique du parent en cause au moyen d'un faux pistolet. Dans de telles situations, le rire sera un atout thérapeutique supplémentaire. Plus l'enfant rira, plus vite sa colère se dissipera. Les parents aideront toujours leurs enfants en acceptant leurs sentiments et en les encourageant à en rire !

Même s'il est bon pour les enfants de jouer aux jeux de guerre, il n'est pas question pour autant d'encourager l'industrie des armes jouets en en achetant. Cette filière fait d'énormes bénéfices en exploitant les craintes des enfants et leur irrésistible besoin de comprendre la violence. D'ailleurs, les petits sont tout à fait capables de créer de tels jouets avec du papier, du carton ou du bois. De surcroît, si vous offrez de tels jouets très réalistes, ils donneront à vos enfants le sentiment déroutant que vous acquiescez le meurtre ou les armes à feu. Tout autre est le fait d'accepter que l'enfant se livre spontanément à un jeu de guerre. Il sait très bien que son arme « faite maison » n'est pas réelle, qu'il en a la maîtrise et qu'elle provient de son imagination. Il contrôle ainsi totalement la situation. L'épée qu'il a fabriquée deviendra si bon lui semble une baguette magique. Les armes dans les magasins de jouets, trop réalistes, ne permettent pas de telles transformations imaginaires : un revolver en plastique n'est rien de plus qu'un faux revolver, son utilisation est donc limitée et l'enfant ne peut pas le changer en autre chose quand il est las de tirer.

Même si vous n'offrez pas ce genre de jouets à votre enfant, il se peut qu'il en reçoive en cadeau par d'autres personnes ou qu'il décide de s'en acheter avec son argent de poche. Pas si facile, donc, de faire disparaître ces objets de chez vous ! Quand ils ont fait leur apparition chez nous, je ne me suis pas sentie très à l'aise, mais j'ai décidé qu'il fallait respecter pour le mieux le choix de mon fils. Ses jeux de guerre évoluèrent au cours des années :

> Quand Nicky avait 5 ans, il a entendu parler de la guerre pour la première fois. Il s'est alors mis à fabriquer des pistolets, des épées et des bombes avec du papier ou du carton et les a essayés sur toute la famille. Ses camarades lui ont fait découvrir, à l'âge de 6 ans, de petites figurines aux airs guerriers qu'il a aussitôt collectionnées. Il en a reçu pour son anniversaire et en a acheté avec son argent de poche. Il a très vite constitué une collection de personnages dont les uns étaient « gentils », les autres « méchants ». Naturellement, tous guerroyaient ! Ses amis et lui ont passé des heures durant à jouer avec ces bonshommes, imaginant des scènes de bataille qui devenaient de plus en plus complexes au fil des ans. Jusqu'au jour où la chambre de mon fils, alors âgé de 8 ans, est devenue le lieu d'un rassemblement très élaboré de figurines et autres équipements. Un jour, une scène inhabituelle a attiré mon attention : tous ses personnages étaient assis en rond, les « gentils » comme les « méchants ». Je lui ai demandé ce qui se passait et il m'a répondu : « Ils ont décidé de joindre leurs forces et partagent le même grand château fort. Et là, ils sont en pleine conférence de paix. » Apparemment, des puissances maléfiques menaçaient encore l'univers mais, au moins, les deux armées terriennes anciennement ennemies avaient surmonté leur animosité. Si j'avais interdit à mon fils les jeux de guerre, aurait-il jamais eu l'occasion d'imaginer dans tous ses détails l'organisation d'une conférence de paix ?

Comment s'impliquer favorablement dans les jeux d'enfants ?

Les parents peuvent s'impliquer favorablement dans les jeux de leur enfant. Observer ce qu'il fait, écouter et répondre à ses commentaires, voilà autant d'attentions qui prouvent à l'enfant que vous comprenez ses activités et que vous les acceptez. Parfois, il attendra plus d'investissement de votre part dans ses divertissements et vous demandera : « Veux-tu venir acheter de la nourriture dans mon magasin ? » Pour lui, il importe qu'un adulte bienveillant pénètre dans son monde imaginaire et devienne un partenaire concret, qui suit les règles qu'il a établies.

La plupart du temps, nous autres adultes, attendons de nos enfants qu'ils s'adaptent à notre monde et se plient à nos règlements. Quand, pour changer, nous entrons dans leur univers imaginaire et nous transformons en partenaires obéissants, quand nous participons à leur jeu dans le respect des structures qu'ils ont conçues, nous leur donnons l'occasion d'être maîtres de la situation, de créer leurs propres règles, de développer en eux le sentiment du pouvoir et de la maîtrise. Même quand il a des copains avec qui jouer, votre enfant sollicitera de temps à autre la participation d'un adulte.

Quand vous jouez avec votre enfant, n'oubliez jamais l'importance du rire ! Le fait de rire ensemble permet non seulement de dissoudre les peurs et tensions, mais aussi de resserrer les liens familiaux. Les tout-petits sont ravis quand les adultes, espiègles, feignent la peur, la maladresse, l'étourderie ou la faiblesse. Ils rient ainsi de bon cœur, ce qui les aide à éliminer leur propre sentiment d'impuissance lié à leur petite taille et à leur ignorance. Les jeux inversant les rôles et les pouvoirs profitent autant aux parents qu'aux enfants. Dans le cadre de ce divertissement, un adulte peut se laisser « rabaisser » par un enfant, tout en lui montrant qu'il s'agit bien d'un jeu. Si votre enfant vous demande de « faire le bébé », c'est sans doute parce qu'il a besoin de se rassurer en empruntant le rôle autoritaire du parent. Si, jouant le jeu, vous vous mettez dans la peau d'un bébé tout fragile, ce sera sûrement amusant et salutaire pour votre enfant.

En matière de jeu, il est parfois tentant d'orienter les choses. Parfois, l'enfant acceptera votre suggestion mais, la plupart du temps, il n'en aura pas besoin, étant tout à fait capable d'imaginer ses activités divertissantes. Si l'adulte donne trop de directives, l'enfant risque de perdre toute initiative et même de devenir dépendant, attendant les instructions.

Toute correction que vous lui proposerez sera aussi généralement mal venue, sauf si l'enfant vous demande expressément votre avis sur ce qu'il fait. Par exemple, s'il a réalisé un écriteau de restaurant où « Ouver » est inscrit et qu'il vous demande s'il a bien écrit le mot, en ce cas, il est judicieux de lui signaler l'erreur. En revanche, si aucun avis ne vous est demandé, la correction sera probablement ressentie comme une remontrance décourageante. Il se peut même que l'enfant s'énerve parce que vous n'avez pas accordé d'importance à ce qui lui tenait à cœur, c'est-à-dire le jeu du restaurant !

Comment réagir quand vous êtes las de jouer ?

Nombre de parents aimeraient passer du temps à jouer avec leur enfant mais, quand ils le font, ils peuvent en cours de route se fatiguer, s'ennuyer ou s'énerver. La maman d'un enfant de 4 ans exprime ainsi ses sentiments à ce sujet :

> Ma fillette va à la maternelle les lundi, mercredi et vendredi et je pense toujours à l'idée de passer ensemble nos mardi et jeudi. Mais, comme par hasard, il se trouve que ces jours-là, j'ai souvent envie de faire autre chose… de nettoyer mon bureau ou de passer commande sur le dernier catalogue de vente posé là depuis trois mois. Je ne suis pas assez bien organisée pour m'adonner à ces activités quand elle est à l'école. Quand elle me demande : « Maman, joue avec moi », je m'assieds pour jouer avec elle, tout en étant agacée. Je ne lui manifeste pas la patience requise et j'en viens à me demander pourquoi je n'ai pas invité une de ses petites copines à venir jouer avec elle. Mon désir de passer agréablement du temps avec elle se dissipe subitement !

Pourquoi nous est-il si difficile, à nous parents, d'octroyer à un enfant toute l'attention dont il semble avoir besoin ? Il y a probablement à cela plusieurs raisons. Les distractions des tout-petits nous passionnent bien peu, car nous savons déjà tout ce qu'ils sont en train d'assimiler et d'expérimenter par le jeu.

De plus, jouer avec un enfant exige de nous une incroyable capacité d'attention et de vigilance. Or nous avons tellement de soucis, de préoccupations et de choses à faire en plus de nous occuper de lui que, bien souvent, nous n'avons plus ni temps ni attention à lui accorder. Nous n'avons d'ailleurs pas tous reçu cette attention et ce temps de nos propres parents et peut-être souffrons-nous encore de ce manque. Cela explique en partie pourquoi nous sommes si peu disposés à jouer avec nos enfants.

Si vous ne vous sentez pas capable de donner à votre enfant tout le soutien que vous souhaiteriez lui donner, vous pouvez très bien vaquer à vos occupations habituelles (hobbies, ménage, etc.) et le laisser y participer à sa façon (cf. chapitre III). Pour votre bien-être et le sien, il est préférable de maintenir un certain équilibre entre vos activités d'adulte et celles de votre enfant. Le temps que vous consacrez à vos tâches ou vos centres d'intérêt dépendra de toute façon de l'âge, des besoins propres et de la personnalité de votre enfant. Certains plus que d'autres sollicitent une importante participation des adultes, en particulier s'ils n'ont pas de camarades de jeu.

Cela dit, il est important que vous vous accordiez du temps libre pour vous reposer ou travailler, pour être seul ou avec des amis. La plupart des parents éprouvent parfois le besoin de passer du temps loin de leurs enfants. Ne culpabilisez pas si vous devez ou préférez travailler à l'extérieur plutôt que de passer des journées entières avec eux. Beaucoup d'entre nous considèrent d'ailleurs être de meilleurs parents quand ils ne sont pas « collés » en permanence à eux. Si le vôtre fréquente une bonne crèche ou école, il s'en portera mieux que s'il est tous les jours en compagnie d'un parent ennuyé, excédé ou colérique. Une étude intéressante a révélé que les mères souhaitant travailler à l'extérieur mais restant par devoir à la maison étaient celles qui peinaient le plus pour éduquer leurs enfants. Inversement, les femmes qui choisissent d'être mères au foyer tout comme celles qui préfèrent travailler rencontrent moins de difficultés. Dès que vous aurez réussi à créer un équilibre de vie et que vous aurez bien mesuré vos propres besoins, vous serez à même de donner le meilleur de vous-même à vos enfants quand vous serez auprès d'eux. De plus, le fait de parler de votre ennui ou de vos frustrations à un ami – et sans la présence de vos enfants – vous soulagera et vous permettra de leur apporter toute l'attention requise. La maman d'une fillette de 3 ans m'a confié le plaisir qu'elle a ressenti, après quelques difficultés, quand elle lui a finalement porté toute son attention :

> Quand je suis réellement décidée à lui accorder toute ma sollicitude, je me suis rendu compte que cela procurait un vrai plaisir. Elle peint et elle fredonne de petites chansons sur les couleurs qu'elle utilise. C'est tout simplement étonnant ! J'adore la voir jouer ainsi. Quand je la laisse jouer à sa guise, cela me rappelle mes souvenirs d'enfance et ma créativité d'alors.

Perdre ou gagner, quelle importance !

Normalement, les enfants ne comprennent pas le sens des notions de « gagner » et « perdre » avant qu'on ne les leur enseigne. Les jeux de société où il n'y a ni gagnant ni perdant sont tout aussi agréables pour de jeunes enfants que les jeux compétitifs. Le fait de gagner n'importe que si quelqu'un d'autre – parent, frère, sœur ou ami – n'y fait mention dans le but du jeu. Aussi les enfants s'amuseront-ils davantage si personne ne prend la finalité trop au sérieux.

Dans les sociétés les plus industrialisées, la valeur donnée à l'esprit de compétition est très importante, de sorte que, très tôt, les enfants acquièrent l'habitude de comparer leurs compétences avec celles des autres. Ils apprennent qu'ils ne peuvent gagner que si d'autres perdent.

Cette exaltation de la performance affecte la vie quotidienne de nos enfants. La plupart des sports et des jeux sont basés sur l'esprit de rivalité et il est bien difficile d'en trouver qui favorisent l'esprit de coopération, où personne ne gagne ni ne perd. Et c'est un fait, nous prenons tout comme des défis et avons de la difficulté à nous amuser sans penser qu'il y aura un vainqueur et un vaincu. Tout notre système éducatif est lui-même contaminé par le mythe de la performance tant qu'il nous semble impossible de concevoir une façon d'enseigner ou d'apprendre où l'on ne cherche pas à « faire mieux » que les autres ! Pourtant, il a été démontré que l'on apprend et réussit beaucoup mieux dans une ambiance de collaboration que dans un contexte de compétition.

Des recherches multiculturelles ont révélé que la tendance à la compétition diffère chez les enfants selon la culture à laquelle ils appartiennent. Par exemple, les petits Mexicains de 7 à 9 ans sont plus coopératifs dans leur manière de jouer que les Américains du même âge : leur jeu était fait de telle sorte que seuls les enfants usant de stratégies coopératives pouvaient « gagner » des billes. Cela démontre que l'esprit de compétition n'est pas inhérent à la nature humaine, mais qu'il s'acquiert en grandissant dans une culture qui le valorise. Afin de déterminer à quel âge les enfants intègrent cette « valeur », on a comparé des enfants d'âges différents tous originaires de Los Angeles. Parmi eux, on constata que les 4 à 5 ans se montraient plus coopératifs pendant le jeu de billes que leurs aînés qui, pourtant, ne parvenaient pas à gagner des billes en raison de leur important esprit de rivalité. En résumé, les plus jeunes n'étaient pas encore « contaminés » par l'aspect compétitif de leur milieu culturel.

Même si les petits ont du mal à assimiler la notion de coopération et celle de « jouer chacun son tour », ils les acquièrent et les maîtrisent normalement pendant les années préscolaires. Cela dit, cette aptitude à la coopération et au partage peut par la suite céder la place à un fort esprit de compétition, valorisé dans certaines cultures. Même si la faculté de coopérer existe chez les enfants de 7 ans, ces derniers ne se montrent pas nécessairement solidaires en jouant avec d'autres camarades, notamment quand ils sont nés au sein d'une société fondée sur l'esprit de compétition comme les États-Unis.

Les jeux non compétitifs sont particulièrement favorables à la stimulation de l'esprit de coopération. J'en ai organisé avec beaucoup de succès aux fêtes d'anniversaire de mes enfants, au cours des réunions de famille et dans leurs écoles. Ces jeux-là sont par ailleurs une authentique invitation à changer notre façon de penser, que l'on soit enfant ou adulte. Oui, il est possible de prendre du plaisir à jouer même sans gagnant ni perdant ! En y prenant goût et avec l'usage, vous trouverez même des astuces pour modifier légèrement les règles de plusieurs jeux traditionnels en vue de collaborer.

Une autre façon de minimiser l'importance accordée au fait de gagner ou perdre est d'empêcher tout esprit de compétition à la maison. Lorsque nous défions nos enfants en disant : « Voyons qui sera le premier couché », nous les mettons dans la position de rivaux : un seul gagnera et tous les autres seront perdants. Mieux vaudrait leur dire : « Réglons la minuterie à dix minutes et voyons si nous pouvons tous être prêts à aller au lit avant qu'elle ne sonne ! »

Que penser des « petits tricheurs » ?

Dès que l'enfant connaît le sens du mot « gagner », il le relie inévitablement à la notion d'estime de soi. Celui qui s'estime, qui se sent aimé et en sécurité et qui a confiance en ses capacités, ne s'inquiète pas à l'idée de perdre une partie. On le verra peut-être même féliciter son adversaire de la qualité de son jeu. Cet enfant-là aime le défi et prend plaisir à jouer sans se soucier de l'issue.

Les enfants qui ne se sentent pas assez sécurisés sont souvent de « mauvais perdants ». Ils ont même tellement peur à l'idée de perdre qu'ils préfèrent tricher. Gagner leur importe tant qu'ils préfèrent enfreindre les règles pour y parvenir, bravant le risque de perdre l'estime des autres.

Le fait de tricher est un moyen pour eux de faire comprendre qu'ils ont besoin de soutien pour se libérer de leur sentiment d'insuffisance. Quand un enfant joue avec vous et triche, vous avez là l'occasion de l'aider à dépasser son anxiété et son sentiment d'insécurité. Dans un tel cas, vous pouvez transformer la partie en séance de thérapie en laissant de côté l'aspect « sérieux » du jeu. Les tricheurs n'aspirent pas du tout à améliorer leurs stratégies de jeu ou à apprendre quoi que ce soit. Le jeu est pour eux avant tout un moyen de se libérer d'une accumulation d'émotions pénibles pour se sentir mieux et avoir une meilleure estime d'eux-mêmes. Les enfants supportent mal l'angoisse liée à l'échec et savent intuitivement que ce qui menace leur bien-être possède aussi des vertus thérapeutiques. Ils vont insister jusqu'à ce que quelqu'un ait suffisamment d'attention et de compréhension pour les aider à résoudre leur problème. Nous l'avons dit au chapitre II, le rire est un facteur essentiel à la libération des tensions dues à l'anxiété. L'exemple suivant montre comment on peut transformer un jeu en séance de rire thérapeutique quand un enfant triche :

> J'étais en train de jouer aux dames avec un garçon de 6 ans ; à chaque fois que j'étais sur le point de prendre l'un de ses pions, il disait que les

règles ne me le permettaient pas. De plus, il se créait de nouvelles dames quand il pensait que je ne le regardais pas. Quand il s'amusait à changer les règles du jeu, je ne disais rien, abondant en son sens, tout en lui avouant d'une façon exagérée : « Quelle partie difficile ! Je ne pourrais jamais gagner ! » Il se mit alors à rigoler nerveusement. Chaque fois qu'une nouvelle dame apparaissait sur le damier, je feignais la surprise et m'exclamais joyeusement : « Quoi ! Encore une ! Mais d'où vient-elle ? Comment c'est possible ? » Et mort de rire, il se mit à tricher de plus en plus ouvertement. Je l'ai fait rire tout le long de la partie et l'ai laissé gagner.

Même confiants et en sécurité, les enfants s'amusent parfois à changer les règles du jeu. Si les adultes les accompagnent en ce sens et les exhortent à rire, ils trouveront des ressources pour extérioriser tensions et anxiété provenant de la pression qu'ils ressentent à tenter d'agir correctement. La plupart éprouvent un sentiment d'impuissance en raison de la dépendance et de la faiblesse de la petite enfance. Aussi mener une partie selon leurs propres règles leur donne-t-il un sentiment de puissance, tout comme les jeux d'imagination. Ils adorent voir des adultes feindre la faiblesse, l'ignorance ou la frustration, parce que cette attitude favorise l'expression de leur propre sentiment d'impuissance. Tout changement apporté aux règles du jeu ne doit pas être considéré comme une tricherie ou comme le désir de se défaire d'un sentiment pénible. Les enfants sont très créatifs et aiment apporter des variantes de leur cru. Leur faculté à inventer des jeux est une forme de créativité importante, qui leur permet d'exercer leur pensée logique et leur sens de l'organisation. Si vous accompagnez votre enfant dans sa créativité, vous pourrez faire la découverte de jeux plus merveilleux que tous ceux que l'on trouve dans les commerces !

Exercices pratiques

Explorez votre enfance

1. Disposiez-vous de suffisamment de place et de temps pour jouer quand vous étiez enfant ? Aviez-vous suffisamment (ou trop) de jouets ?
2. Vous souvenez-vous de parties de jeu avec vos parents ? Jouaient-ils avec vous autant que vous l'auriez souhaité ?
3. Rappelez-vous d'un ou de deux meilleurs moments de jeu que vous avez connus enfant.

Exprimez les sentiments que vous avez à l'égard de votre enfant

1. Que ressentez-vous au sujet de sa manière de jouer ? Cela vous a-t-il déjà énervé ? Souhaiteriez-vous le voir s'amuser avec des jouets différents ou qu'il soit moins bruyant, moins sale, moins « bête » ?
2. Accordez une heure de temps à votre enfant en faisant exactement ce qu'il désire. Décrivez ensuite vos sentiments à un ami. Était-ce agréable ? Vous êtes-vous senti frustré ou ennuyé ? Étiez-vous tenté de diriger les activités de votre enfant ou de lui enseigner quelques petites choses ?

Prenez en main votre épanouissement personnel

1. Achetez-vous un jeu ou un jouet, quelque chose que vous avez toujours désiré, mais qui vous était refusé enfant.
2. Organisez un bal masqué ou rendez-vous dans un parc d'attractions, une foire ou un carnaval.
3. Adonnez-vous à un loisir ou à un nouveau passe-temps.

V. Conflits et défis

Le comportement des enfants cause parfois de la gêne, des difficultés, de l'énervement et de l'inquiétude aux parents ; il peut même s'avérer nuisible ou dangereux pour eux-mêmes comme pour les autres. De tels problèmes nécessitent, dit-on habituellement, des « mesures disciplinaires » pour les enrayer. Ce chapitre revient sur l'origine de ces mauvais comportements et propose des solutions qui ne recourent ni aux récompenses ni aux punitions. Nous parlerons de la rivalité et des conflits entre frères et sœurs au chapitre VI.

Les enfants ont-ils un fond mauvais ?

L'idée que les êtres humains naissent avec un fond mauvais influence le jugement que notre société occidentale porte à l'égard des enfants. Certains pensent qu'à la naissance, les enfants ont des pulsions et tendances inacceptables qui ne disparaîtront pas à moins qu'on ne leur apprenne à maîtriser leur propre nature. Pour ces gens-là, le rôle des parents est justement de dompter et de civiliser cet instinct barbare.

Selon eux, les enfants auraient une propension naturelle à frapper et à mordre, à fuir la propreté, à refuser de partager, de coopérer avec d'autres ou de les aider, à mentir, à voler ou détruire, à moins qu'ils n'aient reçu une éducation disciplinaire et appris les valeurs morales et règles sociales. On invite les parents à punir les enfants qui se conduisent mal pour qu'ils se sentent coupables. La culpabilité est censée être la motivation à la base du comportement socialement acceptable. Parce qu'ils aiment leurs parents et qu'ils veulent leur plaire autant qu'être aimés, les enfants abandonnent leurs mauvaises manières.

Cette façon de penser a fait plus de mal que n'importe quelle autre croyance dans le monde. Elle est entre autres à l'origine d'un réel gâchis, car elle justifie la violence, la coercition, un manque d'amour, l'isolement, les menaces et l'humiliation au nom de la dite « discipline ». Elle a entraîné des populations entières à obéir aveuglément à des formes d'autorité et les a rendues incapables de réfléchir ou d'agir avec discernement. Elle a engendré des générations accablées par des sentiments de culpabilité, de crainte et de honte. Elle a produit des besoins insatisfaits chez les enfants, qui sont devenus des adultes cherchant, désespérément et en vain, à satisfaire leurs besoins fondamentaux ou quelqu'un qui pourrait les aimer, les accepter et les comprendre.

Si nous pouvions nous débarrasser de ce préjugé tenace et si nous pouvions traiter un bébé avec l'esprit ouvert et tolérant, nous réussirions à entrevoir le grand potentiel de bonté résidant dans chaque être humain, à percevoir sa capacité naturelle à se développer physiquement, mentalement et émotionnellement, à comprendre le monde, à donner de l'amour et à en recevoir, à coopérer avec ses semblables et à assimiler de nouvelles connaissances et compétences, c'est-à-dire à aller au bout de ses potentialités.

Si nous étions capables d'assouvir tous les besoins d'amour, de compréhension, de stimulation, d'intimité et de nourriture des bébés et si nous les traitions avec respect et confiance, nous les verrions grandir et devenir des adultes réfléchis, intelligents, solidaires et affectueux, plutôt que des monstres ravageurs et égoïstes.

Lorsque des adultes réagissent de manière violente et destructrice, il est fort à parier qu'ils ont été maltraités dans leur enfance. Ils deviennent méchants, stupides ou blessants, quand ils ont eux-mêmes souffert dans la petite enfance ou bien si leurs besoins sont restés insatisfaits. Des recherches portant sur des criminels ont révélé à plusieurs reprises qu'ils avaient subi de mauvais traitements étant petits, qu'ils avaient manqué d'attention à l'endroit de leurs propres sentiments et besoins.

Quelles sont les conséquences de la punition sur de jeunes enfants ?

Nous entendons ici par punition un acte nocif ou désagréable infligé à un enfant dans le but de lui faire changer de comportement. Nous considérons deux types de punitions : les gestes qui provoquent de la douleur comme la fessée, les claques et le fouet ; et le fait de priver un enfant d'attention, de liberté ou de privilèges, en l'isolant ou bien en lui refusant de lui donner un dessert ou de lui lire une histoire avant de dormir.

Un article intitulé « Arguments contre la fessée » a énuméré les effets gênants de la fessée :

1. Elle ne change pas à long terme le comportement des enfants.
2. Si elle est utilisée à des fins éducatives, elle produit l'effet inverse en suscitant nervosité et anxiété.
3. Elle diminue l'estime de soi de l'enfant.
4. Les enfants battus en concluent que le recours à la force répond nécessairement à l'usage de la violence. En d'autres termes, ils deviendront eux-mêmes violents contrairement aux enfants qui n'ont pas été fessés. On inflige aux petits garçons trois fois plus de punitions corporelles qu'aux filles, c'est peut-être ce qui explique la recrudescence de la violence chez les hommes dans notre société. Des études ont prouvé que les enfants fessés par leurs parents se montrent belliqueux et agressifs à l'école.
5. La punition corporelle crée des distances entre les membres d'une même famille. Les enfants battus se sentent isolés et incompris de leurs parents, ils finissent par ne plus leur confier ce qui les préoccupe.
6. Ils dépendent trop des formes extérieures d'autorité et manquent par conséquent d'autodiscipline.
7. Les fessées reçues pendant l'enfance peuvent entraîner, plus tard, des pulsions sexuelles sadomasochistes.
8. Les enfants fessés éprouvent de la colère et de la méfiance à l'égard de toutes les personnes en position d'autorité.

Une étude portant sur les pratiques éducatives a mis en évidence que punir les actes agressifs des petits de 5 ans produit l'effet inverse au résultat recherché : ils deviennent davantage belliqueux. Les auteurs de cet article en concluent que « la punition accentue l'hostilité des enfants et les conduit vers d'autres formes d'agressivité en d'autres lieux et places. De plus, les parents corrigeant physiquement leurs enfants leur donnent l'exemple concret de l'utilisation de la violence dans un souci éducatif pour leur apprendre à ne plus l'être, ce qui est paradoxal ! »

Recourir très tôt à la punition corporelle pour imposer l'obéissance et ne pas autoriser de surcroît les enfants à exprimer leur révolte et leur peine s'avérera néfaste : ces enfants-là risquent de grandir en se conformant aveuglément à toute forme d'autorité. Très tôt, obéir sera pour eux comme une deuxième nature, car ils ne sauront plus penser par eux-mêmes. Dans son livre *C'est pour ton bien : les racines de la violence dans l'éducation de l'enfant* où elle a analysé les enfances des chefs nazis, Alice Miller conclut qu'elle « n'a pas recensé une seule personne parmi les haut placés du IIIe Reich, qui n'ait pas reçu une éducation stricte et rigide ». Toute leur vie, ces gens-là n'ont fait qu'accomplir tout commandement sans hésiter ni poser de questions.

Même si la punition infligée ne recourt pas à la violence physique, comme le fait de mettre les enfants au coin, elle entraîne toujours le problème de contraindre l'enfant à obéir. En n'obéissant pas, ils risquent une sanction plus sévère, voire même une claque ou une fessée. Même si cela ne s'est pas encore produit, les enfants sont conscients de cette éventualité, c'est pourquoi ils se soumettent à la punition la moins sévère. Tous ceux qui ont le sens de la dignité refuseront catégoriquement d'aller au coin ou dans leur chambre, excepté s'ils craignent le pire. Dans ce cas, ils se résigneront. Bien que plane toujours une menace de violence sous cette forme de punition, celle-ci s'est trouvée qualifiée de « temps mort » par les béhavioristes (*« time out »*), une expression qui semble inoffensive.

Le fait de porter moins d'amour et d'attention aux enfants leur est également nuisible, car ils dépendent des adultes pour l'amour et l'existence même. Les en priver peut produire en eux de l'anxiété, de la confusion et des sentiments d'insécurité. Ils ont besoin de savoir que leurs parents les aiment profondément et sans aucune réserve. Alors que ces derniers savent faire une distinction entre les enfants et leur comportement, c'est-à-dire les aimer tout en rejetant une de leurs attitudes, les petits n'en sont pas capables et se sentent inévitablement abandonnés et mal-aimés. Par ailleurs, un mauvais comportement peut être le signe d'un appel au secours. Dans ces moments-là, les enfants ont donc besoin de plus d'amour et de compréhension. Toutes formes de privations – comme leur interdire de regarder leur émission préférée – donneront naissance à des sentiments de colère et de rancune.

Des recherches ont démontré que ni la sanction corporelle ni la privation d'affection ne garantissent un meilleur développement moral chez les enfants. Celui-ci intervient davantage quand on fait appel aux sentiments qu'ils éprouvent pour les autres et quand on leur explique les sentiments des autres.

Toutes les formes de punition, faisant usage ou non de la violence, relèvent d'une approche autoritaire consistant en une démonstration de pouvoir sur les enfants et qui induit chez eux un sentiment désagréable. La plupart des parents ont de bonnes intentions lorsqu'ils les punissent et, selon eux, la souffrance des enfants est un préalable nécessaire pour les faire changer d'attitude et s'améliorer. Les parents que j'ai rencontrés n'aimaient pas faire souffrir leurs petits, mais ils n'avaient pas trouvé d'autres méthodes plus efficaces que la punition. Nous reviendrons dans ce chapitre sur les alternatives possibles pour résoudre les problèmes de discipline.

Manifestement, l'usage de la punition a tant de conséquences fâcheuses qu'il nous faut totalement cesser d'y recourir. Il est faux de croire qu'il est nécessaire de blesser les enfants ou de les priver de quelque chose pour « dompter » leur comportement, mais cette croyance est tellement ancrée dans notre culture qu'il est difficile de s'en débarrasser. Les enfants souffrent déjà assez comme ça dans leur vie quotidienne et c'est peut-être là une des origines de leur mauvais comportement. Les corriger en leur infligeant une douleur supplémentaire est un affront de plus qui, avec le temps, ne fera qu'empirer les choses.

Que penser des récompenses ?

L'usage de la punition comme moyen disciplinaire devenant de plus en plus impopulaire, beaucoup de parents se tournent vers un système de récompenses. On est tenté de croire que cette méthode est plus humaine pour apprendre aux enfants à être propres, soignés, obéissants et coopératifs, mais en réalité, user des récompenses comprend plusieurs pièges.

Elles sont fortement similaires aux punitions. Si vous recourez aux récompenses, vos enfants ressentiront comme une punition le fait de ne pas en mériter parce qu'ils se sont mal conduits. Pour eux, cette expérience négative et malheureuse peut provoquer les mêmes effets désastreux que la punition, comme la colère et la perte d'estime de soi.

Les récompenses sont parfois trompeuses. Quand nous gérons de cette manière le comportement de nos enfants, nous ne pouvons garantir de leur inculquer quelque valeur que ce soit. Nous parviendrons peut-être à obtenir de notre fils qu'il range sa chambre en lui offrant une friandise à chaque fois qu'il la nettoie, mais cela lui transmet-il vraiment un certain goût pour l'ordre ou un certain respect pour l'environnement ? Si l'enfant se comporte mal par crainte ou jalousie, l'usage des récompenses ne résoudra pas le problème d'une manière satisfaisante et n'aidera pas davantage les enfants à l'enrayer.

Les récompenses peuvent déclencher des rivalités. Les distribuer pour toutes sortes de bonnes actions génère de la rivalité entre les frères et sœurs. Certains parents se demandent si les enfants plus âgés doivent recevoir plus ou moins de récompenses que les plus jeunes, quelles tâches doivent être récompensées, pendant combien de temps continuer de procéder ainsi, etc. Tant que le comportement des enfants est évalué et récompensé, ces derniers remarqueront et contesteront la moindre erreur de jugement.

Les récompenses peuvent entraîner l'effet contraire à celui recherché. Une expérience intéressante a démontré que de très jeunes enfants habitués à recevoir une récompense après avoir réussi un dessin n'ont plus d'intérêt pour cette activité dès lors qu'ils n'en reçoivent plus. Ce n'est pas le cas pour les enfants qui n'ont pas connu ce système méritoire. Apparemment, dès qu'il y a des récompenses, les petits font de leur mieux pour les mériter et perdent de vue leurs intérêts initiaux et leur désir d'apprendre. C'est le cas pour ce qui concerne les tâches ménagères. En plus, les enfants en viennent parfois à mal se comporter rien que pour pousser leurs parents à maintenir ce système de récompenses. Un petit garçon explique ceci : « J'obtiens ce que je veux en faisant croire à maman que je vais être méchant. Bien entendu, je le suis de temps à autre pour la persuader qu'elle ne me récompense pas pour rien. »

L'usage des récompenses a un autre inconvénient : celui d'éduquer les enfants selon un principe de plaisir et de douleur. Lorsqu'un changement de comportement est lié à la promesse d'une récompense ou à la menace d'une punition, les enfants s'efforcent de faire tout ce qui leur donnera du plaisir et d'éviter tout ce qui pourrait leur être préjudiciable. Ce type de conditionnement finira par se substituer à la capacité de penser clairement à ce qui doit être fait et de considérer les conséquences à long terme. Si les adultes régulaient leur comportement sur le principe du plaisir et de la douleur, ils n'agiraient que dans le but d'obtenir des récompenses immédiates. Des plaisirs éphémères, comme ceux liés à une prise de drogues ou à l'obtention d'une chose nouvelle, peuvent attirer les adultes qui, enfants, ont été soumis à ce conditionnement. En tant que parents, nous devrions enseigner à nos petits à ne pas se laisser manipuler par qui que ce soit – des représentants de l'autorité, des copains ou nous-mêmes – ni quoi que ce soit – des publicités, des drogues… – quelles que soient les promesses de récompenses. Notre mission est d'apprendre à nos enfants à penser par eux-mêmes à ce qu'il est bien de faire et à garder le contrôle quand les autres cherchent à les amadouer. Toute promesse – des étoiles dorées, de l'argent, des friandises, des émissions télé, des autocollants ou tout autre gratification – aussi innocente qu'elle puisse être, leur fait comprendre qu'il est normal de laisser les autres gérer leur comportement et leur vie.

Le fait que les enfants peuvent considérer l'usage des récompenses comme une forme d'insulte à leur égard est un énième aspect négatif de cette méthode. Tout être humain a la capacité de réfléchir avec intelligence à la façon dont il doit agir, y compris les jeunes enfants à condition que leurs besoins soient tous satisfaits. Quand nous cherchons à modifier leur comportement en leur faisant des promesses, nous mettons en doute leur capacité à bien se conduire ou à comprendre la logique de notre raisonnement. Nous leur montrons ainsi notre méfiance quant à leurs capacités naturelles de grandir et d'apprendre.

Dans certaines circonstances, les jeunes enfants apprécient d'être récompensés de quelques actions. Par exemple, chez les scouts, on distribue des insignes de mérite pour avoir accompli une mission ; ou dans certaines bibliothèques organisant des séances de lectures, on offre aux enfants un autocollant pour chaque livre lu. Dans la mesure où les enfants peuvent choisir eux-mêmes ce type de paris, ceux-ci seront vécus comme des jeux et n'auront pas d'effets destructeurs. Il ne faut craindre ce piège que s'ils se soumettent à une personne représentant l'autorité, sans avoir la moindre possibilité d'en décider autrement.

Dans la suite de ce chapitre, nous vous suggérerons comment réagir à un mauvais comportement et obtenir la coopération des jeunes enfants sans faire usage de la punition ni des récompenses. Le rôle des parents n'est pas de les dresser comme des bêtes de cirque, mais de les traiter avec respect et intégrité, de façon à ce que leurs capacités innées de réflexion et d'autodiscipline puissent s'épanouir.

Pourquoi les enfants se conduisent-ils mal ?

Les enfants ne sont pas mauvais en soi, mais ils se montrent parfois peu coopératifs, déroutants, blessants, destructeurs ou dangereux. Lorsqu'ils agissent de la sorte, il faut voir là le signe que quelque chose ne tourne pas rond et ce, pour trois raisons :

1. L'enfant éprouve un besoin fondamental

Les besoins qui sont non reconnus et non comblés entraînent des comportements jugés inacceptables. C'est le cas d'une petite fille affamée qui, après plusieurs vaines tentatives pour attirer l'attention de son père plongé dans son journal, va « asticoter » son petit frère jusqu'à le faire pleurer. Les enfants ne savent pas reporter à plus tard la satisfaction d'un besoin physiologique, tel que la faim.

Le besoin d'attention est également légitime. Les enfants qui en sont privés vont envisager des moyens d'y arriver. Ils chercheront à satisfaire ce besoin en se comportant mal aux yeux de leurs parents, s'il le faut, pour attirer leur attention.

Outre la nourriture et l'attention, d'autres besoins sont importants. Les enfants sont très curieux et aiment à explorer, toucher et manipuler. Si on les frustre en leur interdisant de toucher à quoi que ce soit, ils le montreront par un comportement inacceptable.

Malheureusement, on ne tient pas compte des besoins des enfants dans la plupart des lieux publics et personne ne vient vraiment en aide aux parents accompagnés de leurs tout-petits dans les files d'attente des restaurants, des magasins, des bureaux de poste ou des banques. Lassés, les enfants cherchent alors à se stimuler avec ce qu'ils trouvent à leur portée. Si l'on identifie leur besoin de stimulation, il s'avère souvent possible de le combler d'une manière jugée convenable par les adultes. Nous en parlerons en détail plus loin dans ce chapitre.

2. L'enfant manque d'information

Des conflits surgissent souvent quand les enfants manquent d'information sur les conséquences de leurs actes. Quand, tout-petits, ils rentrent à la maison avec des chaussures pleines de boue, peut-être ne savent-ils pas que la boue colle aux chaussures, qu'elle adhère à la moquette ou qu'elle est difficile à nettoyer. Peut-être même qu'ils ne se rendent pas compte que leurs chaussures sont boueuses. Avant de dire que votre enfant est « vilain », vérifiez qu'il ne s'agit pas là d'un malentendu ou d'un manque d'information.

3. L'enfant est troublé par une émotion forte

Quand un enfant frappe ou mord d'autres personnes avec l'intention de leur faire mal, on relève là la troisième raison d'un mauvais comportement. Les petits qui se montrent désagréables, peu coopératifs, rancuniers, violents ou destructeurs ressentent un mal-être. Ils accumulent des sentiments refoulés de colère, de crainte ou de peine, résultant de traumatismes précédents.

Les enfants ressentent des blessures, de la peur et des frustrations quotidiennement, même quand ils vivent dans un environnement affectueux. À force de réprimer leurs sentiments, leur comportement peut vite devenir gênant et inacceptable (cf. tableau I, chapitre I). Ils ont besoin non seulement d'évacuer leur trop plein d'émotions, mais aussi d'une attention bienveillante pour les aider à s'en libérer, en pleurant ou en piquant une crise de rage. Jamais une punition ni une remontrance ni une tentative de distraction ne traiteront la cause profonde de ce genre de comportement. La seule extériorisation des sentiments produira des résultats positifs. Les enfants qui manifestent leur détresse en étant désagréables ou violents sont souvent au bord des larmes et, dans ce cas-là, il suffit d'interrompre leur comportement d'une manière ferme mais affectueuse pour leur permettre un défoulement véritable. Nous donnerons des exemples plus loin dans ce chapitre.

Un comportement inacceptable est souvent l'expression d'un appel au secours. C'est parfois la seule manière à disposition de l'enfant pour demander de l'aide lorsqu'il se sent accablé par ses sentiments. Même s'il n'a pas vraiment conscience de son choix de comportement, sa manière d'agir a pour but d'attirer l'attention de quelqu'un, qui comprenne son mal-être et qui se dispose à accueillir cette libération salvatrice de sentiments refoulés.

Les parents doivent s'attendre au pire des comportements de la part de leurs enfants, car ces derniers se lâchent davantage auprès de personnes avec qui ils se sentent en sécurité. Le message qu'ils veulent transmettre est le suivant : « Tu m'aimes plus que toute autre personne, c'est pour ça que j'agite ce drapeau rouge pour te montrer que je ne vais pas bien, en espérant que tu m'aideras à libérer mes tensions et à les surmonter. » Un enfant qui redoute la nuit ne saura pas expliquer : « La mort me fait peur et elle m'effraie d'autant plus quand je suis seul dans mon lit ». La vie serait vraiment plus facile si les enfants réussissaient à s'exprimer de cette manière. Au lieu de cela, ils désobéissent, s'énervent ou se montrent exigeants quand l'heure du coucher est venue. Un tel comportement signale aux parents que les enfants sont en détresse et qu'ils crient à l'aide.

Dans ces moments-là, ils ne reçoivent pas toujours l'attention attendue, car leur attitude dérange et embarrasse les parents au point que ces derniers cherchent par tous les moyens à stopper ce comportement et oublient facilement le mal-être ou les craintes des enfants. S'il est important d'enrayer leurs mauvaises conduites, il est impératif de leur permettre aussi de s'épancher, sinon ils continueront de mal se comporter, encore et encore.

Comment prévenir les mauvais comportements ?

Pour limiter les conflits et prévenir toute erreur de conduite, il est possible de prendre certaines mesures. Voici quelques directives à garder à l'esprit :

1. Accordez-leur de l'attention tout en restant proche d'eux. Les enfants se montrent moins exigeants et turbulents quand leurs besoins essentiels sont régulièrement comblés.
2. Encouragez vos enfants à se soulager régulièrement au moyen de crises de larmes ou de rage. De nombreux comportements répréhensibles cesseront tout simplement s'ils libèrent fréquemment leurs sentiments douloureux.
3. Créez un environnement chaleureux et sécuritaire autour de vos enfants. Prendre des mesures de sécurité est très important pour les petits et cela reste encore utile et nécessaire quand ils grandissent. Maintenez toujours les produits chimiques et ménagers toxiques hors de leur portée, ainsi que les objets précieux ou fragiles. S'il est très tentant d'allumer un téléviseur à portée de vue, cela l'est moins quand le poste est dissimulé dans un meuble ou placé dans une pièce moins fréquentée. Les enfants ont besoin d'occupations. Certaines mauvaises conduites peuvent être évitées dans les salles d'attente ou les épiceries et au cours de longs voyages en se munissant de petits jouets et de goûters. Même à la maison, il arrive que les enfants se lassent de leurs jouets. Pour éviter cela, gardez-en quelques-uns loin de leur vue et ressortez-les pour réveiller de nouveau leur intérêt. Je gardais toujours des jouets particuliers que je ressortais dans les occasions où je souhaitais ne pas être interrompue, comme lors d'une conversation téléphonique importante. Pour faciliter les choses et rendre les jeunes enfants autonomes, créez un environnement adapté à leurs besoins. Ils réussiront à

suspendre leurs manteaux si les crochets sont à leur hauteur ou se préparer leur petit-déjeuner, si les céréales, le lait, les bols et les petites cuillères leur sont accessibles. Le meilleur environnement pour les enfants est finalement celui qui ne leur impose pas d'attendre longtemps pour satisfaire la faim ou la soif.

4. Préparez vos enfants à tout nouvel événement. Si vous envisagez d'inviter vos amis à dîner, prévenez les enfants auparavant de ce qui va se passer et de ce que vous attendez d'eux. Expliquez-leur à l'avance ce qui va leur arriver lors d'une visite chez le dentiste, de leur premier jour d'école, de la venue de leur nouvelle nounou ou d'un voyage en train.
5. Limitez les consignes. Les jeunes enfants font fi habituellement des ordres donnés ou des impératifs énumérés, parce que ceux-ci les privent de leur liberté de choisir par eux-mêmes ce qu'ils doivent faire. De plus, l'usage des récompenses et des punitions est la seule façon d'imposer l'obéissance à un ordre (contraire à la volonté des enfants). Rappelons que cette technique comporte des pièges et des conséquences négatives. Il est impossible d'obliger les enfants à faire quelque chose sans les contraindre. En outre, les interdictions sont plus faciles à gérer : les enfants les acceptent d'autant mieux qu'elles leur laissent une certaine liberté d'action. On évite aussi plus facilement les conflits en interdisant plutôt qu'en ordonnant. Au lieu de leur imposer de jouer dans leur chambre pendant une heure, dites-leur que vous avez besoin de travailler dans la vôtre pendant quelque temps sans qu'ils ne vous dérangent. Dans ce cas, ils ont tout loisir de jouer partout ailleurs, excepté là où vous serez.
6. Soumettez-les à des choix. En lieu et place d'impératifs, demandez-leur de choisir : « Lisons-nous cette histoire avant ou après le brossage des dents ? », « Aujourd'hui, préfères-tu mettre le pantalon bleu ou le rouge ? » Les enfants apprécient de coopérer quand ils ont la possibilité de décider.

Comment réagir face à un mauvais comportement ?

Empêcher tous les conflits relève de l'utopie. Il arrive que les enfants manquent d'informations, que surviennent des imprévus, qu'apparaissent de nouveaux besoins, que nous surestimions leurs capacités de compréhension et de mémoire, ou que des sentiments tels que la crainte, les frustrations, la tristesse et la jalousie interfèrent dans leur capacité de se comporter comme il faut. Rappelons les trois raisons d'un écart de conduite :

1. L'émergence d'un besoin.
2. Un manque d'information.
3. L'apparition de sentiments douloureux.

Pour faire face à un mauvais comportement, il s'agit tout d'abord d'identifier laquelle de ces trois raisons est en cause. Demandez-vous : « De quoi mon enfant a-t-il besoin en ce moment ? » Dès que vous le savez, tentez de lui proposer quelques activités pouvant combler celui-ci d'une manière qui vous paraît acceptable.

Il ne faut parfois pas grand-chose pour contenter les enfants, comme en témoigne cette anecdote concernant ma fille :

> Quand Sarah avait 3 ans, elle venait souvent manger à table sans se laver les mains et refusait de le faire quand je le lui demandais. J'aurais pu l'interdire de dîner jusqu'à ce qu'elle s'y soit pliée ou bien lui promettre une pièce pour la récompenser de s'être lavé les mains. Mais cette approche autoritaire m'aurait mise en position de manipulatrice ou dictatrice. Au lieu de cela, j'ai essayé de la comprendre. Souvent, elle était tellement affamée qu'elle ne voulait pas se retarder en se lavant les mains. Il lui était difficile de différer le moment de manger dès qu'elle voyait la nourriture. De plus, il lui importait de faire à sa guise et de ne pas se soumettre à mon autorité. Ma solution fut de l'autoriser à manger un petit morceau avant de se laver les mains. Et ça fonctionnait ! Elle se les nettoyait sans protester. Par la suite, elle se lavait les mains spontanément avant de se mettre à table.

Pourquoi cette approche était-elle efficace ? me demandais-je souvent. Après réflexion je dirais qu'elle a converti une confrontation en une situation où tout le monde gagnait. Sarah avait la « face sauve ». Même si je satisfaisais ses désirs de manière presque symbolique, cela suffisait pour qu'elle se sente comblée et comprise.

Il n'est cependant pas toujours facile de trouver des solutions quand les besoins légitimes des enfants se heurtent à ceux tout aussi légitimes des parents. Dans ce cas, habituellement, deux approches s'avèrent possibles. La première, autoritaire, implique l'usage de récompenses ou punitions, de promesses ou de menaces, pour contraindre les enfants à adopter le comportement souhaité. Dans ce cas, l'enfant est en position de perdant et le parent gagne le conflit. Avec la seconde, indulgente, les parents répondent aux besoins des enfants aux dépens des leurs. Les enfants sont gagnants et les parents perdants. Aucune de ces deux approches n'est satisfaisante, puisque la première irrite les enfants et que la deuxième énerve les parents.

Pour résoudre ce problème, il convient de satisfaire les besoins de chacun. Les parents peuvent affirmer à leurs enfants qu'ils ont identifié et compris leurs besoins et leur communiquer quels sont les leurs. Ils peuvent aussi solliciter leur aide afin de trouver une solution satisfaisante pour les deux parties. Quand on leur laisse cette chance, même les tout-petits savent se montrer utiles pour trouver des issues. Dans le livre *Parents efficaces*, on trouve notamment de nombreux exemples pour mettre un terme aux conflits.

L'anecdote suivante montre comment, en recourant à mon autorité pour résoudre une situation tendue, j'ai « réveillé » la colère et l'agressivité de ma fille :

> Sarah, alors âgée de 6 ans, aimait s'habiller le matin, par temps froids, dans la salle de bains tout près du radiateur électrique. Cependant, elle s'y attardait et laissait le radiateur fonctionner longtemps, ce qui m'a énervée car j'envisageais déjà le surcoût de la facture d'électricité. Au bout de cinq minutes, je faisais irruption et arrêtais le chauffage avec pour conséquence un cri furieux de sa part parce qu'elle n'avait pas fini de s'habiller. Lui parler de la facture de l'électricité ne servait à rien et elle lambinait toujours. Une fois même, tant elle était fâchée contre moi, elle m'a frappée. Selon elle, j'étais « nulle ». J'ai alors pris conscience que j'agissais envers elle d'une manière autoritaire et irrespectueuse. Il me fallait trouver un autre moyen pour résoudre le conflit. Je lui ai soulevé le problème, mais elle n'avait pas de solution à proposer. Aussi lui ai-je suggéré d'installer un

minuteur qui sonnerait pour signaler le moment de couper le chauffage de la salle de bains. Savoir combien de temps elle disposait était une idée qui lui convenait, mais elle a essayé de négocier le temps accordé. Nous avons finalement convenu ensemble de cinq minutes et demie. Et ça marchait à merveille ! Sarah continuait de s'habiller près du chauffage sans se plaindre quand le temps était écoulé. En fait, elle était souvent prête avant même que le minuteur ne sonne et me signalait : « Tu peux arrêter le chauffage maintenant. »

Le problème récurrent avec les enfants en bas âge concerne les demandes fréquentes d'attention. Si c'est pour eux un besoin légitime, les parents en ont également. Ils finissent par le comprendre entre 2 et 8 ans. Il est possible de leur expliquer nos besoins tout en leur accordant notre attention. Quand ceux de chacun sont reconnus, il est alors plus facile d'envisager les moyens de les combler. On pourrait s'accorder par exemple sur le fait que les enfants participent aux corvées en échange de quoi les parents participent davantage à leurs jeux ou bien leur fassent la lecture. Rien ne contraint les enfants puisqu'il s'agit là d'un commun accord. (Cette démarche n'est toutefois pas envisageable quand les enfants ont moins de 4 ans.)

Le manque de connaissances des tout-petits est le deuxième point pouvant être à l'origine d'un mauvais comportement. On oublie trop facilement ce détail ! Tant qu'ils n'ont pas expérimenté notre monde complexe ou qu'on ne leur a rien expliqué, ils ne savent pas grand-chose. Ceci, je l'ai compris auprès de mon fils. En voici l'histoire :

Un jour où Nicky, alors âgé de 2 ans, jouait tranquillement, je suis allée voir ce qu'il faisait. Quelle horreur ! Il avait joyeusement coloré les murs avec ses crayons. Malgré mon effroi, je me suis rendu compte que je ne lui avais rien dit au sujet des murs et des crayons. Je lui ai alors expliqué que les murs devaient rester blancs et ai commencé à les nettoyer en sollicitant son aide, ce qu'il fit volontiers. Après une heure environ d'un laborieux lessivage, je lui ai signifié que le coloriage se pratiquait uniquement sur les feuilles de papier et jamais sur les murs. J'ai veillé par la suite à ce qu'il ait suffisamment de papier en stock et lui, de son côté, n'a jamais recommencé.

À aucun moment, je n'ai poussé mon fils à se sentir méchant ou coupable. Je lui ai simplement apporté l'information qui lui manquait en le laissant constater combien il était difficile d'enlever les traces de crayons sur les murs. Je l'ai fait gaiement mais sans emphase.

À cette époque-là, mon fils était assez âgé pour capter une règle générale : ce qui était valable ce jour-là l'était également pour les autres jours… et pour chaque mur. Avant 2 ans, les enfants sont incapables d'assimiler les règles qui régissent leur propre comportement. Par conséquent, chaque conflit doit être traité comme s'il se produisait pour la première fois. (J'explique comment intervenir dans mon livre *Mon bébé comprend tout.*)

Dans la mesure du possible, le meilleur moyen de fournir aux enfants l'information appropriée est de laisser les conséquences de leurs actes se produire. Voici un exemple :

> Quand elle avait 4 ans, Sarah a suivi des leçons de natation chaque jour pendant quelques semaines. De retour à la maison, le fait qu'elle ne suspende jamais son maillot ni sa serviette et qu'elle les laisse traîner par terre m'énervait. J'ai alors pris l'habitude de le faire à sa place jusqu'à ce que je me rende compte que les faire sécher relevait de sa propre responsabilité et qu'elle ne s'en inquiétait pas parce qu'elle n'avait jamais dû remettre de maillot de bain mouillé. Je lui ai expliqué qu'en n'étendant pas son maillot, il serait encore humide le lendemain. Elle n'a pas semblé s'en soucier. J'ai donc laissé ses affaires en tas sur le sol. Le lendemain, elle n'a pas appréciée de les trouver encore humides tant est si bien que, par la suite, elle a elle-même pris le soin de les étendre.

Ainsi, le seul moyen de faire comprendre à ma fille l'information appropriée à cette situation était de la laisser expérimenter l'inconfort d'un maillot de bain et d'une serviette mouillés. Parfois, une sensation désagréable est nécessaire. Les parents ne doivent pas toujours protéger leurs enfants des conséquences de leurs actes s'ils estiment que ces expériences peuvent s'avérer pédagogiques. Dans certains cas, ne pas bouger et laisser faire est une méthode efficace. L'attitude des parents est alors très importante. Si j'avais dit à Sarah : « Je t'avais prévenue que cela arriverait ! », ma fille aurait ressenti un sentiment d'échec, de colère et d'amertume. Il est préférable de rester objectif et sympathique quand l'enfant devient la victime de ses propres actes, d'accepter les crises de larmes et de rage et de lui témoigner de l'affection.

Il arrive cependant que les conséquences logiques de leurs faits et gestes se révèlent dangereuses. Dans ce cas, il s'agit de mettre en œuvre d'autres moyens pour fournir l'information nécessaire. Si, après lui avoir expliqué les dangers, un petit enfant continue de courir dans la rue, montrez-lui par exemple une photo d'un enfant ou d'un animal renversé par une voiture pour qu'il comprenne mieux. Si, malgré cela, il ne saisit toujours pas l'information, il s'agira de le surveiller constamment, de lui interdire d'aller dehors tout seul ou de prendre des précautions en installant une clôture par exemple. Quand on fait usage de la punition, les enfants peuvent apprendre à obéir et se soumettre aux règles, mais vous ne voudrez probablement pas dépendre de cette seule obéissance dans des situations aussi dangereuses qu'une rue passante ! Puisque vous serez obligé de le surveiller, il est inutile de le punir, mieux vaut attendre qu'il comprenne avec l'âge les dangers potentiels avant de le laisser aller seul dans la rue.

Comment réagir quand les mauvais comportements ont pour origine des sentiments refoulés ?

Si un enfant continue à mal se comporter, même après avoir pris en considération tous ses besoins et lui avoir apporté toutes les informations nécessaires, il se peut qu'il agisse de la sorte à cause de sentiments douloureux accumulés en lui. Quand il a peur ou quand il se sent frustré, il arrive souvent qu'il adopte un comportement destructeur et agressif.

On réagit souvent à cette situation en le confisquant d'attention et d'amour. On s'imagine que les enfants ainsi ignorés apprendront à leurs dépens qu'ils n'attireront pas l'intérêt des parents en agissant de la sorte. Or, ils ont tant besoin d'attention à ces moments-là que procéder ainsi ne résoudra pas le problème. Cependant, ne les entourez pas n'importe comment de vos prévenances. L'attention que vous leur porterez doit s'adresser à la raison profonde pour qu'ils ne ressentent plus le besoin de « mal » se comporter.

Dans ce genre de situation, il y a deux choses à faire. La première consiste à stopper le comportement répréhensible sans blesser ni humilier les enfants. Hurler ou fesser, cela ne s'avère pas efficace à la longue et ne fera qu'augmenter les douloureux sentiments auxquels ils ont déjà affaire. Leur imposer fermement des limites est suffisant dans certaines circonstances : « Tu ne dois pas donner de coup de pied dans la fenêtre. » Autrement, recourir à la force – mais sans être violent – se révèle utile, par exemple pour séparer des enfants qui se bagarrent ou bien pour enlever leur main d'un objet pouvant casser quelque chose.

La deuxième chose est d'autoriser et d'encourager l'extériorisation de leurs émotions. Quand les enfants se conduisent mal à cause de ce qu'ils ressentent, le fait de stopper leurs agissements provoque souvent une manifestation spontanée de pleurs et de colère. Or, l'épanchement a des effets thérapeutiques comme celui d'empêcher toute récidive nuisible.

Les enfants ont besoin de faire rejaillir leurs sentiments sur quelqu'un capable d'écouter patiemment leur détresse sans se fâcher ni s'effrayer. Parfois, ils recherchent à se débattre avec une personne plus grande et plus forte, capable de les tenir fermement pour absorber leur fureur. Une fois la tempête passée, les parents retrouvent dans leurs bras des petits êtres soulagés et détendus, affectueux et conciliants, et surtout libérés de leurs pulsions répréhensibles. Cette approche s'est montrée très efficace auprès d'enfants fortement perturbés et qui montraient leur colère par des comportements violents. Ils avaient souffert de négligence ou bien avaient subi des mauvais traitements. Dans ce genre de cas, le thérapeute les tient fermement pour encourager une crise de larmes ou de rage. Et quelques heures après, de profonds changements sont déjà visibles.

Même sans avoir été maltraités ou négligés, les enfants accumulent constamment des ressentiments qui les poussent à se comporter de manière répréhensible, violente ou associable. Les tenir contre soi affectueusement mais fermement est une méthode efficace et salutaire, qui les invite à se soulager. L'anecdote suivante à propos de mon fils le prouve :

> Un jour, Nicky, âgé de 4 ans, s'est montré désagréable. Il tapait dans le journal que son père s'évertuait à lire, puis s'est approché de moi pour me gifler aussi. J'ai vu aussitôt dans cette attitude déplaisante un appel à l'aide. Je l'ai emmené dans la chambre et l'ai maintenu tout contre

moi. Il a tout d'abord lutté puis a éclaté en sanglots. J'ai continué de le tenir et lui ai caressé affectueusement le visage pendant qu'il criait et pleurait fortement. Il réclamait différentes choses, comme de manger ou de se rendre aux toilettes. Je lui répondais doucement que tout cela pouvait attendre et que j'allais le garder serré contre moi quelque temps encore. Il a pleuré pendant un quart d'heure, puis s'est apaisé et s'est presque endormi. Il m'a confié avoir fait un cauchemar la nuit précédente, où des voleurs s'introduisaient dans la maison. Juste après cette confidence, il chercha encore plus les câlins et il se montra adorable tout le reste de la journée, sans avoir le moindre écart de conduite.

Serrer un enfant contre soi est tout à fait opposé à l'usage de la punition, parce qu'en agissant de la sorte on ne le blesse pas, ne l'humilie pas, ne le menace pas ni le prive de quoi que ce soit et surtout pas d'amour. Cette attitude le respecte, tout en lui signalant que son comportement est inacceptable. On communique doucement avec l'enfant et ce dernier sait que ses sentiments sont reconnus et acceptés. On lui fait comprendre qu'il est une gentille et aimable personne. L'étreinte physique est pour l'enfant comme un endroit sûr où il peut s'épancher sans risque. Il ne faut donc jamais le serrer contre soi avec, en tête, de la colère ou l'idée de le punir.

Il y a d'autres façons d'aider les enfants à libérer leurs émotions quand ils sont odieux ou destructeurs. Une des solutions est de jouer avec eux et de les encourager à rire. C'est particulièrement efficace quand l'enfant semble incapable de pleurer. Parfois, les rires conduisent aux larmes. Voici le témoignage que j'ai reçu d'une femme qui a usé de cette méthode avec un jeune garçon de 2 ans dont elle avait la garde et qui était détestable avec elle :

Après les fêtes de Noël, quand Jason est revenu à la maison, il ne m'a pas semblé paisible. Pourtant, il ne pleurait pas, même quand je le serrais contre moi. Il était geignard, tatillon et souvent en colère pour demander quelque chose. Ce qu'il avait voulu et obtenu ne paraissait pas le satisfaire. Parfois même, il essayait de me frapper. J'ai senti qu'il réprimait son sentiment de détresse, mais il ne se sentait pas à l'aise pour s'épancher à mes côtés. Son père était momentanément parti et Jason

était terrifié. J'ai donc choisi de jouer avec lui et de l'encourager à rire. Un jour, il refusa de s'en aller de la patinoire où nous avions été. Dans la voiture, il a dit d'un ton furieux et provoquant : « Je veux rester à la patinoire ! » Je l'ai alors imité en faisant l'idiote tout en lui témoignant ma compréhension. J'essayais de lui montrer que sa colère ne me touchait pas, que j'étais capable de la tolérer et que je ne me sentais pas visée. Quelques secondes plus tard après ce petit jeu, il riait aux éclats et a semblé plus détendu avec moi qu'il ne l'avait été auparavant. Il a cessé ses pleurnicheries et paraissait beaucoup moins fâché. Et à chaque fois qu'il l'était, je reprenais mon air espiègle, niais et léger.
Le lendemain alors que nous étions dehors sous la neige, il a essayé de monter un monticule et, frustré, il s'est mis à pleurnicher. J'ai refait le pitre et, spontanément, Jason a éclaté en sanglots. Je me suis mise à son niveau pour lui porter toute mon attention. Il pleurait plus de chagrin que de colère. J'ai presque pleuré moi-même de joie de le voir se libérer ainsi. C'était la première fois depuis six semaines qu'il versait une larme. Je savais qu'il en avait besoin, mais qu'il n'était pas assez à l'aise avec moi pour le faire. À partir de ce moment-là, son attitude changea considérablement. Il était calme, naturel, paisible et joyeux. Il ne réclamait plus rien ni se cramponnait plus à moi. C'était surprenant !

Quand on choisit de faire le clown, il faut veiller à ne pas ridiculiser l'enfant.

De nombreux parents punissent les enfants qui réagissent comme indiqué ci-dessus. Une fessée parvient parfois à faire cesser les comportements inacceptables et à déclencher des crises de larmes. Toutefois, c'est aux dépens de l'estime de soi des enfants et des bons rapports familiaux.

Il arrive que les mauvaises conduites soient une manifestation systématique de résistance à l'autorité ou au contrôle parental. En règle générale, les enfants s'inclinent devant des interdictions raisonnables et occasionnelles, résultant de la grande expérience et connaissance des parents. Néanmoins, ceux qui sont traités avec trop d'autorité ou qui sont excessivement « cadrés » dans des situations vraisemblablement peu dangereuses finissent par se détourner des avertissements parentaux cette fois-ci justifiés, en se rapprochant trop près d'un précipice par exemple. Les enfants devenus rebelles se mettent en danger parce qu'ils ne discernent pas clairement les risques induits par leur attitude.

Ils sont « aveuglés » par leurs frustrations et leur besoin désespéré d'affirmer leur indépendance. Il faut mettre un terme à leurs agissements répréhensibles et aussi les aider à libérer leurs tensions. Il n'en résulte parfois qu'une amélioration temporaire, car il faut en avant tout que les parents changent aussi d'attitude et qu'ils se montrent plus tolérants à l'égard de leurs enfants.

S'ils ont pris l'habitude de faire fi de vos mises en garde et interdictions dans des circonstances qui comprennent un risque tant pour eux que pour les autres, prenez la peine de vérifier si vous n'êtes pas trop souvent restrictif à leur égard. Si tel est le cas, une consultation ou thérapie pourra vous aider et améliorer la situation. Peut-être devrez-vous relativiser vos craintes liées à la sécurité de l'enfant ou reconsidérer votre besoin de le commander (cela renvoie peut-être à votre propre enfance) ? La thérapie vous aidera finalement à vous détendre, à être plus permissif, et la conséquence de votre nouvelle attitude sera la diminution des comportements rebelles ou dangereux de vos enfants.

Que faire quand vous avez frappé votre enfant et que vous le regrettez ?

Plusieurs raisons poussent les parents à perdre leur sang-froid, à punir ou taper leurs enfants. La première, parce que nous avons tous été punis quand nous étions enfants sous le prétexte que « c'était pour notre bien ». La deuxième parce que, après avoir été punis, nos manifestations de douleur et de détresse étaient réprimées, ce qui dédoublait notre souffrance : la punition par elle-même et l'incapacité d'extérioriser les émotions qui en résultaient. Nous n'avions pas le choix et devions étouffer nos larmes. Par conséquent, nous tendons à normaliser l'usage de la punition et à traiter nos enfants exactement de la même manière que nous l'avons été. Même si nous estimions être victimes d'une injustice, le fait d'avoir dû refouler notre peine, nos craintes et notre souffrance a pour effet de nous pousser à agir de cette même manière blessante à l'égard de nos enfants quand ils nous irritent.

Ce genre d'expériences vécues pendant l'enfance mène à croire que ceux qui, petits, n'ont pas connu les frustrations, la privation et les mauvais traitements, seront incapables d'affronter la vie réelle. On pense qu'il vaut mieux que les enfants soient « corrigés » par quelqu'un qui les aime qu'agressés par une personne qui les exècre.

Même s'il se veut intentionné et qu'il suppose l'amour et le souci des parents, ce raisonnement n'est pas correct, parce qu'il est construit sur l'idée qu'une mauvaise expérience appelle une mauvaise expérience. Si l'on suit cette logique, cela signifie qu'en cas de famine potentielle, les parents priveraient leurs enfants de nourriture pour les y préparer. C'est bien entendu absurde ! Il vaudrait mieux les nourrir le mieux possible pour développer et fortifier leur corps, et leur donner ainsi la chance de survivre aux privations.

Le même raisonnement s'applique pour les besoins psychologiques. Si vous vous souciez de l'avenir de vos enfants dans un monde que vous jugez difficile, la meilleure chose à faire est de consolider leur santé psychologique en leur témoignant de l'amour, de la confiance et du respect. Les enfants qui ont de l'assurance et de la fierté survivent mieux que ceux qui ont été meurtris ou humiliés par les punitions, prospèrent et réussissent même à changer les dérives de notre société.

Cela soulève toutefois des réticences chez certaines communautés. Les groupes ethniques ou religieux, dont l'histoire est marquée par l'esclavage ou l'oppression, ont cette crainte enracinée en eux, transmise par les générations, que les enfants fiers, confiants et audacieux ne survivront pas. Jadis, une éducation fondée sur des méthodes punitives et autoritaires a pu être justifiée, car l'existence même des enfants dépendait de leur soumission et de leur obéissance. Ce modèle éducatif et la terreur qui l'accompagne se transmettent de génération en génération, même si les conditions de vie actuelles sont moins accablantes qu'elles ne l'ont été.

Notre autoritarisme provient aussi du fait que nous, parents, sommes très souvent physiquement et émotionnellement épuisés. Les sources de stress sont multiples : les soucis financiers, le problème du logement et les conflits conjugaux. De plus, nous sommes peu soutenus dans notre rôle quotidien de parents. Dans une société idéale, nous n'aurions pas à nous occuper de nos enfants si nous sommes malades, fatigués ou au bout du rouleau. Dès que nécessaire, nous pourrions nous ressourcer. On attend des parents qu'ils soient parfaits, et cette exigence suscite chez eux culpabilité et inquiétude. Ils sont les premiers à être critiqués au moindre écart de conduite de leurs enfants. La société ne les forme pas pour autant à la parentalité ni ne leur donne l'appui nécessaire pour se perfectionner dans cette voie.

Malgré toutes ces difficultés, je reste convaincue qu'il est possible de traiter nos propres enfants mieux que nous ne l'avons été. Chaque parent lutte dans ce sens parce qu'il ne veut pas reproduire ces mauvais schémas. J'admire les ressources et la force intérieures des parents avec qui j'ai travaillé, car ils font tout ce qui est en leur pouvoir pour leur donner la meilleure éducation possible, malgré leur passé difficile – punition, mauvais traitements ou négligence – et malgré de grandes difficultés financières.

Si vous réalisez que vous avez tendance à frapper vos enfants, certaines mesures peuvent être prises. Celle, par exemple, de trouver un exutoire à vos propres émotions en adhérant à un groupe de soutien, en consultant un thérapeute, en confiant à un ami vos sentiments ou en prenant contact avec un organisme d'aide aux parents. Il sera également très utile de vous rappeler comment vous vous sentiez, enfant, et d'extérioriser vos ressentiments ou votre colère liés à ce que vous avez vous-même vécu.

Puis, demandez de l'aide pour accomplir votre mission parentale. Vous n'êtes pas seul. Si vous êtes à court d'argent, vous pouvez vous organiser avec d'autres familles pour partager la garde des enfants et vous octroyer de temps à autre des moments de liberté.

Si toutes ces mesures s'avèrent inefficaces et si vous ressentez l'envie de malmener vos enfants, changez de pièce, défoulez-vous sur un oreiller, laissez-vous pleurer, crier, ou appelez un ami pour vous confier à lui. Certains retiennent leur souffle et comptent jusqu'à dix. Cela aide momentanément mais ne remplace pas l'effet thérapeutique de l'extériorisation des sentiments refoulés.

Les enfants créent de fortes tensions chez leurs parents et peuvent devenir particulièrement énervants. Si les parents parviennent sans danger à libérer leur colère suscitée par leurs agissements, ils se trouveront dans un meilleur état d'esprit pour y répondre d'une manière efficace et qui ne nuira pas aux enfants.

Si, mu par la colère, vous avez frappé votre enfant et que vous vous sentez coupable et pris de remords, prenez-le dans vos bras, dites-lui que vous l'aimez et expliquez-lui qu'il vous arrive de faire des choses sans le vouloir parce que vous ne parvenez pas toujours à vous contrôler. Confirmez-lui qu'il ne méritait d'être tapé et qu'il a un bon fond. Par ailleurs, laissez-le vous dire ce qu'il ressent ou pleurer s'il en a besoin. Ne soyez pas surpris s'il vous dit qu'il vous déteste ou que vous êtes « méchant ». C'est une réaction saine et nécessaire. Vous aurez aussi besoin d'exprimer vos sentiments. Au lieu de garder en vous la culpabilité qui vous ronge, il est plus sain de vous laisser aller à pleurer. C'est bien aussi, si vous disposez d'une oreille amicale compatissante et tolérante. La mère d'une petite fille de 4 ans m'a rapporté cette histoire :

> Un jour où je lui avais acheté des cartes avec lesquelles nous étions en train de jouer, ma fille a commencé à les mâchouiller. Choquée, j'ai tapé sur sa main. Elle a aussitôt éclaté en sanglots. Une véritable crise ! Puis, nous avons eu une petite conversation pendant laquelle j'ai versé quelques larmes, lui expliquant que j'aurais dû plutôt lui parler. Elle paraissait comprendre mon problème : je ne savais pas me servir des mots ; or parler valait mieux que frapper.

Il est utile, à l'occasion, de recenser toutes les fois où vous n'avez pas eu de gestes malheureux, même si ce n'était pas l'envie qui vous manquait. Félicitez-vous pour tous ces moments de maîtrise de soi !

Comment faire pour que vos enfants participent aux travaux ménagers ?

Les tout-petits ont tendance à imiter tout ce que font leurs parents, y compris les tâches ménagères. Si vous encouragez leur élan en leur procurant un petit balai, un râteau, une pelle ou tout autre outil semblable à ceux que vous utilisez à la maison ou au jardin, alors, en grandissant, vos enfants seront plus disposés à vous aider. Au début, un bambin de 2 ans lavera le sol d'une manière maladroite et les corvées prendront plus de temps que si vous les faisiez tout seul. Mais votre patience portera ses fruits avec le temps. Si vous les réprimandez quand ils s'efforcent de balayer les fenêtres plutôt que le sol, vous les découragerez très vite et ils cesseront de vous aider à faire le ménage.

Avec l'âge, les enfants participent volontiers aux corvées si vous continuez à les faire ensemble : « Voyons avec quelle rapidité nous réussirons ensemble à ratisser le jardin. » De plus, on peut donner un but aux tâches ménagères et les rendre plus amusantes : « Faisons la surprise à Papa en lavant toutes les fenêtres aujourd'hui ! » Laisser les enfants faire des choix leur permet d'envisager ce qu'il faut faire exactement et comment se rendre utiles. Ils auront ainsi plus envie de participer : « Si nous nettoyions ta chambre aujourd'hui, par quoi voudrais-tu commencer : ranger les blocs ou les habits de poupées ? » Il est possible de faire de ces corvées matière à s'amuser, en conversant ou en chantant ; ou bien de chercher à battre des records en accomplissant le travail avant la sonnerie d'un minuteur ou la fin d'un morceau de musique.

Faites savoir aux enfants que leur aide est considérable. Quand ma fille avait 4 ans, elle avait un petit balai à franges adapté pour passer derrière les toilettes, alors que mon balai ne passait pas. Aussi aimait-elle s'occuper du sol de la salle de bains pendant que je m'affairais dans la cuisine. Il est important de montrer aux enfants combien nous apprécions leur aide et que ce gain de temps et d'énergie pourra être réinvesti dans des activités communes.

Au cours de leurs premières années, les enfants ne distinguent pas le travail du jeu. Tout est amusement pour eux, y compris ce que nous considérons comme une charge ou une corvée. Adultes, nous n'apprécions pas les tâches ménagères, peut-être parce qu'enfants, nous étions forcés à les faire dans un milieu peu conciliant ni amusant. De surcroît, on obligeait, à l'accoutumée, les femmes à faire le ménage sans aucune considération ni récompense financière. Maintenant, les adultes assimilent corvées avec travail rébarbatif. Si vous-même prenez en grippe de telles occupations, il est certain que vos enfants n'y trouveront aucun plaisir et qu'il vous arrivera de les harceler ou de les menacer pour qu'ils vous aident. Par conséquent, à leur tour, les travaux domestiques les rebuteront. Il est difficile de casser ce cercle vicieux, à moins de reconsidérer votre attitude. J'ai moi-même rencontré ce genre de difficultés dans mon enfance :

> Faire les lits est une des corvées que je déteste le plus. Petite, je devais aider ma mère à les faire, or elle était maniaque et aussi très critique. Il

n'y avait rien de drôle. Je ne suis pas surprise par le fait que je me suis emportée quand mes propres enfants ont fait preuve de maladresse en m'aidant. Ma mauvaise humeur au moment de faire les lits les poussait à mal se conduire. Ils sautaient dessus, se cachaient sous les couvertures, etc. Mon seul recours pour éviter tout conflit était de les envoyer ailleurs ou de faire les lits en leur absence. Il était évident que j'éprouvais toujours ce malaise qui me venait de mon enfance et qu'il me fallait l'exprimer. Grâce à une amie, j'ai réussi à évacuer mes tensions et me suis trouvée plus détendue quand l'heure de faire les lits venait.

En conclusion, le seul moyen de susciter l'aide de nos enfants pour faire les tâches ménagères est de les « mettre de notre côté ». Quand on les respecte et qu'on les traite à la maison de manière équitable, quand on ne les soumet pas à l'autorité des adultes et quand on prend du plaisir à ranger et à faire le ménage, il en résultera une relation solidaire, fondée sur l'amour, la confiance et le désir mutuel de garder la maisonnée propre, rangée et jolie. Les enfants assumeront spontanément le type de responsabilités que nous souhaitons qu'ils aient.

Comment résoudre les problèmes le soir au moment de dormir ou avant la sieste ?

Les problèmes rencontrés à l'heure du coucher se rangent en haut de la liste des difficultés induites par les tout-petits. Leur réticence à se coucher peut être en partie évitée en s'adressant à leurs besoins. Avant de fréquenter l'école, la plupart d'entre eux requièrent pour s'endormir la présence d'une autre personne et font résistance quand ils se retrouvent tout seuls. C'est là un point commun que nous partageons avec les petits mammifères qui ne s'endorment pas loin de leur mère qui leur apporte chaleur et protection. Il n'y a pas de mal à satisfaire ce besoin si votre enfant réclame votre présence lors du coucher jusqu'à ce qu'il s'assoupisse. Comme nous l'avons évoqué au chapitre II, les petits ont beaucoup de craintes, principalement lorsqu'ils se retrouvent seuls dans la pénombre d'une chambre.

Dans mon livre *Mon bébé comprend tout*, je recommande aux parents de dormir avec leurs nouveau-nés. Cette pratique du « cododo » peut être prolongée après, pendant les années préscolaires si les parents n'y voient aucune objection. Beaucoup craignent que les enfants ne veuillent plus quitter la chambre parentale. Or, la plupart d'entre eux souhaitent en grandissant avoir la leur. Si vous pensez que vos enfants sont prêts à opérer ce transfert, préparez-leur un petit lit dans une autre chambre et proposez-leur d'y dormir. Même s'ils acceptent, ne soyez pas étonné de les voir revenir vers vous au milieu de la nuit :

> Dès sa naissance, Sarah a dormi à mes côtés dans mon lit. Puis, au fil des années, elle s'est couchée sur un matelas posé sur le sol. Vers 3 ans et demi, elle a demandé à dormir dans la même chambre que son frère de 8 ans. Au début, elle revenait souvent dans mon lit au cours de la nuit. Puis elle est restée dans son propre lit. Au cours de sa quatrième année, j'ai été hospitalisée pour subir une opération chirurgicale importante. À mon retour, elle a repris l'habitude de revenir dans mon lit. Pendant plusieurs mois. Jusqu'à ce qu'elle décide de dormir dans son propre lit. Vers 4 ans et demi, elle a commencé la maternelle. Rebelote ! Elle revenait vers moi chaque nuit. Quand elle a eu 5 ans, elle a obtenu sa propre chambre et était heureuse d'y coucher. Cependant, elle ressentait toujours le besoin d'une présence avant de s'endormir et venait de temps à autre dans ma chambre pour finir la nuit à mes côtés.

Cet exemple illustre le passage de la dépendance à l'indépendance, qui se produit par à-coups et est ponctué par des événements extérieurs. Chaque fois que Sarah subissait un stress, elle recherchait ma présence pour dormir.

Le refus de rester seuls dans leur lit n'est pas seulement lié à leurs peurs, mais aussi à toutes leurs émotions accumulées. La plupart des bébés pleurent tous les soirs avant de s'endormir, et ils manifestent encore ce besoin à l'heure du coucher pendant les années préscolaires. Les tout-petits s'inventent toutes sortes de prétextes pour pleurer : leur pyjama préféré est dans le bac de linge sale, ce n'est pas le bon dentifrice, etc. Il n'est pas nécessaire d'« arranger » les choses ou de satisfaire leur moindre souhait si vous présumez qu'ils cherchent en fait à libérer leurs tensions. Encouragez plutôt leurs crises de larmes ou de rage.

Il arrive parfois qu'au lieu de pleurer, les enfants deviennent hyperactifs au moment de se coucher. Cette forme d'excitation, souvent agaçante, tend à augmenter avec leur fatigue au lieu de diminuer. Vous devez voir là le signe d'un besoin de pleurer. Cadrer leurs faits et gestes peut être le point de départ de leurs crises de larmes et de rage : emmenez-les dans la salle de bains, fermez la porte et restez près d'eux ; ou bien tenez-les fermement contre vous pour stopper leurs gesticulations. Ainsi, vous canaliserez leur nervosité vers les pleurs. Si vous les laissez seuls, ils trouveront peut-être le moyen de pleurer en se blessant « accidentellement » ou par suite de la réaction d'un frère ou d'une sœur qu'ils auraient provoquée. Puis, après une telle crise, ils seront de nouveau détendus, calmes et prêts à s'endormir.

Les siestes sont parfois problématiques, mais peuvent être traitées de la même façon : en étant présent et en acceptant l'extériorisation des sentiments. Bien que les siestes en journée arrangent bien des parents, tous les bambins n'en ressentent pas le besoin. Les facteurs héréditaires, le taux de croissance, la santé et l'exercice physique jouent un rôle considérable à ce sujet, déterminant entre autres le temps de sommeil nécessaire aux enfants. À quoi s'ajoute la récurrence des pleurs : ceux qui s'épanchent plus souvent ont moins besoin de dormir que ceux qui répriment leurs émotions. Mes enfants, par exemple, ont cessé de faire la sieste à partir de leur deuxième anniversaire. Si vos bambins n'ont pas envie de dormir le jour, les forcer ne servirait à rien.

Exercices pratiques

Revivez votre enfance

1. Enfant, avez-vous été puni ? Comment ? Rappelez-vous quelques incidents particuliers et décrivez ce que vous ressentiez. Récompensait-on vos « bonnes » conduites ? Que ressentiez-vous alors ?
2. Vos parents s'attendaient-ils à ce que vous obéissiez à leurs ordres sans objecter ? Si oui, qu'avez-vous alors ressenti ?
3. Quels souvenirs d'enfance gardez-vous en mémoire en ce qui concerne les corvées ménagères et le moment d'aller se coucher ? Exprimez vos sentiments. Auriez-vous préféré que vos parents agissent avec vous différemment ?

Exprimez les sentiments que vous avez à l'égard de votre enfant

1. Dressez la liste des principaux conflits qui vous opposent à votre enfant. Que pensez-vous de chacun d'entre eux ? Qu'avez-vous envie de faire à ces moments-là ? (Et qui n'est pas nécessairement ce que vous devriez faire !)
2. Manquez-vous souvent de patience à son égard ? Le frappez-vous ou hurlez-vous sur lui ? Comment vous sentez-vous après ?
3. Que ressentez-vous quand votre enfant a un comportement agaçant, rebelle et insolent ?

Prenez en main votre épanouissement personnel

1. Vos besoins essentiels – nourriture, repos, loisirs, etc. – sont-ils comblés ? Sinon, que pouvez-vous faire pour obtenir l'aide requise pour prendre soin de vous ?
2. Êtes-vous sous le joug d'un patron autoritaire au travail ou d'un conjoint intraitable à la maison ? Si oui, comment vous sentez-vous ? Pouvez-vous améliorer de concert la situation et comment ?

3. Avez-vous l'impression de subir une forme quelconque d'oppression ou de stéréotype dans votre vie, lié au fait d'être une femme, noire de peau, juive, pauvre, handicapée… ? Si c'est le cas, évertuez-vous à trouver un soutien moral qui vous aidera à vous sentir bien dans votre peau et à trouver le courage nécessaire pour affronter les assauts critiques des autres.

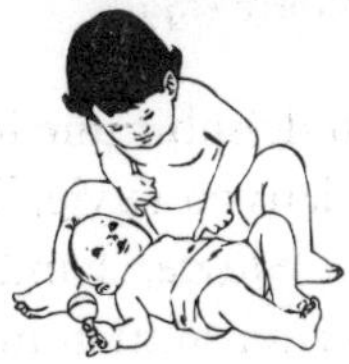

VI. Amis et ennemis

Nous traiterons dans ce chapitre des relations qu'entretiennent les enfants avec leur entourage. C'est l'une des fonctions de la première enfance que d'apprendre à s'entendre avec les autres. La famille fournit à cet égard une excellente formation parce que les rapports continuels entre frères et sœurs et entre leurs besoins respectifs apportent l'expérience nécessaire au développement de leur socialisation. Même si au sein de la famille la plus équilibrée il y a des querelles et des bagarres, les enfants apprennent en même temps à partager et à comprendre les besoins des autres. La manière dont on réagit aux conflits entre frères et sœurs peut avoir une conséquence importante sur les futures relations interpersonnelles des enfants.

Le drame de l'agression sexuelle sera également évoqué ici. Il apparaît clairement que ce problème est beaucoup plus répandu qu'on ne le pense, et toute famille devrait prendre garde de protéger ses enfants de ces abus. Enfin, nous traiterons de la question des relations entre enfants et beaux-parents.

Comment préparer l'enfant à l'arrivée d'un nouveau-né ?

Il est important de préparer les enfants avant une nouvelle naissance. Selon leur âge, on peut le faire en s'aidant de livres, d'images, de mises en scène avec des poupées, ou tout simplement en lui parlant de l'heureux événement. Si l'enfant est assez grand pour poser des questions, il en posera sans doute beaucoup et il s'agira d'y répondre le plus clairement possible. Il faut éviter de lui dire qu'il aura bientôt un petit frère ou une petite sœur avec qui il pourra « jouer ». Car il sera évidemment déçu quand il s'apercevra combien le nouveau-né est petit et donc inapte au jeu. Les parents ont meilleur temps de lui expliquer qu'un bébé est très fragile et requiert beaucoup de soins.

Il voudra sans doute savoir d'où vient le bébé ou de quelle manière il a commencé à grandir. Ces questions seront pour vous l'occasion de lui expliquer les notions de base de la sexualité et de la reproduction. Cela dit, il est préférable de ne pas lui donner plus de renseignements qu'il n'en a besoin ou qu'il n'est capable d'assimiler.

Quand la naissance sera toute proche, l'enfant voudra probablement savoir exactement ce qui va se passer : comment et quand le bébé arrivera-il ? Où se trouvera sa mère ? Qui s'occupera de lui ? etc. Tout cela devra être expliqué plusieurs fois, peut-être même mimé. Il y a toujours de nombreuses incertitudes autour de la naissance : le sexe du bébé, le jour et l'heure de son arrivée, parfois l'éventualité d'une césarienne. Il est préférable d'expliquer la nature de ces incertitudes plutôt que de donner à l'enfant une information qui pourrait s'avérer fausse. Expliquez-lui qu'il y a certaines choses que personne ne peut prévoir.

Comme nous l'avons mentionné au chapitre III, certains parents permettent à leurs enfants d'assister à la naissance du nouveau-né. Si c'est votre souhait, l'enfant devra y être préparé à l'avance. Il aura besoin d'en connaître un peu plus sur l'accouchement et son processus. Dites-lui ouvertement quelle attitude vous attendrez de lui à ce moment-là. Afin d'éviter tout incident, il est souhaitable de le mettre au courant de tout ce qui se passera ou pourrait se passer. N'oubliez pas de lui parler des saignements et du placenta qui sera expulsé. L'accouchement lui-même peut être mis en scène en le mimant, afin qu'il sache bien à quoi s'attendre. Il est bon de l'avertir que sa mère sera très occupée au moment du travail et de la naissance et qu'elle ne pourra pas s'occuper de lui ni le tenir dans ses bras ni lui parler. Dites-lui, pour le rassurer, que sa maman poussera peut-être des cris ou se mettra dans des positions inhabituelles, mais que cela ne signifie pas qu'elle est malade. Il est recommandé qu'un adulte accorde toute son attention à l'enfant durant son « expérience » de l'accouchement.

Si vous prenez bien toutes ces précautions, le fait d'être témoin de l'accouchement peut être une expérience merveilleuse pour l'enfant, tant au niveau émotionnel qu'intellectuel. Le laisser assister à la naissance du nouveau-né permettra de nouer un lien dès le départ entre eux deux. Quiconque est témoin d'une naissance sera plus attaché au nouveau-né que ceux qui n'y ont pas assisté. La vue du sang ou de la souffrance de sa mère n'effrayera pas l'enfant s'il a été soigneusement préparé à l'événement. Dans notre culture, on a tendance à protéger les enfants d'expériences intenses comme celle de la naissance ou de la mort, mais il n'y a aucune raison à cela, car ils peuvent parfaitement supporter lesdites expériences, pourvu que quelqu'un soit tout à eux pour répondre à leurs questions et accorder son attention à leurs émotions avec empathie. Mon fils a assisté à la naissance de ma fille :

> Nicky avait 4 ans et 11 mois lorsque sa sœur Sarah est née. Durant toute ma grossesse, il m'a posé tout plein de questions et nous avons emprunté à la bibliothèque des ouvrages décrivant la croissance du fœtus et le processus de l'accouchement. À l'approche de celui-ci, mon mari et moi avons répété en présence de Nicky les différentes étapes du travail et les techniques respiratoires. Nous lui avons tout expliqué sur le déroulement de la naissance, mais aussi de l'éventualité que le médecin procède à une césarienne (je ne voulais pas que Nicky soit déçu ou dérouté si je devais en subir une). Nous avons convenu avec lui d'un signe pour qu'il soit calme : lever l'index de ma main droite indiquerait le début d'une contraction. Nous avons répété le signe jusqu'à ce qu'il l'ait bien assimilé. L'accouchement a eu lieu dans un hôpital acceptant la présence de la famille. Ma mère s'est proposée d'accompagner Nicky : elle l'emmènerait à l'hôpital et le tiendrait occupé s'il venait à s'ennuyer. L'accouchement s'est très bien passé. Nicky fut très attentif et très intéressé, obéit parfaitement à mes signes et ne fut absolument pas effrayé à la vue du sang. Il prit plaisir à discuter avec le médecin et à lui poser des tas de questions. On lui a permis de prendre sa petite sœur dans les bras moins d'une heure après sa naissance. Dès le début, il a éprouvé un très fort attachement pour elle, a voulu régulièrement la porter et a même demandé si elle pouvait dormir dans sa chambre ! Il s'est beaucoup intéressé à sa croissance et à son développement et se sentait responsable de sa sécurité et de son bien-être. Je suis persuadée que sa présence à la naissance de sa sœur a fortement contribué au lien si fort qu'ils entretiennent. Même si parfois il s'est montré jaloux ou

qu'ils se disputèrent par moments quand Sarah fut plus grande, il n'a jamais tenté de lui faire du mal.

Que faire quand un enfant éprouve de l'hostilité à l'égard du nouveau bébé ?

L'enfant qui a été fils ou fille unique pendant plusieurs années, avec des parents rien que pour lui ou elle, doit faire un grand effort d'adaptation à l'arrivée d'un nouveau-né. C'est comme si un mari disait à sa femme : « Chérie, je t'aime très fort, mais j'aimerais avoir une autre femme comme toi. Je vais bientôt en emmener une à la maison et alors nous vivrons heureux ensemble. J'espère que tu aimeras ma nouvelle épouse. Elle te tiendra compagnie et vous vous amuserez bien toutes les deux. » Comment le prendriez-vous, Madame ? Et vous, Monsieur, dans le cas inverse ?

Malgré toutes les précautions et préparations, il arrive que l'aîné(e) ressente de l'hostilité et de la colère envers le nouveau-né et ce, de façon fort désagréable, notamment par des gestes agressifs à l'égard du bébé ou des parents. D'autres signes de sa détresse peuvent se manifester par une attitude peu (ou pas) coopérative et capricieuse, ou encore par un comportement régressif et infantile. Après la naissance du bébé, l'aîné(e) refusera peut-être de manger ou de s'habiller tout seul, ou recommencera à faire pipi et caca dans sa culotte, et se réveillera peut-être plusieurs fois la nuit. Certains enfants peuvent même exiger qu'on leur redonne le sein ou le biberon !

Lorsqu'un enfant montre de tels signes de détresse, la situation peut devenir exaspérante pour les parents qui n'ont plus un seul bébé à pouponner, mais deux ! Reproches, fessées et punitions ne feront qu'empirer les choses, car l'aîné(e) éprouve déjà un vif sentiment d'insécurité et d'anxiété, pensant qu'on ne l'aime plus et se sentant menacé(e) par la présence du puîné.

À ce moment-là, l'enfant a deux besoins fondamentaux : il a besoin d'amour et de sécurisation ; et d'évacuer sa rancune et sa colère. Le premier peut être satisfait par un surcroît d'attention à son égard. Tâchez de lui accorder du temps chaque jour, ne fût-ce que dix à quinze minutes, pour lui porter une attention exclusive et faire tout ce dont il aura envie. Selon son âge, il désirera jouer, se faire chouchouter ou profiter de ce moment pour faire semblant d'être un bébé. Tout ce qu'il vous demandera correspond en fait à ce qu'il attend de vous. Vous pouvez lui montrer des photos de lui quand il était bébé, lui parler de sa naissance et lui raconter ce qu'il faisait quand il était tout-petit. En second lieu, pour l'aider à évacuer sa rancune et sa colère, permettez-lui gentiment de pleurer et de piquer des crises, comme nous vous l'avons préconisé précédemment. Le moindre prétexte sera peut-être l'occasion pour lui d'une crise de nerfs, mais acceptez tendrement ces sautes d'humeur. L'exemple suivant montre bien la rage éprouvée par mon fils en raison de sa jalousie :

> À 6 ans et demi, la jalousie de Nicky vis-à-vis de Sarah culmina, probablement parce que sa grand-mère (qui lui portait une grande affection) était partie pour l'été. Il ne me lâchait pas d'une semelle et voulait sans cesse se faire câliner lorsque je tenais Sarah dans mes bras. Un jour, après avoir passé une heure à lui faire la lecture, il s'est accidentellement cogné la tête et s'est mis à pleurer. Ses cris ont réveillé Sarah que j'ai prise dans mes bras pour l'allaiter. C'en était trop pour Nicky, qui se mit à hurler de vive voix : « Je ne veux pas que tu prennes Sarah ! » Toujours hurlant et sanglotant, il m'a donné des coups de pied. Si ces pleurs m'étaient tolérables, ses coups de pied non ! Alors j'ai emmené Sarah dans une autre pièce et j'ai fermé la porte tandis que Nicky pleurnichait derrière. Après qu'il m'a promis de ne plus me taper, j'ai ouvert la porte et l'ai laissé entrer. Il a continué de pleurer et quand Sarah eut fini de téter, il a rampé jusqu'à mes genoux pour calmer son chagrin. Juste après, de fort bonne humeur, il joua gaiement tout seul.

Les fausses bagarres sont aussi un moyen efficace pour aider l'enfant à exprimer sa colère et son ressentiment. Une mère m'a raconté au cours d'un entretien comment ces sentiments peuvent être libérés par les luttes fictives et le rire qu'elles suscitent :

> Tout a débuté lorsque Jimmy avait environ 2 ans et Nancy 5 ou 6 mois. Dès que je l'allaitais, il se mettait à me frapper ou à jeter des objets si bien que je ne pouvais nourrir le bébé correctement. Il voulait ainsi, c'est évident, attirer mon attention. Un jour où il se comportait de la sorte, dès que j'ai pu, je me suis occupée de lui. On

a fait semblant de se bagarrer tout en riant. Il me poussait de toutes ses forces et je le laissais « gagner ». Il pouffait de rire. Cela a duré pendant à peu près une demi-heure. Il adorait ça ! Ensuite tout détendu, il s'est blotti contre moi tout en disant : « Maman, je t'aime. » C'était incroyable ! Ce n'est pas son habitude d'être aussi démonstratif !

Si votre enfant tente de faire du mal au bébé, il faut l'en empêcher immédiatement. Pour faire au mieux sans qu'il ne se sente rejeté, emmenez-le loin du nourrisson et serrez-le doucement mais fermement dans vos bras. Il pleurera ou piquera une crise dès que vous interromprez ainsi ses gestes agressifs, mais cela ne signifie pas que vous lui faites du mal. Bien au contraire ! Vous lui donnez l'occasion de se décharger de sa colère. Il protestera peut-être vigoureusement et essaiera de s'enfuir, mais vous devrez continuer de le tenir fermement dans les bras pendant un moment (cf. chapitre V). Vous pouvez lui expliquer que vous agissez ainsi pour l'empêcher de frapper le bébé. Puis laissez-le aller tout en observant son comportement. S'il recommence à malmener le bébé, n'hésitez pas à le resserrer fermement contre vous. Il importe que la manière dont vous le tenez soit douce et non perçue comme une punition ni une vengeance. Une fois sa colère passée, l'enfant sera soulagé et se montrera aussi beaucoup plus affectueux avec le petit.

Si votre enfant exprime verbalement ses émotions, même si c'est avec des mots durs, acceptez-le. Mieux vaut tolérer les formules du genre « Je te déteste » ou « Je déteste le bébé » que les interdire ou les blâmer. Parce que son hostilité vous attristera, vous serez tenté de répondre : « Tu ne détestes pas vraiment le bébé » ou « Je ne veux pas entendre des choses pareilles ! » Il serait pourtant préférable de lui dire : « Je comprends ce que tu ressens. Ça doit être très dur pour toi en ce moment, avec ce bébé toujours là et tout le temps… Je parie que tu souhaiterais le voir retourner d'où il vient et qu'ainsi, nous pourrions être rien que tous les deux, comme avant ! » Avec une telle réponse, l'enfant se sentira vraiment compris de vous, reconnu et accepté.

Jouer avec une poupée, tant pour les garçons que pour les filles, s'avère un très bon moyen d'exprimer les sentiments ressentis à l'égard du nouveau-né. À la naissance de celui-ci, vous pouvez offrir une poupée à l'enfant plus âgé. Ne vous étonnez pas si tantôt il l'adore et la chouchoute, tantôt il la frappe et la jette par terre. Par cette attitude, il évacue ses émotions et ne s'en prend pas au « vrai » bébé. Quand l'enfant manifeste de l'agressivité, donnez-lui sa poupée et demandez-lui de vous montrer ce qu'il ressent en agissant de la sorte. Faites-lui comprendre clairement qu'il est interdit de frapper le bébé, mais qu'il peut se défouler sur la poupée tant qu'il voudra.

Les méthodes éducatives du genre béhavioriste qui s'attendent à des changements comportementaux progressifs sont particulièrement décevantes dans ce type de situations. Par d'incessantes récompenses et punitions, il se peut que l'enfant en vienne à faire *comme s'il aimait* le bébé, sans assumer ses sentiments cachés. Il « ruminera » colère et rancœur. Toutes ces émotions continueront à fermenter en lui jusqu'à ce qu'elles trouvent un exutoire. Si elles ne trouvent aucune issue non-violente par le jeu, les larmes, le rire ou une crise de colère, elles risquent de rendre l'enfant agressif envers les autres ou les animaux. Il continuera même à terroriser le bébé à votre insu. Vous ne résoudrez nullement le problème sous-jacent si vous punissez un enfant qui vous frappe ou tape le dernier-né, ou si vous le récompensez avec des bonbons quand il se montre gentil.

Pourquoi les frères et sœurs se chamaillent-ils et comment réagir ?

L'une des raisons de leurs bagarres vient de ce qu'ils éprouvent des sentiments chroniques de rancunes les uns à l'égard des autres. Plus la famille est nombreuse, plus les enfants rivalisent entre eux pour attirer l'attention et la reconnaissance des parents (à moins que certains ne soient assez âgés pour prendre soin des plus jeunes). Il est extrêmement difficile pour deux parents d'octroyer l'attention requise à plus de deux enfants en une journée, d'autant que ces derniers ont individuellement besoin de beaucoup d'attention et obtiennent rarement ce dont ils ont besoin en la matière. À l'ère des chasseurs-cueilleurs, oncles, tantes et grands-parents vivaient à proximité les uns des autres. Les enfants étaient ainsi constamment en contact avec plusieurs adultes, chez qui ils pouvaient même habiter temporairement en cas de conflits avec leurs parents immédiats. Ils pouvaient aussi jouer avec d'autres jeunes que leurs frères et sœurs. Mais de nos jours, les familles nucléaires se trouvent souvent isolées et les enfants sentent le besoin d'entrer en concurrence pour attirer l'attention de l'un ou des deux adultes « disponibles ».

On conseille souvent aux parents de ne pas intervenir dans leurs chamailleries, car leur attention portée dans ces moments-là ne ferait que renforcer le problème. Voici une façon bien simplificatrice de considérer le problème ! Parfois les enfants ne se querellent qu'avec cette unique volonté d'attirer immédiatement l'attention des parents. Or le fait de les ignorer dans ces moments-là peut les pousser à capter votre attention par d'autres moyens. Mais le problème sous-jacent est toujours là : les enfants ont un plus grand besoin d'attention qu'ils n'en reçoivent. Nous vous recommandons de ne pas vous mêler à leurs disputes seulement s'il vous semble évident qu'ils ne cherchent qu'à capter votre intérêt. À la fin des chamailleries, vous pourrez passer plus de temps avec eux pour adoucir leur problème.

Il est essentiel de consacrer quotidiennement une part d'attention individuelle à chaque enfant. De plus, chacun requiert un espace « rien qu'à lui » (même si ce n'est qu'une partie d'une pièce) et a un besoin fondamental de posséder ses jouets propres. Tout cela est nécessaire au développement de son individualité. Un enfant doit sentir qu'il est un être singulier et apprécié de la famille, avec des intérêts spécifiques et une personnalité bien définie, et qu'on l'aime et le chouchoute parce qu'il est comme il est ! Il est bon que vos enfants puissent passer du temps avec d'autres adultes, notamment si vous êtes loin du reste de la famille.

Outre leur besoin d'attention, frères et sœurs se querellent pour d'autres raisons pour lesquelles une intervention judicieuse est possible. La première vient du fait que deux enfants peuvent souhaiter jouer au même jeu au même moment, mais sont trop jeunes pour comprendre les notions de partage ou de « chacun son tour ». Les leur apprendre n'est pas chose aisée ! Très jeunes, ils considèrent difficilement les points de vue d'une autre personne ni conçoivent ce qu'elle pense ou ressent. La capacité de tenir compte des besoins d'autrui et de trouver des solutions mutuellement satisfaisantes aux conflits augmente progressivement avant la scolarisation. Elle s'acquiert grâce aux interactions sociales, mais dépend également de la maturation du système nerveux. Un enfant de 4 ans se placera entre ses parents et le téléviseur sans réaliser qu'il les empêche de la regarder, si ce n'est quand on lui en fait la remarque. Un enfant de 8 ans n'agira probablement pas ainsi parce que, spontanément, il tient compte de la perspective et des besoins des parents.

Si deux enfants se disputent un même jouet, il y a deux choses à faire pour leur venir en aide : les encourager à évacuer leurs émotions en pleurant et les inviter à se parler l'un à l'autre pour trouver une solution agréable et partagée au problème. Après avoir écouté chaque enfant, vous pouvez leur dire : « Il y a un problème entre vous : Jean est hors de lui parce que Claudine veut lui piquer le camion de pompier et Claudine est fâchée parce que c'est elle qui l'avait pris en premier. Vous voulez jouer tous les deux en même temps avec ce camion. Pouvez-vous trouver une solution à ce problème ? » Cette simple description de la situation doit être présentée de manière à n'accuser personne et à ne pas prendre partie.

Il se peut que vous deviez tenir bon et ne laissiez aucun des deux enfants utiliser le jouet, tant qu'ils n'auront pas conçu une solution mutuellement satisfaisante. Il y aura bien quelques larmes au cours de cet « exercice », mais quand les conflits sont gérés de cette manière et qu'aucune solution n'est imposée de l'extérieur, les enfants finissent généralement par trouver le bon remède à leur dispute : cette solution sera souvent très créative, bien au-delà de ce que les parents auraient pu imaginer !

Quand les parents imposent une solution en faisant preuve d'autorité, ils privent leurs enfants de l'opportunité de penser aux besoins d'une autre personne et d'apprendre à résoudre des problèmes. De toute façon, les solutions parentales ne sont habituellement pas appropriées et l'un ou l'autre enfant aura le sentiment d'avoir été dupé.

Autre motif de chamaillerie : le sentiment de déception d'un enfant plus jeune ne parvenant pas à faire la même chose que son aîné. C'est une situation que j'ai vécue avec mes enfants :

> À 7 ans, Nicky aimait jouer du piano et interpréter des mélodies simples. Or, à chaque fois qu'il s'installait au piano, Sarah, âgée de 2 ans, s'approchait de l'instrument et tapait sur les touches. Je me suis bien

> gardée d'intervenir pour voir s'ils réussiraient à régler leur problème par eux-mêmes. Nicky tenta plusieurs stratégies ingénieuses, comme de la laisser pianoter à son tour, de l'inviter à fredonner sur les airs qu'il jouait, de lui trouver quelque chose d'autre à faire, mais tout cela sans résultat. Elle continuait de le déranger et il finit par se mettre à lui hurler dessus. J'ai senti que je devais leur venir en aide. Sarah me semblait ne pas trop savoir comment réagir, probablement en raison de sa frustration de ne pas encore savoir jouer au piano. La fois suivante où elle dérangea Nicky et pour l'en empêcher, je l'ai prise tendrement mais avec fermeté dans mes bras et elle s'est mise à pleurer. Après quoi, elle a laissé mon fils tranquille et s'est mise à jouer gaiement toute seule. Cela dit, le même problème revenait périodiquement. Je me suis donc résolue à lui donner des leçons de piano quand Nicky n'en jouait pas. Elle est arrivée, grâce à ma sollicitude, à composer de petites mélodies simples. Quand elle comprit qu'elle était capable, elle aussi, de jouer du piano, elle n'a plus jamais embêté Nicky quand il en jouait.

Dans cet exemple, on voit que le sentiment de frustration du plus jeune resurgit par moments, jusqu'à ce qu'il acquière les mêmes compétences que son aîné. Ce type de comportement est inévitable, car les enfants veulent naturellement apprendre à faire tout ce que font les autres !

À chaque fois qu'un plus petit se sent exclu d'une activité, une dispute se produira presque infailliblement. Les parents peuvent calmer le jeu en tentant de trouver si possible les moyens de faire participer, à son niveau de compétence, le plus jeune à l'activité en cours. Cela atténuera les chamailleries fraternelles. Si le papa et le grand frère préparent un gâteau d'anniversaire pour la maman, la petite sœur peut participer activement en mélangeant les ingrédients ou en beurrant le moule, par exemple.

Toutefois, quand les enfants plus âgés jouent avec leurs pairs, ils n'acceptent pas toujours l'irruption de leurs cadets. On ne doit pas les y obliger. Notre métier de parents ne consiste pas à chercher à tout prix que tout se passe bien entre nos enfants. Si nous insistons pour que les plus jeunes soient associés aux activités des aînés, cela ne fonctionne pas du tout en général et plus personne ne s'amuse. La meilleure approche consistera plutôt à se montrer compréhensif à l'égard des émotions des plus jeunes et à les encourager à exprimer leur colère et leur frustration.

Il existe un autre motif aux dissensions entre frères et sœurs, certainement le plus commun, mais aussi le moins reconnu. Les disputes sont bien souvent un moyen de faire savoir aux parents que quelque chose les embarrasse et ils en usent comme prétexte pour décharger des émotions refoulées. Ils n'hésitent pas à cette fin à se servir les uns des autres : un petit garçon qui a été taquiné à l'école peut revenir à la maison et se bagarrer exprès avec son frère afin que ce dernier riposte brutalement. Et voilà un joli prétexte pour s'épancher !

Les querelles qui s'achèvent en crise de larmes peuvent être considérées, dans bien des cas, comme des occasions salutaires pour se décharger d'émotions douloureuses. Aussi étrange que cela puisse paraître, quand les enfants choisissent constamment de se chamailler au point d'en venir aux larmes, ils en tirent probablement profit. Les parents peuvent être d'une aide précieuse en acceptant ces crises de larmes. La mère d'un petit de 5 ans et d'une fillette de 3 ans m'a raconté cette histoire :

> Ils se hurlent dessus très souvent. Ils se mettent en colère pour un rien. Elle est tellement agacée quand il la taquine ! La plupart de leurs vexations mutuelles se produisent parce qu'ils veulent jouer avec le même jouet au même moment. Mais, quand Greg est parti en vacances toute une semaine, Julie n'a pas cessé de pleurer. Elle continuait de faire des crises de rage alors même que j'étais aux petits soins pour elle et rien que pour elle ! Elle s'est jetée de tout son corps au milieu de la cuisine et s'est mise à hurler. Cela m'a convaincue qu'elle avait juste besoin d'agir ainsi. Il lui faut sa dose quotidienne de larmes !

Si des enfants se battent au point de s'infliger de sérieux coups, une intervention immédiate s'impose. Il peut être nécessaire de les séparer en s'interposant ou de retenir fermement celui qui est en train de taper l'autre. Les parents peuvent alors laisser les enfants exprimer leurs émotions. Habituellement, cela suffit et permet à l'agresseur en puissance d'éprouver ce qu'il ressent vraiment plutôt que de passer à l'acte, et de pleurer plutôt que de frapper ! L'objectif est ici de mettre fin à la violence, pas nécessairement aux hurlements… Pleurer à chaudes larmes est sans doute en ce cas ce dont l'enfant avait besoin.

Il importe aussi d'intervenir quand un enfant est constamment victime de taquineries. Il ne serait pas juste de le laisser ainsi continuellement maltraité par ses frères ou sœurs. L'« agresseur » doit être arrêté et invité à exprimer ses émotions. Il peut être judicieux aussi de s'asseoir à ses côtés quand il est rasséréné et de discuter du problème. Si on agit de la sorte sans reproches et tout à l'écoute, l'enfant laissera peut-être transparaître quelque chose qui permettra de clarifier la situation. Peut-être qu'à leur insu, les parents ont-ils pris le parti d'un enfant plutôt que d'un autre. Il se peut aussi qu'un des enfants de la fratrie excelle dans un domaine et que ses frères et sœurs se sentent inférieurs et meurtris dans leur estime d'eux-mêmes. Les taquineries, les critiques ou les brimades continuelles subies peuvent devenir une habitude résultant d'une forme inconsciente de jalousie et d'insécurité. Une intervention des parents, tout en finesse et en humour, peut pacifier ces comportements agressifs et être l'occasion d'une décharge émotionnelle remplie de rires ! Voici ce qu'une famille propose comme solution :

> Jerry, âgé de 5 ans, taquinait très souvent Heather alors âgée de 3 ans. Il lui disait des tas de choses désagréables et la titillait pour l'irriter. Après que j'en ai discuté avec lui, il a pris conscience qu'il s'agissait d'une mauvaise habitude et je lui ai proposé de l'aider à s'en défaire. Nous avons fait un pacte selon lequel à chaque fois qu'il embêterait sa sœur, je lui dirais : « Cantaloups, Jerry ! » (Et Heather avait ajouté : « Framboises ! ») Cela a très bien fonctionné : il a cessé de taquiner sa sœur dès qu'il entendait ces mots, il en riait même. Nous n'avons pas eu besoin de le gronder : « Jerry, stoppe là ! Tu ne dois pas faire cela. » Nous n'avons pas eu à le réprimander. Notre pacte sembla lui plaire et lui rappelait sa vilaine manie dont il devait se débarrasser. Jamais il n'a eu l'impression que nous étions fâchés ou que nous voulions le culpabiliser !

Un autre facteur de querelle entre ici en jeu, qui relève de l'attitude de notre culture par rapport à l'esprit de compétition. Au chapitre IV, nous avons évoqué le haut niveau de compétitivité des sociétés industrialisées et les effets qu'il avait sur le jeu des enfants. Or cet esprit compétitif tend également à favoriser les rivalités dans la fratrie.

Ce culte de la performance est transmis aux enfants en raison de la tendance que nous avons à les pousser à réaliser très tôt des prouesses, notamment intellectuelles. Cela est le résultat logique d'une société fondée sur l'esprit de compétition où les parents sont empressés, comme sous pression, que leurs enfants sachent lire et écrire, qu'ils deviennent des génies en mathématiques ou des virtuoses artistiques. L'indépendance est également considérée comme une vertu. Les enfants sont affectés par l'angoisse qu'éprouvent les parents à l'égard de leur croissance et toute aptitude jugée trop lente à se développer se transforme en source de tension qui rejaillit sur toute la famille. Tout cela contribue à provoquer la concurrence et les bagarres entre les enfants, qui éprouvent un sentiment pénible de manque d'assurance quant à leurs compétences.

Nous devons éviter de pousser nos enfants à réussir et devenir performants le plus vite possible, ce qui n'est pas facile dans une société dont l'une des règles fondamentales et contraignantes pourrait s'énoncer ainsi : « Le plus tôt sera le mieux ». Nous pouvons aussi rendre l'ambiance familiale moins « concurrentielle » en évitant toute comparaison. C'est plus difficile qu'on ne le croit, car nous sommes tentés de comparer nos enfants et ne prenons pas toujours la mesure de ce que nous disons : « Comment se fait-il que tu ne sois pas prêt à partir à l'école ? Susanne, elle est toujours prête à l'heure ! » ou « Jean-Marc est l'artiste de la famille et Marie, notre petite danseuse. »

Quand nous comparons les enfants ou leur collons des étiquettes correspondant à ce qu'ils font bien (l'artiste, le matheux, l'intello...), à notre insu, nous leur faisons du mal. Et si Jean-Marc aspirait secrètement à faire de la danse, mais n'osait pas le dire puisque c'est sa sœur qui reçoit tout le soutien et les encouragements pour cette activité ? Quand un enfant est étiqueté comme le plus lent et le plus sale de la famille, il sera sans doute tenté de se conformer à l'image véhiculée. Il ira même jusqu'à s'efforcer d'atteindre le summum de la lenteur et de la malpropreté si ses réussites en d'autres domaines ne sont pas mises en valeur par ses parents. Cataloguer les enfants de cette manière ne peut qu'entretenir une rancune qui se traduira par de l'hostilité et des bagarres dans la fratrie.

Les enfants plongés dans une ambiance de compétition finiront par devenir anxieux et mécontents quand les frères ou sœurs se verront gratifiés de plus de temps, d'attention ou de cadeaux. Cette tendance à comparer ce que les uns et les autres reçoivent entraîne certains parents à faire d'énormes efforts pour donner équitablement à chaque enfant ce qui lui revient. Ce n'est pas nécessaire : les enfants n'ont pas à recevoir le même nombre de cadeaux ni à bénéficier de la même somme d'attention de leurs parents. Plutôt que de considérer les choses sous l'aspect de la quantité, il vaut mieux s'attacher à combler les besoins individuels : « Il faut à Michelle de nouvelles chaussures. Quand tu en auras besoin, je t'en achèterai. » Si les parents adoptent cette attitude, les enfants seront probablement moins portés à se comparer et comprendront que chacun reçoit ce qui lui est dû en fonction de ses propres besoins.

En résumé, plusieurs facteurs peuvent causer des disputes entre frères et sœurs : la rancœur et la jalousie, le besoin d'attention, l'incapacité de comprendre le point de vue de l'autre, la frustration d'être moins compétent dans un domaine, les sentiments d'exclusion, le besoin d'évacuer des émotions refoulées et l'esprit de compétition en général. Les parents peuvent être d'une aide précieuse à la fois en empêchant les situations conflictuelles et en aidant les enfants à les gérer quand elles surviennent.

Comment demeurer impartial en cas de bagarres enfantines ?

Beaucoup de parents pensent que les disputes et les bagarres sont extrêmement désagréables et agaçantes. Il est pénible de voir ses enfants bien-aimés s'emporter les uns contre les autres. En raison de cela et aussi du désir de maintenir la paix à la maison, on est parfois tenté d'imposer des solutions toutes faites dans l'espoir que chacun s'en contentera. Il est aussi fort tentant de prendre parti en culpabilisant l'un des enfants ou en prenant sa défense. De tels comportements ne sont pas recommandés, notamment quand la cause profonde n'est pas ce qu'on pense.

Certains parents sont tellement excédés de voir leurs enfants se disputer qu'ils finissent par crier, frapper et punir, ce qui, bien sûr, donne aux enfants un très mauvais exemple de ce qu'ils ne doivent pas faire. C'est aussi leur montrer qu'on ne vient à bout d'une situation conflictuelle qu'en usant de violence et que c'est la loi du plus fort qui l'emporte. Taper un enfant ou lui hurler dessus provoque des traumatismes et si celui-ci ne peut évacuer son stress, il se peut qu'il se comporte violemment avec les autres, en hurlant dessus ou les tapant.

Beaucoup de parents peinent à rester calmes et neutres quand leurs enfants se taquinent, car ils ont l'impression d'avoir raté quelque chose dans leur éducation. Ces disputes leur rappellent parfois celles qu'ils avaient aussi petits. Ils ont peut-être encore un sentiment d'hostilité inconscient à l'encontre d'un frère plus âgé ou quelque sentiment de culpabilité vis-à-vis d'un plus jeune. Si leurs propres parents se disputaient souvent, tout conflit familial peut réactiver des sentiments de crainte et donner envie d'y mettre fin à tout prix. Un père relate ici ce qu'il éprouvait quand Nancy, sa fille de 3 ans, frappait sa petite sœur Sandra :

> Quand Nancy frappait Sandra, je voyais rouge, je me mettais en colère et j'avais envie de la taper. Je sais que ce n'est pas bien, mais c'est ce que j'étais tenté de faire. C'est la première chose qui me venait à l'esprit. Sinon je me mettais à hurler, ce qui n'est guère mieux. J'ai essayé d'être compréhensif, à l'écoute et tout ce genre de choses… Je suis psychologue, je devrais être capable de me comporter sereinement, mais voir Nancy ennuyer Sandra me rendait dingue. J'avais du mal à me contrôler. Je pense que tout ça me rappelle des souvenirs d'enfance. Ma grande sœur, en effet, me frappait puis évitait une punition en disant à mes parents que c'était moi qui avais commencé. J'ai encore les marques des morsures et écorchures qu'elle m'infligeait sur les bras.

Si vous croyez vous comporter de manière inappropriée quand vos enfants se bagarrent et si vous souhaitez changer vos réactions, la première chose à faire est de vous rappeler les sentiments que vous éprouviez lorsque vous étiez témoins, enfants, de situations où violence et rivalité entraient en jeu, puis d'évacuer ces anciens sentiments douloureux par le rire, les larmes et la colère (de préférence avec une personne compréhensive et objective, si vous en trouvez une). Une fois ces sentiments extériorisés, vous saurez plus facilement rester calme et objectif quand vos propres enfants se chamailleront. Vous pourrez alors gérer la situation avec plus de créativité et d'efficacité !

Comment aider un enfant à bien s'entendre avec ses copains ?

Les enfants expérimentent différents comportements avec les autres. C'est une manière de prendre conscience des sentiments d'autrui et des effets de leur propre attitude. Savoir que les autres enfants ne supportent pas qu'on leur pique leurs jouets ou n'aiment pas qu'on leur dise quoi faire n'est pas inné. Cela s'apprend !

Les plus jeunes n'ont pas toujours de tact et se disent réciproquement des choses blessantes. Il n'est pas rare de les entendre dire : « Je te hais », « Tu es méchant », « Je ne suis plus ton ami », et cinq minutes plus tard, les voilà qui jouent de nouveau joyeusement ensemble ! Ces propos un peu crus sont pour eux une façon d'exprimer des sentiments de colère ou d'irritation fugitifs mais intenses à l'égard des autres. Nul besoin d'intervenir dans ces échanges enfantins ni d'en faire toute une histoire !

Quand un désaccord surgit pendant le jeu, il s'avère parfois utile de tenir le rôle de médiateur si les enfants semblent incapables de résoudre le problème :

> Un jour, Sarah (6 ans) et Helen (5 ans) jouaient avec leurs poupées quand je les ai entendu pleurer et se crier dessus. C'était inhabituel, je suis donc allée voir ce qui se passait. Elles n'arrivaient pas à se mettre d'accord sur le choix des habits qu'une des poupées devait porter pour une soirée imaginaire. C'était visiblement un problème important, qu'elles n'arrivaient pas à résoudre. Après avoir laissé à chacune la possibilité de parler de la situation, j'ai décrit en l'expliquant ce que chacune ressentait : « Sarah, tu aimerais que la poupée porte la robe verte parce que cela convient pour une journée d'été et toi, Helen, qu'elle porte la blanche parce que le vert n'est pas assez élégant pour une soirée. Pourriez-vous réfléchir à une solution qui vous satisferait toutes les deux ? » Helen répondit : « Nous ne pouvons nous mettre d'accord, car nous voulons deux choses différentes. » Puis elle a commencé à habiller la poupée en blanc. Sarah la lui a arrachée des mains… hurlements et pleurs ont repris de plus belle. Je leur ai alors suggéré des solutions, mais aucune ne convenait. Finalement, je leur ai dit : « Je vais vous laisser régler la situation toutes seules. Je crois que vous pouvez trouver vous-mêmes une solution satisfaisante. » Je les ai

laissées tranquilles pendant quelques minutes et n'ai plus entendu de cris. Lorsque je suis revenue les voir, elles m'ont montré la poupée qui portait les deux tenues à la fois – idée qui ne me serait jamais venue à l'esprit ! Elles étaient ravies de cette solution et semblaient fières d'avoir résolu leur conflit.

Les faits de frapper ou de mordre sont bien souvent la manifestation de sentiments pénibles, comme c'est le cas entre frères et sœurs. L'enfant qui en frappe souvent d'autres éprouve de l'insécurité, de la peine, de la colère ou de la peur et a besoin qu'on l'aide à extérioriser ses sentiments d'une manière qui ne cause de tort à personne. En lui permettant de bonnes crises de larmes et de rage sans violence, vous serez d'une aide précieuse pour désamorcer la situation. Lors d'un entretien, un professeur de maternelle m'a décrit son attitude à l'égard d'enfants se battant :

> À l'école, il arrive souvent que des enfants se disputent un jouet et si, d'abord, ils se chamaillent en tentant de s'en saisir, ils en viennent ensuite à se mordre ou se frapper pour obtenir l'objet convoité. Si je suis près d'eux, je me place entre et les sépare en leur disant : « Non. » Ou, parfois, quand l'enfant est sur le point de taper ou de mordre son camarade, je le saisis doucement mais fermement pour l'empêcher d'aller plus loin. Les vannes s'ouvrent alors et les larmes jaillissent. Toute cette agressivité et toutes les émotions du moment sont libérées par ce simple geste d'empêchement – soit le fait de dire « non », soit de saisir l'enfant. Tout cela finit souvent en de longs épanchements de larmes. Il n'y a généralement plus de désir d'agression après que l'enfant a pleuré son soûl.

Il est parfois difficile pour un enfant unique d'entretenir de bons contacts avec les jeunes de son âge, surtout si ses parents lui portent beaucoup d'attention quand il joue. Il s'attendra à ce que ses amis se plient aux rôles demandés, à l'instar de ses parents qui avaient l'habitude d'agir ainsi quand ils jouaient ensemble. Une telle attitude sera perçue par ses camarades comme une volonté de domination. L'enfant unique risque aussi d'être un peu choqué par la rudesse et les taquineries des copains ou sera effrayé par les chahuts brusques, manquant d'expérience en la matière. Mais cela ne cause en général pas de problèmes sérieux et, si c'est le cas, l'enfant les surmontera en renouvelant ses expériences de jeux avec d'autres.

Comment protéger son enfant des abus sexuels ?

Une étude a révélé qu'au moins une fillette sur cinq avait été victime d'une agression sexuelle avant ses 13 ans. L'abus sexuel sur un mineur est un fait répandu, qui existe depuis des siècles. Récemment, on a pu voir émerger une nouvelle prise de conscience et une analyse différente de cette forme d'abus. Depuis, les personnes qui en ont été victimes sont moins portées à garder le silence.

Le fait d'aider les enfants à se sentir respectés et se savoir forts importe beaucoup pour les préserver de l'agression sexuelle. Un enfant traité avec respect depuis sa naissance, qui n'a pas été manipulé par le « jeu » des récompenses et punitions, ni éprouvé de culpabilité, sera mieux loti pour dire « non » à un adulte se comportant de manière blessante ou malvenue. En revanche, les enfants qu'on a habitués à obéir aveuglément, sans avoir la possibilité de poser des questions, dans une famille où les punitions avaient bon cours, seront sans doute moins capables de résister aux agressions sexuelles et moins aptes à en parler à leurs parents par crainte de représailles.

Échanger des informations est primordial. Les enfants doivent être mis au courant des éventuelles déviances et du comportement agressif de certains, car ils sont portés naturellement à faire confiance à n'importe qui. Informez-les du fait que certains adultes se conduisent mal avec les enfants, leur font de vilaines choses ou peuvent en venir à toucher leurs parties intimes, et que c'est avoir raison que de dire « non », de s'en aller et de relater les faits à une autre personne.

Les enfants ont souvent cette idée fausse que les « mauvaises » personnes sont facilement reconnaissables de par leur aspect diabolique, cliché provenant sans doute des lectures ou émissions télé. Il est donc nécessaire de leur faire savoir que des adultes ressemblant à papa et maman peuvent très bien leur faire du mal et que même les personnes de leur entourage et en qui ils ont confiance peuvent les malmener. Le message à faire passer, c'est que les adultes (même leurs propres parents) ne sont pas parfaits et peuvent agir cruellement.

Ne vous limitez pas au seul problème de l'abus sexuel. À chaque fois que vous voyez ou entendez dire qu'un adulte manque de respect à un enfant, parlez-en au vôtre. Quand nous, parents, avons le courage de mettre fin à la souffrance d'autres enfants, nous devenons des modèles pour les nôtres, qui sauront faire face avec assurance au cas où un adulte tenterait de les malmener.

Si vous redoutez de laisser votre enfant aux bons soins d'un autre adulte en raison d'un pressentiment, *suivez votre intuition* même s'il s'agit d'un membre de la famille. Méfiez-vous notamment des hommes qui parlent des petites filles avec des termes ambigus comme : « Elle a des yeux aguichants » ou « Elle ne doit pas être si mal en bikini », car ils ne voient en elles que des objets sexuels pouvant éventuellement assouvir leurs pulsions. Méfiez-vous également des crèches ou écoles, où les parents ne peuvent se rendre sans prévenir. Enfin, si votre gamin est invité chez l'un de ses amis, informez-vous sur ses parents et faites leur connaissance.

Mettre en scène des situations potentiellement menaçantes est une bonne manière d'apprendre à dire « non » à votre enfant. L'objectif : l'informer sur ce qu'il doit faire sans s'inquiéter de votre absence si quelque chose de ce genre lui arrivait. Il est préférable de lui expliquer l'agression sexuelle ou les kidnappings sans trop dramatiser et sans détours, comme si vous appreniez à l'enfant à traverser une rue sans se faire renverser par une voiture.

Si vous avez vous-même été agressé sexuellement, vous risquez de transmettre votre douleur et votre effroi à vos enfants, qui risqueront eux-mêmes de devenir exagérément méfiants à l'égard des étrangers, ce qui pourrait limiter leur joie de vivre... Pour votre bien et le leur, consultez donc un thérapeute !

Si vous êtes sexuellement attiré(e) par vos enfants et êtes tenté(e) d'avoir des jeux sexuels avec eux, consultez un thérapeute et demandez de l'aide. Il n'y a pas de raison de vous sentir coupable ni de vous blâmer, car l'origine de vos pulsions est sûrement liée à vos propres traumatismes infantiles.

Les jeux sexuels des adultes avec des enfants sont extrêmement déroutants, traumatisants et humiliants pour ces derniers. Même les plus jeunes ont une conscience aiguë d'être malmenés en cas d'attouchements. Des adultes victimes d'inceste dans leur enfance ont rapporté qu'ils avaient alors ressenti beaucoup de honte et de confusion quand leur père ou autre membre de la famille les attouchait, même « gentiment ». Ils avaient l'impression de n'avoir pas d'autre choix que de subir et accepter les abus. Ils ont aussi avoué s'être sentis incapables d'en parler à quiconque, souvent parce qu'ils étaient menacés des pires sévices s'ils le faisaient. Les uns pensaient que personne ne les croirait ou qu'ils seraient punis, les autres craignaient de détruire leur famille ou d'être placés dans un foyer d'accueil.

Les enfants abusés sexuellement grandissent avec un fort sentiment d'impuissance et, souvent, avec ce besoin compulsif d'être à nouveau victimes de relations déviantes, incapables de faire la distinction entre être aimés et être exploités. Quand ils deviennent parents, ils sont compulsivement conduits à reproduire ce qu'ils ont subi et tiennent à leur tour le rôle d'agresseur sexuel.

Ce cercle vicieux de l'abusé-abuseur peut être rompu si les adultes en prennent conscience et expriment leur indignation à l'égard des cruautés et humiliations subies. Cela requiert l'aide d'une personne attentionnée et empathique, sachant accueillir l'expression de leurs sentiments intenses de chagrin, de colère et d'angoisse.

Comment réagir avec un enfant abusé sexuellement ?

Tout changement dans le comportement d'un enfant peut indiquer qu'il a subi une agression sexuelle : le fait de refaire pipi dans sa culotte ou au lit, un repli sur soi, un comportement cramponneur, une timidité ou des angoisses soudaines, une perte de l'appétit, des cauchemars ou des troubles du sommeil, le refus d'aller à l'école ou de jouer avec ses amis. L'enfant tentera parfois de guérir sa souffrance en pleurant davantage. S'il ne se sent pas suffisamment en sécurité pour s'épancher, il s'adonnera peut-être à certains rituels comme sucer son pouce, fétichiser une couverture ou un ours en peluche. Il y a d'autres signes révélateurs comme un soudain intérêt pour les organes génitaux – les siens ou ceux des autres ; une masturbation excessive ; une curiosité accrue ou une tendance à dessiner des organes génitaux. L'enfant abusé se mettra peut-être à parler d'actes sexuels ou à les simuler avec ses poupées ou ses amis dans le but de comprendre ce qui s'est passé. Le fait qu'il se sente mal à l'aise en présence d'une personne qui avait auparavant sa confiance peut aussi être un indice. Si l'un de ces symptômes se manifeste sans d'autre raison évidente (naissance d'un autre enfant, déménagement ou divorce des parents), il est alors sensé d'envisager cette éventualité.

Si vous découvrez que votre enfant a réellement été abusé, il est extrêmement important de le croire, de lui dire qu'il a bien fait de vous en parler et que ce qui lui est arrivé n'est pas de sa faute. Il aura aussi besoin de vous entendre dire que vous le protégerez et ferez tout pour que cela ne se reproduise plus.

Ensuite, il s'agira de prévenir la police et de demander secours à une association d'aide aux enfants abusés. Il importe que l'agresseur soit confondu et mis en accusation par la justice – cela sera particulièrement difficile pour vous et votre enfant si c'est un membre de la famille ou un proche. Faites savoir à l'enfant qu'il ne s'agit pas de punir l'abuseur, mais de s'assurer qu'il recevra l'aide nécessaire pour ne pas récidiver.

Il est très important pour vous d'exprimer vos sentiments propres, qui peuvent passer de l'état de choc à l'incrédulité, à l'angoisse, à la culpabilité ou à la colère. Vous aurez peut-être besoin de pleurer ou « criser », mais ne le faites pas en présence de l'enfant qui a déjà bien des émotions à gérer ! N'hésitez pas à consulter un psychologue. Vous avez le droit à toute l'aide souhaitée.

Votre enfant aura aussi besoin de parler de son traumatisme, sinon encouragez-le à le faire. S'il cherche à fuir le problème, c'est probablement qu'il ne se sent pas suffisamment en sécurité ou est effrayé par les éventuelles conséquences. Un thérapeute compétent ayant l'habitude de travailler avec des enfants abusés sera d'une aide très précieuse : ce n'est pas faire preuve de faiblesse ou de manquement que de faire appel à l'aide d'un professionnel en cas de besoin !

Les jeunes enfants sont-ils sexuellement attirés par leurs parents ?

L'une des idées de base de la psychanalyse consiste à affirmer que les jeunes enfants sont naturellement attirés sexuellement par le parent du sexe opposé et éprouvent le désir secret de se débarrasser de l'autre pour posséder l'objet de leur désir. C'est ce que l'on appelle le « complexe d'Œdipe » pour les garçons et le « complexe d'Électre » pour les filles. La résolution de ce conflit est censée avoir d'importantes répercussions sur l'équilibre émotionnel du futur adulte. L'incapacité de le résoudre aboutirait à des névroses. La véracité de cette théorie provenait originellement de témoignages d'adultes se souvenant avoir eu des expériences sexuelles avec leurs parents. Selon la théorie de Freud, ces expériences relèveraient plus du fantasme de l'enfant que de la réalité même. Cependant Freud, avant cela, avait développé une autre théorie (dite « théorie de la séduction »), suite à la consultation d'adultes souffrant de divers troubles psychologiques liés à un traumatisme précoce causé par une agression sexuelle réelle. Mais cette « théorie de la séduction », Freud l'a toutefois abandonnée parce que ses contemporains ne pouvaient accepter ou admettre le fait que des adultes puissent se livrer à de tels actes pervers avec des enfants. Ainsi, dans sa théorisation ultérieure, remplaçant celle de la « séduction », il mit en doute les souvenirs d'abus sexuels précoces de ses patients et les interpréta plutôt comme étant de purs fantasmes.

Selon Alice Miller, la théorie fondamentale de Freud n'a servi qu'à perpétuer la souffrance de jeunes enfants, car elle refuse d'admettre l'origine de problèmes psychologiques liés à de mauvais traitements *authentiques* subis précocement et à des situations traumatiques *réelles.* Et en effet, comme nous l'avons déjà dit, il paraît évident que l'agression sexuelle subie par les jeunes enfants est un fait fort répandu et que le souvenir qu'en conserve l'adulte est réel. L'hypothèse suivant laquelle les enfants souhaiteraient avoir des relations sexuelles avec des adultes se révèle erronée au regard des observations faites sur leur comportement réel. Ceux-ci, normalement, ne comprennent pas ni ne désirent les rapports sexuels puisque ce désir n'advient seulement qu'à la poussée hormonale survenant à la puberté.

Quand un garçon dit qu'il se mariera un jour avec sa mère, c'est simplement parce qu'elle se trouve être la femme à qui il accorde le plus d'importance dans sa vie. Il en va de même d'une petite fille souhaitant épouser son père. Les enfants qui disent ce genre de choses ont simplement saisi que les personnes de sexe opposé se marient en général, et veulent nous faire savoir qu'ils l'ont compris. Il se peut aussi qu'ils expriment par ce biais leur désir d'entretenir une relation toute leur vie durant avec leurs parents. Les jeunes enfants ne comprennent pas complètement tout ce qui concerne les relations sociales et les différences de générations, ils sont incapables d'imaginer qu'ils pourraient vivre un jour avec un étranger. D'où cette évidence : ils épouseront un membre de la famille ! Ma fille m'annonça un jour, à l'âge de 3 ans, qu'une fois grande, elle se marierait avec son grand-père ! Ce serait faux d'interpréter ces propos innocents en disant qu'ils trahissent un désir incestueux latent !

Au lieu de supposer que les enfants entretiennent des désirs sexuels et des pulsions de mort, nous leur rendrions mieux service en pensant à la façon dont ceux qui ont plus de pouvoir qu'eux peuvent les blesser ou les abuser. Toute colère contre un parent de sexe opposé est le signe que l'enfant a été blessé par ce parent de quelque manière. Plus tôt nous aurons compris ce fait, plus nous serons capables d'aider nos petits à devenir des adultes psychologiquement sains.

Même si les enfants ne sont pas attirés sexuellement vers leurs parents, cela ne signifie pas qu'ils n'ont aucune pulsion d'ordre sexuel. Beaucoup se masturbent et certains découvrent l'orgasme avant la puberté. Mais ce genre d'activité sexuelle, de nature « égoïste », leur procure simplement une sensation de plaisir physique. Ils se masturbent sans aucune idée de ce que sont les rapports sexuels, la reproduction ou le fait d'être amoureux. C'est un acte qui suscite du plaisir, complètement dissocié de tout sentiment d'attachement ou de désir pour une autre personne. Les enfants ne sont pas encore prêts pour des relations charnelles et celui qui se sentirait libre de le faire rejetterait fermement toute avance sexuelle venant d'un adulte.

Que penser des jeux sexuels entre enfants ?

Les jeunes enfants aiment parfois jouer nus ensemble et examiner leurs organes génitaux respectifs. Il arrive souvent qu'ils se regardent faire pipi ou caca ou qu'ils jouent « au docteur ». Ces jeux sont d'ailleurs très souvent accompagnés d'éclats de rire.

Ces jeux sexuels ont deux rôles fondamentaux. Tout d'abord, c'est une manière pour l'enfant de prendre connaissance de l'anatomie humaine et de la différence des sexes. Il souhaite naturellement tout savoir sur son corps et ce qui le distingue des autres. Ensuite, ils ont un effet thérapeutique. La sexualité est souvent source d'embarras dans bien des foyers et la honte éprouvée à ce sujet se transmet de génération en génération. Les enfants savent très bien que les organes génitaux sont des sujets de conversation tabous. Ils ont dès lors grand besoin de se libérer de cet embarras et de cette anxiété, grâce à cette « machine à évacuer » les émotions qu'est le rire ! C'est pourquoi ils rient tant quand ils jouent nus ensemble.

Les jeux sexuels entre enfants n'ont rien d'inquiétant en soi, mais les parents doivent poser certaines limites par mesure de sécurité et d'hygiène. Il faut les aviser de ne pas introduire d'objets dans leur anus ou vagin, qu'il faut se laver les mains avant et après s'être touchés. Tous les enfants traversent cette étape tout à fait naturelle. Une fois leur curiosité satisfaite, ils n'éprouveront plus le besoin de jouer à ces jeux. Tenter de mettre un terme à ces derniers serait vain et incitera les enfants à le faire en cachette ; cela peut même entraîner un sentiment de culpabilité et une difficulté à s'accepter eux-mêmes et leur corps.

Les enfants abusés sexuellement montrent parfois un intérêt exagéré pour les jeux sexuels avec d'autres, essayant ainsi de comprendre ce qu'on leur a fait. Ils peuvent même ressentir un besoin irrépressible de reproduire la scène de l'abus. Ce type de comportement peut être nuisible aux autres enfants, surtout lorsqu'il y a un décalage d'âges et de force entre l'« abuseur » et l'« abusé »… Si cela arrive, l'enfant qui tente ainsi de se débarrasser de sa détresse aura besoin de suivre une thérapie, qui l'aidera à se libérer de ses émotions douloureuses et lui évitera de devenir à son tour un agresseur. Celui qui a été victime de l'enfant abusé aura lui aussi besoin d'aide et de soutien pour exprimer ses sentiments vis-à-vis de ce qu'il aura subi.

Comment faire pour qu'un enfant accepte ses beaux-parents ?

Même si l'objet de ce livre n'est pas de traiter du thème des beaux-parents ou des parents divorcés, avec tous les problèmes qui y sont liés, nous voudrions toutefois aborder la question suivante, à savoir comment aider un enfant à s'adapter au nouveau conjoint ?

En raison de la fréquence actuelle des divorces et remariages, beaucoup de parents se retrouvent face à un enfant qui n'est pas le leur. Prendre soin d'eux, voilà une tâche ardue ! La plupart des enfants sont profondément affectés par la séparation de leurs parents et en éprouvent beaucoup de colère et de culpabilité. La période qui précède la séparation a probablement été une période de tension extrême au sein de la famille, voire violente, pendant laquelle les parents leur accordaient peu d'attention. Tout ce que vous pourrez faire, en tant que beau-père ou belle-mère, pour aider l'enfant à se débarrasser de ses émotions pénibles, sera autant d'atouts pour nouer des liens chaleureux. Ne vous étonnez pas – et ne vous sentez pas personnellement visé – si votre beau-fils ou belle-fille ressent le besoin d'épancher sa colère sur vous. Cette animosité à l'égard d'une nouvelle mère ou d'un nouveau père est tout à fait normale au début. Une femme raconte ici comment elle a aidé un petit garçon de 3 ans à faire disparaître la colère qu'il dirigeait contre elle :

> Quand je me suis installée avec Matthew et son fils Carl, les débuts de vie commune ont été pénibles. Carl m'en voulait de prendre la place de sa mère et, sur un ton colérique, me demandait en permanence de ficher le camp. Au tout début, quand il me disait ça, je me retirais dans ma chambre et le laissais tranquille. Puis, après plusieurs jours passés à l'entendre dire dès qu'il me voyait : « Va-t-en ! » et « Je te déteste ! », j'ai réalisé qu'il n'était pas raisonnable de disparaître à chaque fois de sa vue. Aussi, un jour, suis-je restée au salon. Carl s'est approché de moi pour me pousser et donner des coups de pied. « Fiche le camp, fiche le camp ! » criait-il. Je lui ai répondu : « Non, je reste ici. » Il continua à hurler et à me bousculer avec rage, tandis que son père était assis tout près de moi. Au bout de quelque temps, nous nous sommes assis par terre, avec Carl juste entre nous deux, qui me poussait de toutes ses forces avec ses bras d'un côté et repoussait avec ses pieds son

> père de l'autre côté. Il semblait apprécier ce petit jeu de lutte. Quand nous nous éloignions, il revenait à la charge. J'ai expliqué à Matthew qu'il était bon pour Carl de le laisser ainsi défouler sa colère. Pendant une heure, Carl a pleuré et hurlé des « Va-t-en, je te déteste ! » tantôt à moi tantôt à Matthew, tout en continuant à nous repousser avec ses mains et ses pieds. Finalement, épuisée, je m'en suis allée. Le jour suivant, il s'est remis à me crier dessus et à me bousculer. Son père et moi avons alors passé une heure de plus avec lui, lui dévouant toute notre attention tandis qu'il évacuait sa colère. La semaine suivante, ce petit jeu s'est reproduit plusieurs fois. Par la suite, il ne m'a jamais plus dit qu'il me détestait. Nous sommes devenus de bons amis. Et maintenant, dès qu'il me voit, il se précipite pour me serrer dans ses bras !

Vos sentiments à l'égard de votre beau-fils ou belle-fille ne seront peut-être pas non plus immédiatement affectueux, mais n'en ressentez aucune culpabilité. Si vous avez vous-même des enfants, il est naturel que vous les aimiez davantage. Il va sans dire que l'enfant de votre conjoint le remarquera aussitôt si vous feignez de l'aimer comme les vôtres sans que cela ne soit vraiment le cas !

Comme dans toute situation difficile à laquelle doivent faire face les parents, il est important d'oser parler de ce que vous éprouvez à une personne de confiance, d'oser pleurer aussi si vous en avez besoin. Vous décharger ainsi de vos propres sentiments de rancœur et d'exaspération vous permettra plus facilement de traiter tous vos enfants avec équité et de n'en favoriser aucun.

L'impact des disputes conjugales sur l'enfant

À tout âge, les enfants sont profondément affectés par les disputes et bagarres de leurs parents. Ils s'en sentent coupables et éprouvent de l'angoisse de par le fait qu'ils voient et entendent leurs parents agir de manière irrationnelle, blessante et violente. Ils se sentent alors menacés, étant dépendants de l'amour et de la sécurité censés être octroyés par leurs parents. La culpabilité, quant à elle, provient du fait qu'ils se sentent souvent responsables des conflits parentaux, bien qu'ils n'y soient pour rien. Enfin, l'imprévisibilité de ces conflits peut entraîner une anxiété chronique.

Parfois, les enfants prennent parti pour l'un des deux parents, notamment si ces derniers sont en perpétuel conflit. Cette situation n'est pas saine pour les enfants, car ils requièrent l'amour et le soutien des deux parents. Quand ils en soutiennent un et rejettent l'autre, cela les empêche de s'identifier à ce dernier et d'assimiler ses valeurs et compétences. Ils en viennent parfois à espionner le parent rejeté ou à raconter des histoires médisantes sur lui, et ce dernier tente parfois de les soudoyer, de les flatter ou même de leur mentir pour regagner leur amour.

Pour aider l'enfant à gérer les émotions liées à vos disputes conjugales, il importe de lui accorder votre attention dès que vous aurez retrouvé votre calme au terme du conflit. Rassurez-le sur l'amour que vous, ses parents, vous portez l'un à l'autre et sur celui que vous lui portez à lui, même s'il vous arrive de vous hurler dessus ! Donnez-lui la possibilité d'exprimer ses émotions et acceptez-les. Permettez-lui de pleurer s'il en a besoin ou d'exprimer ses craintes. Si vos querelles conjugales sont continuelles et ont un effet négatif sur vos enfants, pensez à consulter un conseiller conjugal ou un thérapeute.

Exercices pratiques

Revivez votre enfance

1. Quels étaient vos sentiments à l'égard de vos frères et sœurs ? Vous disputiez-vous ou vous battiez-vous étant petits ? Si oui, que pensez-vous de la façon dont vos parents réagissaient ?
2. Décrivez le tout premier ami que vous vous souvenez avoir rencontré enfant ? (Sans compter les membres de la famille.) Qu'aimiez-vous faire ensemble ? Que ressentiez-vous à son égard ?
3. Avez-vous déjà été sexuellement abusé ? Si oui, avez-vous pu exprimer auprès d'un thérapeute les sentiments relatifs à ce traumatisme ?

Exprimez les émotions que vous éprouvez à l'égard de votre enfant

1. Que pensez-vous de la capacité de vos enfants de s'entendre entre eux ? S'il leur arrive de se disputer assez souvent, qu'avez-vous envie de faire à ces moments-là ? (Et qui n'est pas nécessairement ce que vous devriez faire !)
2. Votre enfant agit-il parfois d'une manière dominatrice, agressive ou impolie, avec les autres ? Ou se met-il plutôt à l'écart ? Qu'éprouvez-vous alors ?
3. Ressentez-vous de la crainte ou de la défiance à l'égard des adultes qui prennent soin de votre enfant ? Avez-vous des raisons de croire qu'il est victime d'agression sexuelle ou qu'il l'a déjà été ? Quels sont vos sentiments à cet égard ? Et qu'éprouvez-vous à l'idée de parler des abus sexuels avec votre enfant ?

Prenez en main votre épanouissement personnel

1. Faites-vous un nouvel ami ou reprenez contact avec un ancien camarade.
2. Prenez la décision de vous rapprocher de l'un de vos frères ou de l'une de vos sœurs (ou d'un autre membre de la famille). Y a-t-il des non-dits entre vous, que vous aimeriez dire à présent pour améliorer vos relations ?

3. Prenez le temps, chaque jour, entre époux de vous dire l'affection que vous vous portez. S'il y a une tension permanente au sein de votre couple, décidez de consulter un conseiller conjugal ou un thérapeute.

VII. Alimentation et santé

De quelle manière les parents peuvent-ils aider les enfants à surmonter les émotions liées à la nourriture, les médecins, les hôpitaux, la maladie et la douleur ? C'est ce dont il est question dans ce chapitre qui n'a pas la prétention de remplacer les avis médicaux. En cas d'accidents, de maladie, de douleur ou de troubles de la nutrition, il est conseillé de consulter les meilleurs spécialistes.

La douleur et la maladie sont étroitement liées aux émotions. Il est évident que les personnes stressées sont plus vulnérables. De plus, les sentiments tels que la peine, la crainte, la colère, la culpabilité et la confusion ont souvent pour origine la maladie et la douleur physique.

Dans notre société occidentale, cette corrélation entre les émotions et la santé physique est rarement prise en compte par le corps médical, dont la formation se concentre surtout sur les aspects physiques de la maladie. Pour cette raison, les parents ont un rôle important à jouer de manière à compléter le traitement médical en créant autour des enfants un environnement propice à l'extériorisation des sentiments.

Comment intervenir en cas de problèmes nutritionnels ?

Les habitudes alimentaires des tout-petits sont totalement différentes de celles des adultes. Beaucoup d'enfants ne se satisfont pas de trois repas par jour, ils se gavent de certains aliments de temps en temps et ont du dégoût pour d'autres. Comment, en tant que parents, devons-nous réagir ?

Des recherches ont montré que les bébés se nourrissent eux-mêmes de manière équilibrée et saine quand on leur fait confiance dans le choix des aliments. Dans *Mon bébé comprend tout*, je souligne que cette autosélection alimentaire peut être appliquée dès la naissance. Au début, on nourrit bébé quand il réclame. Puis, quand il commence à manger des aliments solides, on peut lui laisser le soin de décider ce qu'il veut manger et en quelle quantité en lui présentant un assortiment de petits morceaux.

Vous pouvez poursuivre cette méthode au fur et à mesure qu'il grandit. Faites confiance aux enfants qui mangeront de manière équilibrée dès lors que des aliments sains seront à leur disposition, à tout moment. Vous pouvez préparer des repas pour toute la famille et les servir comme d'habitude. Toutefois, si vos enfants n'aiment pas ce que vous proposez, respectez-les en leur demandant ce qu'ils préféreraient manger à la place. Inutile de se remettre à cuisiner ! Le tout est d'avoir en stock des aliments simples et sains, qui exigent peu ou pas de préparation et qui feront leur bonheur.

Entre les repas, autorisez-leur l'accès à ces mets rapides, quelle que soit l'heure. S'il s'agit de fruits, de légumes, de céréales, de produits riches en protéines, nul doute qu'ils se nourriront bien, apportant instinctivement à leur corps la quantité nécessaire pour combler ses besoins et le conserver en parfaite santé.

Quand vous recevez un ami pendant plusieurs jours, vous tenez sûrement à lui servir des plats qu'il aime et vous vous abstenez bien de lui dire comment il doit se nourrir, quand et en quelle quantité. Vous n'insisterez pas pour qu'il termine son assiette. Et dans le cas où, affamé, il viendrait vers vous une demi-heure avant le dîner, vous ne l'obligerez pas à attendre. En vérité, vous lui présenterez quelque aliment à portée de main, tels un fruit, un biscuit ou un morceau de fromage. Il n'y a aucune raison de traiter vos enfants différemment de votre invité que vous respectez le temps de son séjour chez vous – un temps rapporté à des années pour ce qui concerne vos enfants !

Les petits ressentent parfois du dégoût pour certains aliments et refusent même d'en essayer de nouveaux. Ne les forcez pas ! Rien ne persuadera un enfant qui a une aversion, pas même de longs raisonnements ni plaidoiries ni supercheries ni récompenses. Il n'y a aucune raison valable pour l'obliger à manger un aliment en particulier. Si beaucoup de jeunes repoussent toutes les préparations faisant mijoter divers aliments dans une cocotte, ils mangent de bon cœur ceux-ci quand ils leur sont présentés séparément et simplement. L'aspect ou une consistance rugueuse en dégoûtent plus d'un : le poivre leur paraît « sale », le persil leur « chatouille » le gosier et les croûtons de pain sont « trop durs ».

Les enfants rejettent également les aliments qui leur rappellent une phobie. S'ils craignent d'aller aux toilettes, par exemple, ils pourront repousser toute nourriture dont la consistance leur rappelle les matières fécales. Par contre, ils voudront d'autres aliments auxquels ils donnent une valeur symbolique ou qu'ils associent au jeu. Une rondelle de fromage aura la préférence sur une cube de ce même met, parce qu'ils pourront y modeler des formes animales en croquant dedans. Ceux qui ont un petit frère ou une petite sœur souhaiteront peut-être manger des aliments présentant une texture similaire à ceux donnés au bébé. Il n'y a rien de mal à satisfaire leurs désirs. Si leurs caprices et aversions sont traités sans aucun commentaire, en grandissant, ils finiront par manger de tout, spontanément. En fait, les enfants sont plus disposés à goûter toute nouvelle nourriture quand on n'y attache pas trop d'importance.

De nombreux parents pensent que leurs petits doivent avoir trois repas équilibrés par jour et éviter de grignoter dans ces intervalles. La plupart des adultes suivent ce rythme alimentaire parce qu'il ponctue les horaires de travail. Aussi n'est-il pas anodin que les adultes déjeunent à une heure précise, que la faim les tenaille ou non, parce qu'il est l'heure pour eux de manger. Par convention sociale, nombreux sont ceux qui ne perçoivent plus les signaux de leur corps : l'appel de la faim et le sentiment de satiété. De plus, nous ne prêtons pas toujours attention à ce que nous absorbons et ingurgitons souvent des aliments qui occasionnent des problèmes digestifs ou affectent notre santé. Des études menées par l'Institut américain de recherche contre le cancer ont mis en évidence qu'un Américain sur cinq pèse 20 % de plus qu'il ne le devrait en fonction de sa taille.

Les tout-petits sont généralement plus réceptifs que les adultes aux besoins de leur corps, du moins tant que leurs préférences alimentaires n'ont pas été contrôlées ni manipulées. Même s'il est difficile de l'admettre, votre mangeur sporadique de 4 ans peut réellement et idéalement se nourrir, contrairement à vous qui, avec trois repas équilibrés quotidiens, ne satisferez peut-être pas complètement les besoins de votre corps.

Parfois, les enfants se gavent de nourriture en privilégiant un type d'aliment pendant quelques jours. Mais il n'y a pas lieu de vous inquiéter. Une fois, au dîner, ma fille de 5 ans ne voulut rien manger d'autre que des patates douces, malgré la viande ou les brocolis qui étaient au menu. Une autre fois, elle n'ingurgita que du fromage. Je me suis rendu compte que, chaque semaine, elle respectait malgré tout un régime alimentaire équilibré et varié avec des protéines, des féculents, des matières grasses et des vitamines, et qu'elle préservait sa santé en ayant sa manière bien à elle de choisir ses aliments.

Bien sûr, si la santé de votre enfant est vacillante, il est peut-être moins sage de le laisser choisir son alimentation. Et un conseil médical est fortement recommandé en cas de problèmes de poids ou de troubles nutritionnels, qui peuvent être le signe d'une éventuelle maladie.

Une mère m'a confié combien il lui était difficile de rester détendue face aux habitudes alimentaires de sa fille :

> Mon amour-propre est directement lié à ce qu'Angie avale. L'autre jour, alors qu'elle recherchait une glace dans le congélateur, elle y a trouvé un paquet de légumes congelés et m'a dit : « Voilà ce que je veux ! » Il était 15 heures. J'ai failli tomber à la renverse de surprise. Bien sûr, je les ai cuits et elle a effectivement mangé le plat que je lui ai servi. J'avais l'impression d'avoir réussi mon rôle de mère, parce que ma fille mangeait quelque chose que j'avais préparé et qui était bon pour elle. À d'autres moments, quand elle n'absorbe pas ce que j'estime être idéal pour sa santé ou quand elle ne finit pas son assiette, je m'efforce de ne rien dire ou de faire mine de n'avoir rien vu. Mais, intérieurement, j'ai le sentiment d'avoir échoué.

Quand les enfants utilisent la nourriture comme prétexte pour pleurer, les choses prennent une autre tournure. Pour ceux qui ressentent le besoin de s'épancher, tous les prétextes sont bons (cf. chapitre I). Si ce besoin se manifeste au moment des repas, les enfants se montrent généralement très exigeants et très critiques à l'égard de la nourriture. Leurs caprices ne doivent pas être pris sérieux, les enfants ne les considérant d'ailleurs pas comme tels. Ils ont besoin qu'on leur impose des restrictions pour avoir l'occasion de pleurer. Quand rien de ce que vous faites ne leur plaît, quand vous jugez leurs demandes peu raisonnables ou quand ils deviennent geignards et exaspérants, mieux vaut dans ce cas leur dire tout simplement « non ». « Non, je ne vais pas couper ta pomme de terre, tu sais le faire toi-même. » Votre réponse suscitera probablement une crise de larmes ou de rage et favorisera la libération de leurs sentiments refoulés.

Certains parents cherchent à contenter le moindre caprice avec la bonne intention de combler les besoins de leurs enfants. Or ils ne se rendent pas compte que lesdits caprices ne correspondent pas à de réels besoins. Si vous répondez à chacune de leur demande peu raisonnable, vous allez vous fatiguer et vous énerver, et vos enfants qui n'auront pas l'occasion de s'épancher continueront de vous mener la vie dure. Ou bien cette situation entraînera des problèmes plus importants, comme l'illustre l'histoire suivante :

> Willie, 2 ans et demi, s'est réveillé de mauvaise humeur. Pour son petit-déjeuner, il voulait du lait sur ses céréales. Sa mère lui sert du lait comme demandé. Mais Willie se plaint parce qu'il voulait le lait dans un verre. La bouteille étant vide, sa mère renverse du lait du bol de céréales dans un verre. Willie fait la manipulation inverse et se plaint encore qu'il voulait boire le lait. Patiente, sa mère recommence le transvasement. Willie a alors saisi le verre de lait et l'a renversé sur le sol, calmement et volontairement, tout en regardant sa mère. Puis il s'est mis à pleurer parce qu'il n'y avait plus de lait à boire.

Cette anecdote montre que le petit garçon avait vraiment besoin de pleurer – il pleurnichait déjà en se réveillant – mais il ne pouvait pas pleurer sans motif préalable. En répondant à ses caprices, sa mère empêchait sans le savoir l'émergence d'une crise de larmes. Aussi a-t-il agi délibérément d'une manière qui empêchait sa mère de « réparer » la situation. Il n'aurait pas renversé le lait par terre si elle lui avait dit dès le départ qu'il n'y en avait plus. Il se serait alors probablement mis à pleurer, ayant un besoin réel de s'épancher.

On est parfois tenté, dans de telles situations, de punir le comportement exaspérant de l'enfant. Or, ce dernier n'agit pas de cette manière par méchanceté, il ne cherche pas à être désagréable ni à rendre la vie de ses parents impossible. Il agit ainsi parce qu'il a besoin de décharger ses tensions. Si, à ce moment-là, on se montre autoritaire ou si on le punit – une fessée ou un renvoi dans sa chambre – il aura un bon prétexte pour pleurer, les larmes couleront finalement. Toutefois, ce soulagement se produira aux dépens de son amour-propre et au détriment de ses relations familiales ; il occasionnera de surcroît un nouveau mal-être lié au fait d'avoir été mal compris et puni.

Que faire si votre enfant mange pour réprimer ses émotions ?

Une approche alimentaire telle que décrite ci-dessus s'avère plus efficace quand on l'associe à d'autres suggestions de ce livre, en particulier celles qui concernent l'extériorisation des sentiments. Dès lors que les parents ne comprennent pas le besoin de pleurer de leurs bébés, ils s'efforcent de les calmer en leur donnant le sein ou quelque nourriture. Or seulement certains pleurs sont effectivement liés au besoin de manger. Les bébés ont aussi le besoin de s'épancher de manière à libérer les tensions et soigner maux et frustrations. Dans ce cas, il s'agit juste de prendre bébé dans ses bras sans chercher à le nourrir ni à le distraire.

Si vous avez pris l'habitude de calmer votre enfant en l'alimentant, alors il est fort probable qu'il développera un automatisme de contrôle en rapport avec la nourriture. Il sera tenté de manger quelque chose à chaque fois qu'il ne se sentira pas bien, quelle que soit la raison : frustration, ennui, crainte, tristesse, confusion ou même douleur et fatigue physique. Comme il ne saura pas évacuer ses sentiments au moyen de crises de larmes ou de rage, il appliquera le moyen de distraction auquel on l'aura habitué pour l'apaiser. Si ce moyen était de nature alimentaire, alors il se persuadera qu'il a faim au moindre sentiment de mal-être. Il deviendra « accro » à la nourriture à l'instar du fumeur dépendant des cigarettes pour tenter de contenir ses émotions pénibles.

Il n'est pas toujours facile de dire si un enfant emploie la nourriture pour refouler des sentiments et de décider s'il faut ou non intervenir. S'il a un surpoids sans raison médicale apparente, alors il est tout à fait probable que manger est devenu pour lui un moyen de réprimer ses émotions.

Il n'est jamais trop tard pour réagir ! Dans un tel cas, il suffit d'instaurer un climat familial tolérant l'expulsion des émotions. Si votre enfant se gave de biscuits les uns à la suite des autres, retenez-le en lui disant : « Es-tu sûr de vouloir encore un autre biscuit ? Ne préfères-tu pas un petit câlin et bavarder avec moi ? Est-ce que quelque chose te tracasse et pour lequel je pourrais t'aider ? » Vous pouvez aussi encourager et accueillir ses pleurs en d'autres circonstances (cf. chapitre I).

Si cette approche ne donne rien et que votre enfant continue à se jeter sur la nourriture au détriment de sa santé, il vous faudra réagir plus fermement en le rationnant. Prévoyez en retour des crises de larmes et de colère, car votre enfant en viendra à se décharger des sentiments qu'il contenait auparavant grâce à un automatisme de contrôle.

Que faut-il penser des sucreries ?

Beaucoup de parents s'interrogent sur la quantité de sucreries et autres friandises à autoriser. Ils craignent que les enfants n'avalent rien d'autre que des bonbons à volonté, qui les rendraient malades, entraîneraient un surpoids et leur ruineraient les dents.

Les enfants mangent parfois des sucreries sans réfléchir au détriment de leur santé pour deux raisons. Nous venons tout juste de parler de la première : l'enfant a pris l'habitude d'avaler quelque douceur pour compenser un mal-être parce que ses parents avaient trop souvent calmé ses pleurs en le nourrissant. Ce type d'automatisme de contrôle peut se renforcer si les parents tendent une sucrerie à chaque fois que leur enfant est en état de stress, fatigué, effrayé ou attristé, quand il s'ennuie, lors d'une consultation médicale, dans les files d'attente… Il avale une friandise qui lui permet de contenir momentanément ses émotions au lieu de s'en libérer, si bien qu'à la prochaine situation stressante, son envie de sucré n'en sera qu'encore plus accentuée.

De nombreux adultes se rabattent secrètement sur les bonbons quand ils se sentent déprimés, seuls ou frustrés, et transmettent cette habitude alimentaire à leurs enfants, qui, à leur tour, vont chercher la boîte à friandises au moindre sentiment d'ennui ou désagréable. Vous devrez peut-être rationner votre enfant s'il se révèle « accro » aux bonbons ainsi qu'encourager crises de larmes et de colère plutôt que de laisser libre cours à son automatisme de contrôle.

La deuxième raison expliquant les penchants des enfants pour le sucre provient du fait que notre société y voue une sorte de culte. En effet, nous associons les sucreries à des cadeaux convoités, à l'amour dont elles seraient le symbole, à des récompenses ou à des occasions spéciales. En manger pendant les fêtes relève aussi de la tradition. Que serait Noël sans celles-ci ? Que serait Hanukkah sans ses pièces en chocolat ? Et les anniversaires sans gâteaux ?

Par ailleurs, les spots publicitaires mettent avant les friandises, tout comme les supermarchés qui les disposent dans les rayons à la portée des enfants, sans oublier les emballages vendeurs attrayants et colorés. Si l'on prend en compte tous les aspects culturels et marketing, l'attirance des enfants pour les sucreries n'est pas surprenante ! Il est impossible de dire s'ils en voudraient autant sans une telle surenchère. À mon avis, ils en mangeraient de temps en temps sans leur attribuer une valeur qualitative différente des carottes, des bananes, des biscuits ou du fromage.

Voici les sentiments qu'une mère me confia au sujet de l'addiction au sucre de sa fille de 3 ans :

> Elle était vraiment « accro » au sein quand je l'allaitais. Par contre, elle se montre peu enthousiaste avec l'alimentation solide, excepté quand celle-ci était sucrée. Je suis outrée de voir comment notre société traite la nourriture ! Je rentre continuellement en guerre quand on lui donne du sucre ! J'ai horreur des épiceries dont les étalages de bonbons débordent de chaque côté ! Après avoir soigneusement évité les rayons de gâteaux et crème glacée, je me dirige vers les caisses pour faire la queue, et là il me faut accorder à ma fille toute l'attention nécessaire pour lui faire comprendre que : « Non, Maman ne veut pas de ces bonbons qui sont là-bas ». Une fois sorties, que voyons-nous ? Un distributeur de chewing-gums ! De retour à la maison, la télé promeut en boucle toutes sortes de friandises. Nous avons tenté de faire la guerre au sucre, mais je ne suis pas toujours sûre de bien m'y prendre. Parfois, je dis : « Mais bien sûr, je vais m'asseoir ici et manger un gâteau avec toi ! » (Rires.) Je suppose que la meilleure solution est de bannir le sucre de la maison. Cela faciliterait les choses ! Ainsi que de proposer à ma fille des substituts comme un fruit, pour qu'elle mange sainement.

Quand les enfants n'utilisent pas les sucreries pour réprimer leurs émotions, ils parviendront à réguler leur consommation de celles-ci qu'à partir du moment où ils ne seront plus sous le joug de restrictions et qu'il ne sera pas fait cas plus de celles-ci que des carottes ou bananes. Leur convoitise dépend du fait que les sucreries sont réservées à des occasions particulières, qu'elles sont l'objet de récompenses ou bien de rationnements. Si l'on supprime ces conditions, les enfants ne se jetteront plus dessus avec avidité, car ils ne se sentiront plus limités et seront donc libres de choisir eux-mêmes un régime équilibré. J'en ai fait moi-même l'expérience :

> Après avoir mis un frein à la consommation de sucreries de mes enfants pendant des années, j'ai osé les laisser en manger à leur guise. Sarah, 6 ans, s'est jetée dessus pendant deux mois environ. Puis, à ma grande surprise, elle a en consommé très peu même si elle en avait toujours sous la main. Elle est devenue plus délicate en matière de friandises et a commencé à en juger certaines « trop sucrées » ou « d'odeur repoussante ». Nicky, 11 ans à ce moment-là, n'a jamais exagéré sa consommation, qu'il a régulée dès le début.

Quand les bonbons font l'objet d'une restriction pendant l'enfance, cela entraîne plus tard leur surconsommation quand, en prenant de l'âge, les enfants ne sont plus sous surveillance parentale quotidienne. Une mère me confia ci-dessous les effets négatifs d'une telle éducation, trop stricte :

> Sucreries et gâteaux faisaient l'objet d'une réglementation à la maison. Si j'en mangeais, je risquais des représailles. Ma mère ne demandait jamais : « Qui a mangé les biscuits ? » mais plutôt : « Qui les a volés ? » C'était ma façon à moi d'être délinquante ! Aujourd'hui, je m'empare de toute friandise à portée de vue. C'est mon côté « voleur » qui ressort ! Je veux me prouver que je suis capable d'en dérober. Après la messe, j'ai une montée d'adrénaline quand je perçois des gâteaux exposés en abondance, tant que je m'accapare de tout ce que je peux ! Aujourd'hui, à cause de ce vice, je souffre de surpoids, ayant pris quinze kilos environ rien que pendant la période de Noël.

Comment préparer votre enfant à sa visite chez le dentiste ?

Lorsque vous choisissez un dentiste pour votre enfant, essayez d'en trouver un qui accepte votre présence. Bien que certains interdisent l'accès aux parents dans leur cabinet, d'autres outrepassent les règles et s'y trouvent disposés dès lors que les parents se présentent à eux calmement et confiants. S'ils sont assurés que vous n'interférerez pas pendant leur intervention et que votre enfant se montre coopératif, ils ne feront probablement aucune objection. Ce n'est pas une attitude surprotectrice. En fait, les enfants souhaitent et ont besoin d'une présence parentale pour affronter toute nouvelle expérience et période stressante. En effet, quel que soit notre âge, nous avons tous besoin d'un soutien dans ces moments-là. Les visites chez le dentiste ou le médecin font partie des nouvelles expériences stressantes, car elles occasionnent souvent douleur ou malaise physique.

Une fois le dentiste choisi, arrangez-vous pour faire une visite « découverte » pendant laquelle votre enfant se familiarisera avec l'endroit et le matériel et rencontrera le praticien. Pour bien le préparer aux procédures, jouez à la maison au dentiste en simulant ce qui va se passer. À tour de rôles, vous êtes le patient puis le praticien. Grâce à ce jeu, votre enfant saura exactement à quoi s'attendre et les crises de rire atténueront ses angoisses. Tout ce qui déclenche le rire est salutaire. Donc plus vous serez drôle, mieux cela sera pour lui. Vous le ferez rire de diverses manières : en feignant la peur quand vous faites le patient ou l'idiotie quand vous imitez un dentiste ne sachant plus où sont les dents et auscultant de ce fait les orteils de votre enfant…

Certains parents préfèrent ne rien dire, pensant épargner ainsi leurs enfants de toute appréhension. Mais c'est l'effet inverse qui se produit : les petits se sentent trahis, manifestent leur colère et perdent confiance ; ils appréhenderont toute nouvelle excursion à l'avenir. La vérité est toujours meilleur allié ! Il n'est pas nécessaire cependant de les prévenir plusieurs semaines à l'avance. Le jour précédent le rendez-vous suffira probablement pour les y préparer quand ils sont tout-petits. Ainsi, vous leur octroyez assez de temps pour vous questionner, exprimer leurs sentiments et simuler par le jeu la visite, mais pas trop pour qu'ils se focalisent là-dessus et accroissent leur état de stress. Voici le récit de mon expérience :

> À 5 ans, Sarah a dû se rendre chez le dentiste pour un contrôle et un détartrage qu'elle aurait dû faire l'année précédente. Un an auparavant, elle avait en effet refusé d'ouvrir sa bouche chez le dentiste. J'avais alors supposé que je n'avais pas su bien la préparer à cette visite. Cette fois-ci, j'ai fait en sorte qu'elle sache exactement ce qui l'attendait pour qu'elle s'y dispose entièrement. J'ai mentionné le rendez-vous la veille et lui ai proposé de simuler celui-ci. Elle joua avec enthousiasme et nous prîmes à chacun notre tour le rôle du dentiste. Quand c'était mon tour, je soulignais l'importance de maintenir la bouche grand ouverte sans bouger. Je feignais de polir ses dents en imitant avec humour le bruit de l'appareil. Comme elle riait, je faisais un autre bruit, prétextant ne plus me souvenir du précédent. Encore et encore, sans vraiment faire le bruit exact. Elle a continué de rire aux éclats pendant près d'un quart d'heure. Le jour suivant, elle s'est montrée très conciliante chez le dentiste, n'a pas bougé et tout s'est bien passé !

Comment préparer votre enfant à une prise de sang ou un vaccin ?

La manière de préparer un enfant à une prise de sang ou un vaccin est similaire à celle d'une visite chez le dentiste. Il s'agit de lui expliquer clairement avant le rendez-vous ce qui va se passer et pourquoi. Même les tout-petits peuvent comprendre l'utilité d'un vaccin si les mots pour le dire sont à son niveau. Leur souligner que c'est là une obligation d'ordre médical et non pas un choix est important. Ils auront d'autant plus de facilité à l'accepter s'ils savent que c'est inévitable. Néanmoins, pour qu'ils aient l'impression de garder le contrôle de la situation, laissez-leur la possibilité de choisir l'heure, par exemple, ou la personne qui les accompagnera, ou bien le bras qui sera piqué.

Utiliser une fausse seringue, si vous en avez une, pour simuler l'intervention leur sera profitable. Vous pouvez vous faire des piqûres à tour de rôles, en essayant de voir ce qui les fera plus rire. Il est normal que les tout-petits soient effrayés par l'idée qu'une pointe d'aiguille entre dans leur bras, mais en règle générale, leur crainte relève plus de l'anticipation que de l'acte en lui-même.

Il vous faut accepter que votre enfant pleure avant, pendant et après l'injection, sans lui faire sentir qu'il manque de courage. Informez les médecins et infirmières qu'il a ce droit et qu'il ne convient pas de l'en empêcher : « Mon enfant a besoin de savoir qu'il a le droit de pleurer. » Ce cordial avertissement les rassurera sûrement, voyant ainsi que vous ne comptez pas sur eux pour qu'ils rendent votre enfant heureux.

Nombreux sont ceux qui cherchent à apaiser les enfants tout juste piqués pour leur rendre le sourire, en leur disant : « Tu n'as pas eu mal, n'est-ce pas ? » ou « C'est fini, alors pourquoi pleures-tu ? » ou « Oh, regarde ce jouet ! ». Or, venant de subir une expérience traumatisante et douloureuse, les enfants ont ce besoin de pleurer pour s'en libérer.

L'exemple suivant montre comment une mère a réussi à bien préparer son fils de 3 ans à recevoir une injection :

> J'ai choisi de le prévenir la veille, de manière à ce qu'il ait la possibilité de pleurer si besoin est. Je lui ai dit clairement qu'il n'avait pas le choix. Je lui ai parlé de la maladie qu'il pourrait attraper et des éventuelles séquelles, et lui ai assuré que des chercheurs avaient trouvé ce nouveau vaccin pour le protéger. Il m'a aussitôt répondu : « Non, je n'irai pas ! » puis a sangloté pendant une demi-heure environ. Nous avons pris la mallette de docteur et son animal en peluche préféré en faisant semblant que celui-ci avait besoin d'un vaccin et se sentait fâché et effrayé. J'ai dit à mon fils : « C'est normal d'avoir peur. Il s'agit simplement de ne pas bouger pour que ce soit vite fini. » Mon fils rétorquait toujours : « Je n'irai pas faire ce vaccin ! » C'est la première chose qu'il a dite en se réveillant le lendemain. Cependant, il ne disait plus qu'il n'irait pas mais qu'il n'en voulait pas. J'ai rappelé l'importance de cet acte et nous avons parlé du moment douloureux. L'heure de s'y rendre étant venue, je lui ai laissé le choix d'être accompagné par son père ou moi-même. Ce fut moi. En chemin, dans la voiture, jusqu'alors tranquille, il me confia : « J'ai vraiment peur. » « C'est tout à fait normal d'avoir peur, mais je serai près de toi et tout ira vite », lui ai-je assuré. Je prévoyais qu'il allait pleurer en arrivant et qu'il refuserait de sortir de la voiture. Mais non ! Il avança de son plein gré. Heureusement, nous n'avons pas eu à attendre ! L'infirmière a gardé la seringue dans sa poche si bien

qu'il ne l'a presque pas vue. Je l'ai tenu pendant l'injection et c'était vite fait. Il a pleuré seulement après le départ de l'infirmière.

Comment aider votre enfant à supporter une douleur physique ?

Il est extrêmement pénible pour les parents de voir leur enfant souffrir et c'est une réaction normale que de faire tout ce qui est en leur pouvoir pour atténuer sa douleur. Toutefois, le but de la douleur est d'attirer notre attention sur la partie du corps blessée ou malade, afin de nous permettre de libérer et exprimer les émotions qui lui sont liées et de nous détendre. Cette relaxation facilitera la circulation du sang dans la zone malade et accélérera la cicatrisation des tissus.

Blessé, l'enfant recherche spontanément à attirer l'attention de quelqu'un, de s'en rapprocher physiquement pour pleurer. Surviennent alors des crises de larmes nécessaires. Le calmer avec un analgésique n'est pas mieux que de l'interrompre par d'autre moyen. Car la douleur et la crainte sont déjà là et doivent être extériorisées. Laissez-le pleurer autant que nécessaire, et la douleur disparaîtra d'elle-même.

Il n'est pas nécessaire de soustraire un enfant à une douleur physique provoquée par une blessure mineure, son corps étant tout à fait capable d'y remédier. C'est inhérent à la vie quotidienne et aux apprentissages du monde extérieur. Une fois la douleur induite par une blessure ressentie et extériorisée, l'enfant apprend à s'en protéger et à la prévenir en prenant les précautions nécessaires. Si la douleur est immédiatement masquée par un analgésique, l'apprentissage, incomplet, est moins efficace.

Une des réactions les plus courantes face aux bosses et contusions est de mettre de la glace sur celles-ci, ce qui a pour effet d'engourdir la zone blessée qui doit précisément être sensibilisée. À part si les glaçons s'avèrent nécessaires pour des raisons médicales (pour empêcher ou atténuer un hématome), il est plus efficace de maintenir l'enfant près de soi et de toucher la zone douloureuse tout en accueillant ses larmes. Instinctivement, les enfants touchent et regardent leurs blessures pour concentrer leur attention sur leur douleur. Si elles sont trop douloureuses, appuyez doucement sur les abords de la zone endommagée. S'il importe de les soigner quand cela s'avère nécessaire, il convient de laisser les enfants ressentir et exprimer leur douleur en même temps.

De nombreux parents m'ont rapporté que leurs enfants pleurent à peine quand ils ne font pas « grand cas » de leurs petites blessures. Mais dès qu'ils leur portent de l'attention, de l'affection et de la compassion, leurs petits versent des larmes pendant longtemps, si bien qu'ils se demandent s'ils ne sont pas à l'origine de ces pleurs intensifs. Or les enfants ne s'épanchent jamais plus que nécessaire. La douleur physique implique également une souffrance émotionnelle, et les deux doivent être exprimées. Confus, ils ressentent de la colère ou de la tristesse parce qu'ils ont dû interrompre leur jeu, ou bien craignent que l'incident ne se reproduise encore. Toutes ses émotions suscitent en eux le besoin de pleurer qui peut durer plus longtemps que la douleur physique ressentie.

Les petits bobos servent parfois de prétexte aux enfants pour évacuer d'autres émotions accumulées, telles que frustration, colère et tristesse. Une éraflure au genou ou une petite coupure au doigt fournissent un bon motif pour se décharger de traumatismes passés, émotionnels ou physiques. Il est d'ailleurs plus facile pour les enfants de pleurnicher à la suite d'une douleur physique car, dans ce cas-là, leurs larmes sont mieux tolérées par leurs parents. Des pleurs prolongés faisant suite à un petit bobo sans gravité sont plus fréquents chez les enfants qui n'ont pas eu la possibilité de s'épancher régulièrement depuis leur naissance. Ils saisissent simplement l'occasion de se rattraper, en profitant de la présence d'une personne qui « s'intéresse » à leur douleur et les encourage à pleurer quand ils ont déjà les larmes à l'œil.

Certains parents craignent que leurs enfants ne deviennent de vrais pleurnichards ou faiblards, surtout quand ce sont des garçons, car on attend souvent d'eux qu'ils se comportent comme des « durs » et qu'ils résistent à la douleur. Quelle idée malheureuse ! Pleurer n'a rien à voir avec de la faiblesse, mais est une source de santé et de force. Les hommes sont plus fragiles que les femmes devant les maladies liées au stress et meurent plus jeunes qu'elles. S'ils avaient eu la possibilité de s'extérioriser, peut-être vivraient-ils plus longtemps !

Comment soutenir votre enfant quand il fréquente les urgences ?

En cas d'urgence médicale, vous n'aurez pas le temps de préparer votre enfant selon les recommandations précédentes. Vous ne pouvez pas prévoir de quelle manière il sera soigné. En général, les petits enfants ne sont pas très coopératifs avec le corps médical en de telles circonstances, ne comprenant pas les raisons des examens ou traitements. Il arrive de devoir recourir à la force (mais pas à la violence) pour immobiliser l'enfant.

Pour faire au mieux, il convient de lui expliquer ce qui se passe, d'accueillir ses pleurs et de rester tout le temps à ses côtés, si possible. Une des expériences les plus effrayantes pour un petit enfant est d'être entre les mains d'étrangers au moment où ils sont terrifiés et en souffrance.

Pour preuve, voici le témoignage d'une mère dont l'enfant, admis aux urgences, fut laissé seul avec des médecins et infirmières :

> Richard courait quand il est tombé et a tapé sa tête contre le béton. Plus tard quand il m'a dit qu'il avait de la peine à voir, je me suis inquiétée. Avait-il un hématome ou quelque chose de ce genre ? J'ai donc voulu l'emmener aux urgences. À la dernière minute, il refusa d'y aller. Il pleurait, ne voulait pas y aller. « Il le faut », lui répondais-je en lui expliquant que ce n'était peut-être pas grave ou, à l'inverse, très sérieux. Arrivés aux urgences, un jeune médecin de garde nous a pris en charge. Richard pleurait et ne se laissait pas toucher. Le docteur m'a alors dit : « Nous obtenons souvent plus de coopération en l'absence des parents. » Tout en moi me disait : « Non, c'est faux, il faut que je reste ! », mais j'avais tellement peur pour mon enfant et tellement prête à tout pour qu'il aille bien que je suis sortie de la salle de consultation. Évidemment, Richard a continué de crier, tant que le médecin a dû faire appel à un aide-infirmier pour le maintenir. Finalement, j'ai ouvert la porte et suis rentrée de nouveau. Richard allait bien, mais il était fâché contre eux et surtout contre moi. Je l'avais abandonné ! Il ne voulait plus que je le touche et me tapait. Il m'en voulait tellement de l'avoir laissé ! Le médecin m'a affirmé que tout allait bien et que nous pouvions rentrer à la maison, mais Richard voulait tellement contrôler la situation, qu'il refusa de partir et pleura de nouveau. Il ne voulait pas monter dans la voiture et répétait : « Je ne veux pas aller à la maison. Je veux rester ici. » Il ne me restait plus qu'à

attendre tandis qu'il pleurait. Il a finalement pris place dans la voiture, mais une fois arrivés à la maison, il ne voulait plus en sortir et ce, pendant au moins dix minutes avant de se décider à rentrer.

Même si cette maman a accepté les crises de larmes et de rage de son enfant, celles-ci auraient duré moins longtemps si elle était restée près de lui aux urgences. Il est parfois très difficile de combler les besoins émotifs des enfants dans de telles circonstances.

Comment aider votre enfant momentanément hospitalisé ?

Même si la plupart des hôpitaux bénéficient désormais d'un service de prise en charge des enfants, une hospitalisation reste toujours, pour eux, une expérience troublante et angoissante. Voici certaines recommandations à destination des parents qui souhaitent aider leurs petits à surmonter une telle situation et à atténuer leur traumatisme :

1. Préparez votre enfant à l'avance, si possible. Une préparation anticipée s'avère efficace et apte à réduire ses craintes pendant l'hospitalisation et l'acte chirurgical. Expliquez-lui ce qui va se passer et pourquoi. Soyez franc sur l'éventualité d'une douleur physique. Si l'hospitalisation est programmée à une date ultérieure, essayez d'organiser une visite à l'hôpital pour que votre enfant voie où il sera et pour rencontrer les infirmières concernées. À la maison, vous pouvez simuler un séjour à l'hôpital (cf. visite chez le dentiste) et vous servir d'une fausse mallette médicale pour jouer avec votre enfant. Les livres qui parlent d'enfants hospitalisés s'avèrent tout à fait utiles, car ils apportent nombre d'informations et peuvent servir de point de départ pour discuter des craintes et tracas de l'enfant. Il importe de le laisser poser des questions, exprimer sa peur et libérer ses sentiments par le rire ou les pleurs. Malgré ces préliminaires, les petits risquent de concevoir toutes sortes de fausses idées à cause de leur manque de connaissances, de leurs phobies ou de leur fertile imagination. Les plus courantes concernent les raisons de l'hospitalisation.

Beaucoup s'imaginent que c'est là une forme de punition pour avoir fait quelque chose de mal ou une sorte d'abandon de leurs parents. Clarifier la situation est ce qu'il y a de mieux à faire pour atténuer leur appréhension.

2. Acceptez que votre enfant apporte l'un de ses jouets à l'hôpital. En effet, détenir un objet familier dans un endroit étrange et effrayant le rassurera.

3. Si la structure de l'hôpital le permet, séjournez-y avec votre enfant. De nombreux établissements pour enfants ont pris en compte l'importance de la présence des parents lors de telles périodes de stress et leur permettent de dormir sur un lit de camp dans la chambre de leur enfant. Ne vous laissez pas intimider par l'ambiance impersonnelle mais efficace des hôpitaux pour combler les besoins de ce dernier. Certains lieux d'accès vous seront interdits, comme les salles d'opération, mais faites savoir à votre enfant que vous ne serez pas loin de lui puis de nouveau avec lui après. Si vous n'avez pas la possibilité d'y rester tout le temps, trouvez une personne qui vous relayera. Il importe surtout d'être présent la première nuit, avant et après l'opération, à chaque nouvelle principale intervention et à l'heure du coucher.

4. Informez-vous sur toutes les étapes du traitement et expliquez-les à votre enfant le plus clairement possible. Il pourra mal percevoir certains actes médicaux s'il n'en saisit pas complètement le sens, il risque de confondre l'intervention chirurgicale avec une forme de mutilation, le fait d'être en chambre d'isolation en cas de maladie contagieuse avec une forme d'abandon ou avec l'idée qu'on le juge malpropre, un régime alimentaire restrictif avec une sorte de privation, et la nécessité de rester immobile avec une forme d'emprisonnement. Plus on lui donnera d'informations, moins il sera anxieux et plus il sera conciliant. Les enfants de moins de 3 ou 4 ans ne comprendront cependant pas tout ce que vous leur direz. C'est pourquoi il ne faut pas vous attendre à ce qu'ils se montrent dociles avec les infirmières ou qu'ils répondent spontanément à leurs demandes.

5. Ouvrez l'œil et renseignez-vous sur vos droits. Vous avez le droit de consulter le dossier médical de votre enfant, de savoir qui l'examine et pourquoi. Vous pouvez remettre en cause les traitements qui vous semblent inutiles ou vérifier tout médicament prescrit. Vous pouvez soutenir les infirmières en surveillant le bon fonctionnement de tout appareil auquel votre enfant est branché.

6. Laissez à votre enfant la possibilité de faire des choix, même s'ils sont rares, et de garder un certain contrôle de la situation. Le fait de prendre des décisions l'aidera en effet à se sentir moins en position de victime et plus responsable. Suggérez par exemple à l'infirmière de laisser votre enfant choisir quel bras recevra l'injection ou le doigt qui servira à une prise de sang, ou encore d'établir parfois le menu de ses repas. Passée la petite enfance, les jeunes patients sont capables de décider s'ils ont besoin ou non d'un antidouleur.

7. Autorisez l'extériorisation des sentiments. Les pleurs intensifs ne sont pas toujours appropriés en de tels lieux, surtout si le bruit dérange d'autres patients. Mais peut-être y a-t-il une autre salle où vous pouvez vous rendre avec votre enfant en pleurs ? C'est très important pour lui. Des recherches portant sur des enfants en long séjour à l'hôpital ont révélé que ceux qui ont pleuré sans retenue en arrivant ont mieux supporté par la suite leur hospitalisation ainsi que les traitements et leurs contraintes y afférentes. Le contraste était saisissant avec les autres enfants se comportant dès le début en « patients modèles ». Ces derniers, bien que paraissant calmes, souriants et conciliants, étaient par la suite les plus stressés, développant des formes de régression infantile : énurésie, malpropreté, troubles alimentaires ou du sommeil, difficulté d'apprentissage… Cela prouve bien que la libre expression de la peur, du désespoir ou de la fureur, est saine et nécessaire en cas de circonstances stressantes comme une hospitalisation. Néanmoins, ceux gravement atteints ne pleureront probablement pas, réservant toute leur énergie pour lutter contre la maladie. Mais dès lors qu'ils iront mieux, ils seront susceptibles de laisser leurs larmes couler. Et à ce moment-là, il sera bon de les y encourager.

8. Touchez et tenez votre enfant le plus souvent possible. Le contact physique est particulièrement important pour un malade ou une personne en souffrance. Les caresses, les massages et les étreintes peuvent accélérer le processus de guérison. Si vous lui tenez la main pendant un traitement douloureux, vous l'aiderez à garder confiance et à se détendre. S'il souffre physiquement, il lui sera plus facile d'extérioriser ses émotions en touchant la partie de son corps en cause.

9. Prenez soin de vous. Prenez le temps de manger et de dormir. Si besoin est, faites appel à quelqu'un avec qui parler ou auprès de qui pleurer. Il a été prouvé que des parents ayant su exprimer leurs sentiments en rapport avec l'hospitalisation de leurs enfants ont une influence positive sur l'état émotionnel de ces derniers autant que le leur. Pour vous octroyer quelque temps de répit, demandez à d'autres personnes familières de vous relayer. Rester auprès d'un enfant malade épuise émotionnellement comme physiquement. Une mère m'a raconté comme elle réussit à pleurer au sein de l'hôpital :

   Mary a dû subir à l'âge de 2 ans et demi une opération au niveau de l'œil. Je me suis sentie bouleversée quand l'infirmière est venue la chercher pour la conduire au bloc opératoire. Je n'ai pas pu retenir mes larmes. J'avais alors besoin de la présence de quelqu'un pour me porter une attention bienveillante. J'ai appelé une sœur, me trouvant dans un hôpital catholique. Je lui ai demandé de rester et de prier avec moi tandis que je pleurais. Nous sommes allées à la chapelle et j'ai sangloté pendant une demi-heure environ pendant que la religieuse me tenait la main. Nous priions chacune à notre façon. Une fois apaisée, je suis retournée dans la salle d'attente.

10. De retour à la maison, aidez-vous votre enfant à évacuer les tensions liées à son hospitalisation, en revivant par le jeu son séjour, sa maladie, son opération et son rapport avec les médecins. Ne soyez pas surpris s'il se met par la suite à pleurer pour le moindre bobo sans gravité ou traitement léger. Cette réaction est courante chez les enfants ayant vécu une telle expérience. En réalité, ils saisissent le moindre prétexte pour se libérer de tout

le stress subi précédemment. Et cela sera d'autant plus manifeste qu'ils se seront montrés coopératifs et « courageux » à l'hôpital, qu'ils auront peu extériorisé leurs fortes émotions ou qu'ils auront été trop souffrants ou malades pour pleurer.

Que faire quand le stress affecte la santé de votre enfant ?

Les causes de stress infantile ont rapidement évolué ces dernières années. Jadis, il était lié à des conditions précaires de logement, à une malnutrition, au travail forcé et à la rigueur d'une éducation fondée sur le châtiment corporel, le tout dans un milieu de vie où les enfants étaient « vus mais pas entendus ». Aujourd'hui, les jeunes doivent faire face à d'autres contraintes comme le divorce des parents et l'obligation d'exceller très tôt à l'école. Nous avons énuméré au chapitre I d'autres sources de stress infantile qui ont fait l'objet d'études approfondies.

Le stress peut entraîner une forme d'anxiété diffuse dont les symptômes sont de l'agitation, de l'irritabilité, une humeur maussade et l'incapacité de se concentrer. Il peut aussi modifier les fonctions corporelles au niveau des organes et des tissus, qui affectent la résistance contre la maladie. Sous l'effet du stress, les enfants qui ne savent pas se décharger de cette tension par le rire, les larmes ou la colère sont plus vulnérables que les autres, moins stressés. Les pédiatres ont relevé parmi leurs jeunes patients une augmentation des cas de maux d'estomac ou de tête.

Si votre enfant vous paraît en proie au stress, commencez tout d'abord par en comprendre l'origine. Le règlement de son école ou garderie est-il trop strict ? Ses journées sont-elles trop mouvementées ? A-t-il besoin de plus d'attention particulière ? Regarde-t-il trop souvent la télévision ? D'autres enfants l'ennuient-ils ? A-t-il trop de responsabilités ? Parfois, le stress n'est en rien lié à une cause extérieure. Il s'agira alors de sonder l'univers intérieur de votre enfant, ses émotions. A-t-il de nouvelles craintes, fausses idées ou un quelconque sentiment de culpabilité ?

Une fois que vous aurez fait de votre mieux pour cibler l'origine du stress, aidez votre enfant à s'extérioriser par tous les moyens suggérés dans ce livre : la parole, les jeux, les rires, les larmes et la colère. Les enfants se guérissent spontanément des effets du stress quand on leur laisse la liberté de s'épancher.

Ceux qui sont grippés ou autre se servent à bon escient de la bienveillance des adultes pour se décharger de leurs tensions et émotions accumulées. Il n'est pas surprenant qu'ils pleurent davantage quand ils sont malades, car ils en ont vraiment besoin. Les crises de larmes en de telles circonstances sont salutaires : elles résorbent les tensions qui sont en partie à l'origine de la maladie.

Que faire quand votre enfant fait pipi au lit la nuit ?

Cinq ans est l'âge limite entre une incontinence nocturne éventuelle et une énurésie plus problématique nécessitant un bilan médical. Si, ses 5 ans passés, votre enfant fait encore pipi au lit, informez-vous s'il n'a pas quelque problème physique ou psychologique.

Les allergies et une malformation anatomique (nécessitant une intervention chirurgicale) sont parfois à l'origine du problème. Toutefois, ces causes physiologiques ne concernent qu'un moindre pourcentage. Dans 98 % des cas, aucune maladie ni défaut organique n'expliquent le problème.

Bien évidemment, l'énurésie peut être en lien avec des émotions réprimées. On a d'ailleurs remarqué que les enfants victimes d'incontinence sont ceux qui s'expriment le moins. Et s'ils ne faisaient pas pipi au lit, ils développeraient de l'asthme ou de l'eczéma, a également souligné Violet Oaklander, l'auteur de *Windows to Our Children [Fenêtres ouvertes sur nos enfants].*

L'incontinence nocturne est fréquente chez les enfants dits « hyperactifs », ce qui n'est pas surprenant puisque l'énurésie et l'hyperactivité peuvent être consécutives à la non extériorisation des sentiments. Les garçons y sont plus sujets que les filles : 7 % pour les premiers à l'âge de 5 ans contre 3 % seulement pour les fillettes du même âge, d'après l'Association américaine de psychiatrie. Cela est probablement lié au fait que notre société inhibe l'expression des sentiments chez les garçons attendant plutôt d'eux qu'ils se montrent durs, forts et compétitifs. À cause de cette pression sociale, ils refoulent donc craintes et autres souffrances.

Si votre enfant est incontinent, envisagez tout d'abord un contrôle médical complet pour éliminer toute cause physiologique. Si le problème est d'ordre psychologique, autorisez votre enfant à dormir avec vous ou bien tout près. Le fait de sentir une présence et de la sécurité peut enrayer le problème. Si, malgré tout, il mouille encore ses draps, dépistez l'origine de son stress ou angoisse dans sa vie. Ses journées sont-elles trop formatées ? Doit-il exceller à l'école, au sport ou dans d'autres activités ? Est-il libre d'exprimer ses sentiments ? Admet-il avoir peur de temps à autre ? Peut-il s'épancher en cas d'anxiété ou de frustration ? Les parents ont souvent tendance à attendre de leurs garçons qu'ils soient courageux et téméraires, or ce n'est pas manquer de virilité que d'être craintif. Les garçons sont avant tout des êtres humains, qui ont le droit de ressentir et d'exprimer toute une palette d'émotions. Leur santé physique et psychique en dépend !

Il arrive que les cas d'énurésie apparaissent à la suite de périodes évidentes de stress et de changements, tels un déménagement, la naissance d'un petit frère ou petite sœur ou une hospitalisation. Venez en aide à votre enfant pour qu'il se libère par les mots, le jeu, les rires, les larmes ou la colère. Mais quelle que soit l'origine de son incontinence, ne le taquinez pas, ne le grondez pas, ne l'humiliez pas, ne le menacez pas ni ne le punissez. Il ne fait pas pipi au lit volontairement, et cesserait de le faire s'il le pouvait.

Il est normal que les parents se sentent coupables, honteux, inquiets, qu'ils éprouvent même du ressentiment ou de la colère à l'égard de leur enfant. Ils auront besoin d'évacuer toutes ces émotions avant d'intervenir utilement. Si vous rencontrez ce problème dans votre famille, vous aurez tout intérêt à vous confier à une personne à votre écoute, objective, qui s'abstiendra de tout conseil ou jugement.

Que faire si votre enfant est hyperactif ?

On dit des enfants hyperactifs qu'ils font l'objet d'un « déficit de l'attention » dont les symptômes sont : un manque de concentration, de l'impulsivité, une activité excessive aléatoire et désorganisée. Les enfants se montrent agités, négligents, nerveux et facilement distraits. On a largement traité de l'hyperactivité et spéculé sur ses différentes causes : des problèmes neurologiques, un « dysfonctionnement cérébral minime » et des allergies aux additifs alimentaires.

Comme pour tout autre problème, la meilleure approche est holistique : il s'agit de prendre en considération toutes les raisons plausibles, depuis le régime alimentaire de l'enfant jusqu'aux facteurs émotifs et environnementaux. Il ne faut pas donner de médicaments, sauf peut-être en dernier recours et après avoir tout essayé. On pense justifier les médicaments par l'idée que l'hyperactivité a une origine neurologique. Cependant, on n'a pas décelé de troubles neurologiques dans la grande majorité des enfants catalogués hyperactifs. On n'a diagnostiqué un tel trouble que dans 5 % des cas. Les médicaments ne traitent que les symptômes apparents et masquent le vrai problème. Les enfants ainsi soignés perdent leur sens du pouvoir et du contrôle. De plus, ce traitement laisse à penser aux parents et à l'enfant que l'hyperactivité relève d'un dysfonctionnement organique. Même si cette conviction atténue le sentiment de culpabilité, elle peut aussi ôter tout espoir de guérison et avoir une influence défavorable à long terme sur ce genre de traitement.

Il est très probable que de nombreux cas d'hyperactivité ont pour origine une accumulation de sentiments pénibles. Les larmes ont pu être « ravalées » pendant les premières années, par des bercements excessifs ou d'autres mouvements. Si les parents compensaient les chagrins de bébé de cette manière, ce dernier en grandissant peut finir par ressentir la nécessité de bouger quand il se sent bouleversé. Une forte activité peut devenir un automatisme de contrôle récurrent permettant de contenir les émotions, à l'instar du grignotage ou de la succion du pouce. Si cette habitude persiste, l'enfant sera sûrement étiqueté « hyperactif » quand il sera en âge d'entrer à l'école.

L'hyperactivité est dix fois plus fréquente chez les garçons que les filles. Il a été aussi prouvé que l'éducation des garçons recourt plus au mouvement physique. Même si c'est important et amusant, à certains moments, de bercer les bébés, de les faire sauter et de jouer activement avec eux, il faut prendre garde de ne pas agir de la sorte pour les détourner de leur chagrin. Toute cette joyeuse agitation les a peut-être empêchés de s'épancher en étant intervenue au mauvais moment.

Si votre enfant est dit hyperactif, cela ne signifie pas qu'il a nécessairement plus de problèmes qu'un enfant en surpoids ou qui suce son pouce. Vous n'avez pas échoué en tant que parent. L'activité est peut-être sa manière à lui de faire face au stress et émotions pénibles. Tout ce que vous ferez pour encourager ses crises de larmes et de rage est susceptible de diminuer ses symptômes hyperactifs (cf. les recommandations du chapitre I). Il sera peut-être nécessaire, de temps en temps, de le tenir fermement mais avec douceur, pour interrompre ses gesticulations impulsives, effrénées et agressives. Ainsi, il pourra canaliser son énergie dans les pleurs et colères (cf. les suggestions des chapitres V et VI).

De nombreux enfants sont catalogués hyperactifs alors que leur comportement est tout à fait normal et sain. Les écoles s'attendent souvent à ce que les petits de 4 ou 5 ans se tiennent tranquilles pendant de longues heures et fassent ce qu'on leur demande. Mais certains bambins sont plus actifs que d'autres et requièrent davantage de liberté, ils peinent à se conformer à de tels établissements scolaires (en dessous de 8 ans, les enfants ne peuvent être à ce point dociles – cf. chapitre III). Avant de qualifier votre enfant d'hyperactif, proposez-lui avant tout une école lui permettant une plus grande liberté de mouvements.

Exercices pratiques

Revivez votre enfance

1. Enfant, que ressentiez-vous pendant les repas en famille ? Vous forçait-on à avaler des aliments qui vous rebutaient ou vous interdisait-on de manger ce que vous souhaitiez ? Que ressentiez-vous alors ?
2. Que ressentiez-vous quand vous deviez vous rendre chez le médecin ou le dentiste ? Quels souvenirs gardez-vous des médecins ?
3. Enfant, avez-vous été malade ? Quels étaient alors vos sentiments ?

Exprimez les sentiments que vous avez à l'égard de votre enfant

1. Que pensez-vous au sujet des préférences alimentaires de votre enfant ? Êtes-vous opposé ou confiant à l'idée qu'il choisisse lui-même son alimentation ?
2. Que ressentez-vous quand il vous faut conduire votre enfant chez le médecin ou le dentiste ? Rencontrez-vous alors des problèmes et pourquoi ?
3. Pressentez-vous que votre enfant souffre de certains maux liés au stress ? Est-il hyperactif ou incontinent ? Si oui, qu'en pensez-vous ?

Prenez en main votre épanouissement personnel

1. Faites-vous plaisir en savourant un aliment qui vous était interdit ou rationné pendant l'enfance.
2. Avez-vous une addiction alimentaire ou un poids excédentaire ? Si c'est le cas, rejoignez un groupe de soutien qui vous aidera à résoudre ce problème.
3. Prenez soin de vous, par exemple, en modifiant votre régime alimentaire, en faisant plus d'exercice physique, en faisant un bilan médical ou en consultant un thérapeute.

Conclusion

Rappelons les quatre thèmes principaux abordés dans ce livre :

1. Les jeunes enfants ont des besoins fondamentaux

Les besoins des enfants ne sont pas pleinement reconnus dans notre culture. Les petits attendent beaucoup d'attention individuelle de leurs parents bienveillants, ils ont besoin de temps et d'espace pour jouer, de la possibilité de former des liens stables avec les personnes prenant soin d'eux, et d'un environnement stimulant et épanouissant. Ils ont besoin aussi qu'on les écoute, qu'on leur fasse la lecture et qu'on joue avec eux. Leur mise en contact avec le monde des adultes devra se faire en fonction de leur capacité de compréhension.

2. Les jeunes enfants éprouvent des émotions intenses

Les enfants éprouvent toute une gamme d'émotions, de la plus petite irritation aux colères, craintes, peines ou confusions les plus intenses. Ils sont sensibles et vulnérables. Le sentiment de frustration est fréquent chez l'enfant qui tente d'acquérir de nouvelles compétences et de satisfaire par lui-même ses besoins. La peur aussi est fréquente et provient d'un manque d'information, de l'amplification croissante de leur faculté d'imagination et de la prise de conscience de la mort. La jalousie entre frères et sœurs peut survenir même dans les familles les plus aimantes.

3. Les enfants sont capables de se guérir de leurs émotions douloureuses

Les êtres humains sont nés avec cette merveilleuse faculté de se remettre de leurs expériences liées à la perte, à l'effroi, à l'incertitude et aux frustrations. Ce processus de guérison se fait par la voie des larmes, de la colère, des tremblements, de la parole, du jeu et du rire. Les enfants doivent être invités à la pleine expression de leurs sentiments douloureux. Ils ne pourront s'épanouir si nous n'acceptons que leurs sentiments heureux et ignorons ou punissons leur besoin naturel d'exprimer leur souffrance, leur inconfort, leur frustration, leur indignation ou encore leur frayeur. Nous nous devons de leur offrir un univers familial compréhensif, qui favorise l'expression de l'ensemble de leurs émotions, quelle qu'en soit l'intensité. Une fois tous ses ressentis pénibles évacués, les enfants seront ouverts à l'expérience de l'amour, du bonheur et de la confiance en soi, ce qui est notre désir à tous.

4. Un comportement inadmissible n'est pas le signe d'une méchanceté foncière

Les enfants ne naissent pas avec le désir de faire du mal aux autres ou de mener la vie dure à leurs parents. Cela dit, il leur arrive parfois de commettre des actes inacceptables et dangereux, pouvant leur nuire à eux ou aux autres. L'un des défis les plus difficiles auxquels les parents devront faire face sera de gérer ce comportement intolérable sans toutefois infliger d'inutiles souffrances à leurs enfants ni dégrader la qualité de leurs relations. Le présent ouvrage décrit les moyens d'aider les enfants à adopter un comportement correct et coopératif, sans recourir aux récompenses et punitions. Si un enfant se conduit mal, trois raisons sont à envisager : il éprouve un besoin ; il manque d'informations ; il ressent des sentiments douloureux tels la peur, la colère ou le chagrin, provenant d'expériences traumatisantes antérieures.

La façon d'être parent recommandée dans ce livre peut sembler très difficile et longue à mettre en pratique. Vous avez peut-être le sentiment que vous avez mieux à faire que de vous asseoir auprès de votre enfant jusqu'à ce qu'il s'endorme, d'accepter ses crises de larmes et de colère pendant une demi-heure, ou de jouer « au docteur » avec lui. On est facilement impatient avec les jeunes enfants et on se prend à rêver que notre vie avec eux pourrait être plus simple. Or passer des moments avec eux de qualité, remplis d'attention, ce n'est jamais perdre son temps ! En satisfaisant leurs besoins quand ils sont petits, vous donnerez à vos enfants un solide coup de pouce pour qu'ils aient plus tard une bonne estime d'eux-mêmes et leur fournirez toutes les compétences nécessaires pour faire face à l'existence.

Tandis que vous tâcherez d'apporter à vos enfants toute l'attention nécessaire, souvenez-vous aussi de vos propres besoins et n'omettez pas de partager votre responsabilité de parents avec d'autres adultes. N'hésitez pas à demander de l'aide si vous en avez besoin ! On court facilement le risque de s'épuiser à vouloir être des parents parfaits, car notre société n'a pas encore intégré la valeur de la parentalité et n'apporte pas tout le soutien requis.

Tandis que vous ferez l'expérience des hauts et des bas liés à l'éducation de votre tout-petit, rappelez-vous que ces années-là ne durent pas infiniment ! Et bien plus vite que vous ne le croyez, votre enfant sera grand ! Un jour viendra où il n'oubliera plus de se laver les dents, où il mangera proprement et lira tout seul ! Plus il grandira, plus il désirera passer du temps avec ses copains, donc moins avec vous. Soit, en ce moment, il est dépendant de vous sous bien des rapports, mais cela ne tardera pas à évoluer. Savourez donc ces moments d'intimité et n'omettez pas de profiter pleinement de la spontanéité enjouée, de la passion, du sens du merveilleux, de la curiosité et de l'ardeur de votre jeune enfant !

Si, après avoir lu ce livre, vous ressentez de la culpabilité parce que vous auriez aimé agir différemment avec vos enfants quand ils étaient plus jeunes, rassurez-vous : il n'est jamais trop tard pour libérer un enfant des souffrances, quelles qu'elles soient, liées à ses expériences passées. Devenir parents est un processus qui mûrit et évolue avec le temps. Votre « style parental » se transformera au fur et à mesure que votre enfant grandira mais aussi à la mesure de votre propre épanouissement personnel. Quoi qu'il en soit, vous avez toujours agi au mieux, avec les informations et les ressources dont vous disposiez alors. Il serait bon pour vous d'extérioriser votre sentiment de culpabilité et de vous reconnaître comme ce parent plein de sollicitude que vous avez toujours été !

Si l'on aide les enfants à s'épanouir, alors le monde s'épanouira aussi et deviendra l'endroit au sein duquel nous aspirons tous à vivre. Les êtres humains éprouveront de l'amour et du respect les uns pour les autres. Nous prendrons soin de notre belle planète et userons de ses ressources avec sagesse. Personne ne vivra plus dans la misère. La guerre deviendra un mauvais souvenir car les hommes sauront gérer et résoudre leurs conflits dans un esprit pacifique. Et nous mettrons de nos brillantes facultés intellectuelles au service de la découverte toujours plus étendue de toutes les merveilleuses richesses de notre univers. *Nous pouvons vraiment faire en sorte que cela advienne !*

Mémento

Chapitre I : Pleurs et colères

Les sources de stress pour les enfants

- **Les blessures délibérément infligées :** agressions physiques ou sexuelles, humiliations, critiques…
- **Les blessures infligées par négligence :** les besoins non comblés (manque de contact physique, d'attention, d'amour…).
- **Les blessures de nature accidentelle :** les événements pénibles inévitables (accidents, maladies, pertes, séparations, frustrations, déceptions…).
- **Les blessures émanent de la petite enfance :** une naissance traumatisante par exemple.

Le phénomène du « biscuit cassé »

1. Accumulation de sentiments douloureux.
2. Prétexte : biscuit cassé, genou éraflé, chaussette perdue.
3. Processus de guérison : pleurs et colères.
4. Résultat : calme, bonheur et coopération.

L'importance des pleurs et colères

1. Blessures de l'enfant : pertes, peurs, frustrations, déceptions, blessures physiques, mauvais traitements, etc.
2. L'enfant essaie de se guérir par les pleurs et la colère.
3. *Si les pleurs sont arrêtés :* l'enfant se sentira encore mal, il aura des tensions physiques et sera enclin à la maladie, il sera moins conciliant et plus agressif, il peut devenir grognon, « crampon » ou exigeant.

Si les pleurs sont acceptés : l'enfant se guérit lui-même de ses blessures, peurs et frustrations, il sera plus détendu et résistera mieux aux maladies, il deviendra aimant et conciliant, il sera heureux, indépendant et plein de ressources.

Chapitre II : Peurs et craintes

Les causes plausibles des peurs enfantines

- Les peurs nées d'un manque d'information.
- Les peurs résultant d'expériences de détresse durant la petite enfance.
- Les peurs liées à des expériences effrayantes.
- Les peurs conditionnées.
- Les peurs transmises par autrui.
- Les peurs en rapport avec la prise de conscience de la mort.
- Les peurs issues de l'imagination de l'enfant.

Comment aider un enfant à surmonter ses peurs

- Rassurer l'enfant sans nier sa peur.
- Manifester votre sympathie et votre compréhension.
- Informer correctement l'enfant.
- Encourager l'enfant à libérer ses émotions par les pleurs et tremblements ou par le jeu et les rires.

Chapitre III : Vivre et apprendre

Pour aider les enfants à développer leurs capacités intellectuelles

- Leur montrer une affection chaleureuse
- Éviter les méthodes de discipline autoritaires
- Les encourager sans porter de jugement
- Éviter les comparaisons avec d'autres enfants
- Fournir une stimulation intéressante (jouets, lecture, musique, etc.)
- Favoriser les conditions de réussite
- Accepter l'expression des émotions qui résultent de la frustration ou de l'échec (crises de larmes et de colère)

Chapitre IV : Jeu et imagination

Les fonctions du jeu chez l'enfant

- L'acquisition d'aptitudes physiques et mentales
- L'assimilation d'information
- La guérison des expériences traumatisantes

Chapitre V : Conflits et défis

Comparaison entre les quatre méthodes de discipline

(voir tableau ci-après)

	Autoritaire (violente)	**Autoritaire (non-violente)**	**Permissive**	**Démocratique**
Qui a le pouvoir ?	Les parents	Les parents	Les enfants	Tout le monde
Type de contrôle	Abus physiques ou émotionnels	Récompenses et punitions	Aucun contrôle réel par les parents	Chacun se contrôle soi-même
Méthodes utilisées	Coups, fessées, menaces, cris, humiliations, reproches	**Récompenses :** argent, jouets, privilèges, friandises, compliments, attention, amour **Punitions :** perte de privilèges, retrait d'amour et d'attention, isolation, reproches, tâches désagréables	Gronder, supplier, soudoyer, faire la morale, céder, se sacrifier, attendre, s'accommoder, ne rien faire, négliger	Donner un amour inconditionnel, des encouragements, des informations, être un bon modèle, combler les besoins de chacun, écouter les émotions, résoudre les conflits par la discussion et des décisions consensuelles
Ambiance	Tendue, rigide, oppressive	Réglée, rigide, structurée	Chaotique, non structurée	Réglée, mais détendue, souple
Ce que les enfants apprennent	Obéissance aveugle, soumission, violence, compétition, pas d'autodiscipline	Obéissance, soumission, conformisme, compétition, pas d'autodiscipline	Comment manipuler les autres, pas d'autodiscipline	Autodiscipline, responsabilité, techniques de résolution des conflits, respect, coopération

	Autoritaire (violente)	**Autoritaire (non-violente)**	**Permissive**	**Démocratique**
Comment les enfants se sentent	Effrayés, frustrés, rancuniers, hostiles, impuissants	Rancuniers, fâchés, mal compris, manipulés	Déroutés, peu sûrs, coupables, anxieux	Heureux, aimés, confiants, en sécurité
Ce qui peut arriver à l'adolescence	Les enfants se soumettent ou se rebellent, partent, deviennent violents, se droguent, etc. Les parents n'ont plus de pouvoir.	Les enfants se soumettent ou bien se. rebellent ou se retirent et cherchent ailleurs l'amour inconditionnel. Les parents n'ont plus de pouvoir.	Les enfants sont égoïstes, dépendants, exigeants, irresponsables. Les parents ne supportent plus leurs enfants.	Amour et respect entre parents et enfants. Les enfants n'ont pas besoin de se rebeller ou de se retirer. Bonne communication.

Quelques exemples de styles mixtes :

- Un parent est autoritaire, l'autre démocratique.
- Les parents oscillent entre les méthodes autoritaire et permissive.
- Les parents donnent des fessées de temps en temps, mais aussi beaucoup d'amour, d'attention et d'encouragements. (Toutes les formes de violence sont abusives même s'il y a beaucoup d'amour !)

Résultats des recherches portant sur les effets négatifs des punitions

- Les punitions sont inefficaces sur les enfants.
- On observe une corrélation entre les punitions et un attachement parent-enfant peu solide.
- On observe une corrélation entre les punitions et un QI plus bas.
- On observe une corrélation entre les punitions et des désordres affectifs futurs : toxicomanie, dépression, suicide, etc.
- On observe une corrélation entre les punitions et la violence future.

Les inconvénients d'un système de récompenses

- Les enfants ressentent l'absence d'une récompense comme une punition.
- Les récompenses sont décevantes : elles enseignent l'obéissance plutôt que des valeurs morales.
- Les récompenses réduisent la motivation intrinsèque.
- Les récompenses engendrent les mensonges.
- Les récompenses enseignent aux enfants à fonder leur comportement sur le plaisir plutôt que sur la raison.
- Les enfants récompensés se sentent contrôlés.
- Les enfants récompensés dépendent d'un contrôle externe, ils n'apprennent pas l'autodiscipline.
- Les récompenses peuvent engendrer la compétition entre les enfants.
- Les récompenses ne tiennent pas compte des causes sous-jacentes des problèmes.
- Les parents ne trouvent plus de récompenses pour les enfants plus âgés.

Les raisons profondes d'un « mauvais comportement »

- L'enfant a un besoin légitime.
- L'enfant manque d'information ou est trop jeune pour comprendre.
- L'enfant est troublé par une émotion forte ou souffre d'une accumulation de stress.

Ce qui donne des informations aux enfants

- Les explications verbales
- Les démonstrations non-verbales
- Les jeux de simulation pour les préparer
- Les conséquences naturelles
- L'explication des effets sur les autres

Les comportements consécutifs à une accumulation de stress

- Hyperactivité
- Inattention
- Agression, violence
- Comportement rebelle
- Troubles du sommeil
- Crainte, hypervigilance
- Pleurnichements
- Auto-isolement
- Difficultés d'apprentissage
- Comportements autodestructeurs, tendance aux accidents

Chapitre VI : Amis et ennemis

Gérer les disputes entre enfants : la médiation

1. ***Permettez à chaque enfant de raconter sa version.***
   Qu'est-ce qui s'est passé ? Qu'est-ce que tu ressens ? Qu'est-ce que tu veux ?
2. ***Reflétez les émotions et les besoins de chacun.***
   « Tu t'es fâché quand Michel t'a frappé. Ça t'a fait mal. »
   « Suzanne pleure parce qu'elle veut jouer avec toi. »
3. ***Décrivez le problème et demandez aux enfants de chercher une solution.***
   « Vous avez un problème : vous voulez jouer avec la même poupée. Qu'est-ce que vous pouvez faire pour satisfaire chacun ? Pouvez-vous trouver une solution. »

Les avantages de la médiation

- Les enfants apprennent à écouter.
- Ils apprennent à comprendre le point de vue des autres.
- Ils apprennent à avoir de l'empathie pour les autres.
- Ils se sentent rassurés quand leurs besoins sont comblés et n'ont pas de rancune envers les autres.
- Ils apprennent à réfléchir et à résoudre des problèmes.
- Ils développent de la confiance en soi et se sentent respectés.
- Ils deviennent responsables et autodisciplinés.
- Ils apprennent à faire la médiation avec les autres.

Bibliographie

Elkind David, *L'enfant stressé*, Éditions de l'Homme, 1983.

Frey William & Langseth M., *Crying : The Mystery of Tears*, Winston Press, 1985.

Gordon Thomas, *Parents efficaces : une autre écoute de l'enfant*, Marabout, 2007.

Janov Arthur, *Empreinte*, Robert Laffont, 2006.

Kuhlman T.L., *Humor and Psychotherapy*, Jason Aronson, 1994.

Miller Alice, *La souffrance muette de l'enfant*, Aubier Montaigne, 1993.

Miller Alice, *C'est pour ton bien : les racines de la violence dans l'éducation de l'enfant*, Aubier Montaigne, 1998.

Oaklander Violet, *Windows to Our Children : A Gestalt therapy approach to children and adolescents*, Gestalt Journal Press, 1988.

Piaget Jean, *La genèse du nombre chez l'enfant*, Delachaux et Niestlé, 1991.

Solter Aletha, *Mon bébé comprend tout*, Marabout, 2007.

Présentation de l'association Aware Parenting

L'« éducation consciente » est une philosophie de l'éducation basée sur les recherches dans le domaine du développement de l'enfant. Elle remet en question bon nombre des présupposés traditionnels concernant les enfants et propose une toute nouvelle approche qui peut donner une tout autre tournure à la relation parents-enfants.

Cette philosophie est présentée dans trois ouvrages d'Aletha Solter, traduits en français : *Mon bébé comprend tout* et *Bien comprendre les besoins de votre enfant* et *Pleurs et colères des enfants et des bébés.* Pour tout complément d'information, n'hésitez pas à consulter le site : www.awareparenting.com

L'association Aware Parenting s'attache aux trois points suivants :

1. Des liens étroits entre parents et enfants

Accouchement naturel sans séparation entre le bébé et la maman
Beaucoup de contact physique
Allaitement maternel prolongé
Réponse immédiate aux pleurs
Sensibilité aux besoins de l'enfant

2. Une discipline non autoritaire

Aucune punition
Aucun système de récompenses

Recherche des besoins profonds de l'enfant
Contrôle de sa propre colère pour une communication non-violente
Résolution des conflits par la médiation et des discussions familiales

3. La prévention et la guérison du stress et des traumatismes

Reconnaître l'influence importante du stress et des traumatismes dans le comportement et les problèmes émotionnels des enfants
Prévenir le stress et les traumatismes
Reconnaître les effets bénéfiques du jeu, du rire, des pleurs et des colères dans le contexte d'un lien parent-enfant affectueux
Écouter et respecter l'expression des émotions de l'enfant

Du même auteur
aux Éditions Jouvence

Pleurs et colères
des enfants et des bébés

Aletha Solter

Bébé pleure, que faire ? Écouter et agir en toute conscience, car savoir répondre à ses besoins améliore considérablement son équilibre de vie, ainsi que sa santé physique et psychique !

192 pages • 14,90 € / 26 CHF

Achevé d'imprimer le 21/01/2010
sur les presses de l'imprimerie Norhaven A/S

Dépôt légal : août 2007
Imprimé au Danemark

Ce livre est imprimé par Norhaven A/S, qui possède une certification environnementale qui assure une stricte application des règles concernant : l'utilisation de papiers issus de forêts exploitées en gestion durable, d'encres à base d'huiles végétales et d'eau, du recyclage et du traitement systématique des déchets, de la réduction des besoins énergétiques et du recours aux énergies renouvelables.